资源环境约束下西部地区产业结构调整优化研究

黄勤 陈瑶 杨理珍 ◎ 著

中国财经出版传媒集团
中国财政经济出版社
·北京·

图书在版编目（CIP）数据

资源环境约束下西部地区产业结构调整优化研究/黄勤，陈瑶，杨理珍著. --北京：中国财政经济出版社，2023.9

ISBN 978-7-5223-2496-8

Ⅰ.①资… Ⅱ.①黄… ②陈… ③杨… Ⅲ.①产业结构调整-研究-西北地区②产业结构调整-研究-西南地区 Ⅳ.①F127

中国国家版本馆 CIP 数据核字（2023）第 170578 号

责任编辑：马　真　　　　　责任校对：徐艳丽
封面设计：陈宇琰　　　　　责任印制：史大鹏

资源环境约束下西部地区产业结构调整优化研究
ZIYUAN HUANJING YUESHUXIA XIBU DIQU CHANYE JIEGOU TIAOZHENG YOUHUA YANJIU

中国财政经济出版社 出版

URL：http://www.cfeph.cn
E-mail：cfeph@cfeph.cn

（版权所有　翻印必究）

社址：北京市海淀区阜成路甲 28 号　邮政编码：100142
营销中心电话：010-88191522
天猫网店：中国财政经济出版社旗舰店
网址：https://zgczjjcbs.tmall.com
北京财经印刷厂印刷　各地新华书店经销
成品尺寸：170mm×240mm　16 开　18 印张　306 000 字
2023 年 9 月第 1 版　2023 年 9 月北京第 1 次印刷
定价：88.00 元
ISBN 978-7-5223-2496-8
（图书出现印装问题，本社负责调换）
本社质量投诉电话：010-88190744
打击盗版举报热线：010-88191661　QQ：2242791300

前　言

产业结构调整优化是我国经济高质量发展的重要支撑，同时，作为资源环境系统与人类经济社会系统的"转换器"和"控制器"，产业结构的层次和质量也是影响能源资源利用效率、污染物和二氧化碳排放强度的重要因素。长期以来，调整优化产业结构在促进我国节能降碳中发挥着重要作用。《国家应对气候变化规划（2014—2020 年）》明确将产业结构调整作为控制温室气体的第一条措施，2021 年 10 月，中共中央、国务院发布的《关于完整准确全面贯彻新发展理念做好碳达峰碳中和工作的意见》把"深度调整产业结构"作为如期实现碳达峰碳中和的重要路径之一。党的十七大、十八大、十九大都把形成节约资源和保护环境的产业结构作为生态文明建设的重要突破口之一，党的二十大强调"推动经济社会发展绿色化、低碳化是实现高质量发展的关键环节"，特别要"推进工业、建筑、交通等领域清洁低碳转型"。

西部地区是我国战略资源和可再生能源富集区，肩负着为全国提供能源矿产资源保障、产业链供应链安全保障和国家生态安全屏障建设等多重任务。这里产业门类齐全，实体经济发展基础较好，但是，相比东部发达地区，西部地区工业化水平较低，产业的初级性、资源型和重型化特征明显，兼顾经济发展和节能降碳面临更大挑战。在产业结构自身演变轨迹和资源环境约束下，如何通过产业结构合理有序地调整优化，走出一条具有西部特色的清洁低碳工业化道路，寻求西部地区绿色低碳发展新空间，既是西部地区如期实现碳达峰碳中和目标的迫切需要，也是新时代推进西部大开发形成新格局面临的现实问题。

本书通过对经典工业化理论、能源环境经济学相关理论的回顾和反思，阐释产业结构与资源环境的内在关系和理论机理，以"结构效应"假说为主线，以化石能源消费和二氧化碳排放作为资源环境约束的代表，以西部地区为对象，对产业结构变动影响二氧化碳排放的方向和程度等进行实证分析，探析西部地区产业结构调整促进节能降碳的潜力优势和困难挑战，提出西部地区产业结构调整优化的方向和路径。

产业结构作为联结资源环境系统与人类经济社会系统的纽带，产业结构调整优化理论研究事实上存在"两大逻辑"，一是产业结构调整优化的经济逻辑，二是产业结构调整优化的资源环境逻辑。以经济增长结构变迁理论和日本产业政策研究为代表的传统产业结构理论，揭示了经济增长中产业结构形成和演变的经济逻辑，但显然，没有考虑资源环境承载力，在存在资源环境约束的情况下，一方面，资源供给的数量质量、环境的质量影响着产业结构的形成演变，另一方面，不同的产业因为有着不同的资源路线和环境影响属性，产业结构变动反过来也对资源环境产生重要影响，二者的双向互动关系，构成了产业结构调整优化的资源环境逻辑。本书梳理了产业结构调整优化从"经济逻辑"到"资源环境逻辑"的理论脉络和研究进展，由此提出产业结构调整优化"三种方向"，希望为系统认识资源环境与产业活动的关系提供一个全景式的观察视角，为科学看待"结构减排""结构降碳"等提供一个新的理论框架。

党的十八大特别是十九大以来，中国共产党创造性地提出"现代化产业体系"，强调把发展经济的着力点放在实体经济上，标志着我国产业发展的理论和实践正从"结构优化"走向"体系构建"。本书在反思经典工业化理论的基础上，对现代化产业体系的历史基础、现实意义和内涵构成等进行了阐释，旨在为拓展经典工业化理论提供参考，对准确把握和进一步探讨现代化产业体系的理论价值、时代特征和实现路径有所启迪，为理解中国式现代化提供产业维度的视角。

在资源环境与产业结构的双向互动关系中，本书着重研究产业结构变动对资源环境的影响。基于格罗斯曼和克鲁格"三大效应"分解框架，将产业结构与技术进步、产出增长等一并作为能源消费或二氧化碳排放的影响因素，阐释了产业结构变动促进节能降碳的机理和可能性。本书运用 LMDI 模型，分别从全国、西部地区以及成渝地区双城经济圈等不同空间尺度，对能源消费和二氧化碳排放影响因素进行了实证分析，探析其中的"结构效应"。总体来看，西部地区产业结构变化与节能降碳要求的"理想方向"不一致，但近年来出现了有利于节能降碳的变化倾向，"结构降碳"具有一定空间。西部地区产业结构调整的主攻方向不再是第二产业与第三产业的此消彼长，而是工业内部的结构优化，即发展有利于节能降碳的资本技术密集型和充分发挥劳动力比较优势的重加工业，同时，依托西部地区可再生能源富集的优势，大力培育绿色低碳新兴产业,打造西部地区绿色低碳发展新的增长点。这不仅为深入实施西部大开发战略中坚持绿色发展和创新发展,提供新的思路和路径,而且对当前夯实实体经济,加快建设现代化产业体系,都有重要的现实意义。

本书是在国家社科基金项目"资源环境约束下西部地区产业结构调整优化研究"成果的基础上进一步修改完善形成。各章分工如下:绪论、第一章、第二章、第三章、第九章、第十章由黄勤撰写,第四章、第五章、第六章由陈瑶撰写,第七章和第八章由杨理珍撰写,陈庆凯、林航等博士研究生为本书的完善作出了积极贡献。本书在写作中参阅了大量文献资料,并得到了诸多前辈和师友的指点与帮助,谨此致谢。不当之处,请多指教。

目 录

绪　论 ………………………………………………………………（ 1 ）
　　第一节　研究背景与意义 ………………………………………（ 1 ）
　　第二节　研究历史和研究现状 …………………………………（ 2 ）
　　第三节　研究思路与方法 ………………………………………（ 8 ）
　　第四节　研究结构与内容 ………………………………………（ 10 ）
　　第五节　主要观点 ………………………………………………（ 13 ）

第一章　产业结构调整优化的经济逻辑 …………………………（ 18 ）
　　第一节　产业的划分及类型 ……………………………………（ 18 ）
　　第二节　经典工业化理论对产业结构调整优化的阐释 ………（ 21 ）
　　第三节　现代化产业体系——中国共产党对产业结构
　　　　　　理论的创新 ……………………………………………（ 30 ）
　　本章小结 …………………………………………………………（ 41 ）

第二章　资源环境约束的理论内涵与政策意蕴 …………………（ 42 ）
　　第一节　资源与环境 ……………………………………………（ 42 ）
　　第二节　资源约束与环境约束 …………………………………（ 43 ）
　　第三节　"两山理论"——中国共产党关于资源环境
　　　　　　约束的创新 ……………………………………………（ 45 ）
　　第四节　我国资源环境约束目标的政策演进 …………………（ 47 ）
　　第五节　我国"双碳"目标的提出和意义 ……………………（ 51 ）
　　本章小结 …………………………………………………………（ 55 ）

第三章 产业结构调整优化的资源环境逻辑 （57）
- 第一节 资源环境在产业结构形成与演变中的作用 （57）
- 第二节 产业结构演进对资源环境影响的阶段性 （68）
- 第三节 产业结构变化对资源环境的作用机理
  ——"结构效应"假说 （75）
- 第四节 "结构效应"假说争论——基于实证研究的综述 （81）
- 第五节 产业结构调整优化的"三种方向" （87）
- 本章小结 （88）

第四章 产业结构变动的资源环境效应研究方法述评 （91）
- 第一节 "结构效应"研究方法及其文献概览 （91）
- 第二节 相关性分析方法 （93）
- 第三节 指数分解方法 （94）
- 第四节 结构分解方法 （98）
- 第五节 指数分解法和结构分解法的比较 （100）
- 本章小结 （102）

第五章 西部地区产业结构演变历程和现状特征 （104）
- 第一节 研究对象和框架 （104）
- 第二节 西部地区三次产业结构演变趋势和现状特征 （107）
- 第三节 西部地区工业结构特征 （117）
- 第四节 西部地区专门化水平评价 （124）
- 第五节 西部地区传统优势产业分析——基于西部大开发四个五年规划的梳理 （128）
- 第六节 西部地区"四位协同"产业体系现状特征 （132）
- 本章小结 （141）

第六章 西部地区能源消费和二氧化碳排放趋势及其空间特征 （143）
- 第一节 指标说明、数据处理和研究范围 （143）
- 第二节 西部大开发以来西部地区能源消费演变与空间特征 （146）
- 第三节 西部大开发以来西部地区二氧化碳排放变化趋势与产业构成特征 （155）

本章小结 …………………………………………………………（158）

**第七章　西部地区产业结构变化对二氧化碳排放影响的实证分析：
　　　　　基于"四部门"和"五部门"** ……………………………（161）
　　第一节　研究方法和数据说明 …………………………………（161）
　　第二节　西部地区产业结构变化对二氧化碳排放影响实证分析：
　　　　　　基于"四部门" ………………………………………（167）
　　第三节　西部地区产业结构变化对二氧化碳排放影响实证分析：
　　　　　　基于"五部门" ………………………………………（177）
　　本章小结 …………………………………………………………（185）

**第八章　成渝地区产业结构变化对二氧化碳排放影响的实证分析：
　　　　　基于"四部门"和23个工业细分行业** ……………………（187）
　　第一节　研究背景和范围 ………………………………………（187）
　　第二节　成渝地区产业结构演变趋势及特征 …………………（188）
　　第三节　成渝地区能源消费与二氧化碳排放变化趋势 ………（196）
　　第四节　成渝地区产业结构变化对二氧化碳排放影响实证分析：
　　　　　　基于"四部门" ………………………………………（202）
　　第五节　成渝地区工业结构变化对二氧化碳排放影响实证分析：
　　　　　　基于23个工业细分行业 ……………………………（206）
　　本章小结 …………………………………………………………（214）

**第九章　资源环境约束下西部地区产业结构调整优化的现实
　　　　　困境和方向选择** ………………………………………（216）
　　第一节　资源环境约束下西部地区产业结构调整优化面临
　　　　　　的现实困境 ……………………………………………（216）
　　第二节　资源环境约束下西部地区产业结构调整优化的机遇 …（226）
　　第三节　资源环境约束下西部地区产业结构调整优化的方向 …（228）
　　第四节　资源环境约束下西部地区产业结构调整优化要处理
　　　　　　好的关系 ………………………………………………（229）
　　第五节　资源环境约束下西部地区产业结构调整优化总体思路 …（231）
　　本章小结 …………………………………………………………（232）

第十章 资源环境约束下西部地区产业结构调整优化的路径对策 …… (234)
    第一节 资源环境约束下西部地区产业结构调整优化的路径 …… (234)
    第二节 资源环境约束下西部地区产业结构调整优化的对策 …… (240)
    第三节 资源环境约束下西部地区产业结构调整优化的机制保障 …………………………………………………………… (247)
    本章小结 ………………………………………………………… (252)

参考文献 ………………………………………………………………… (254)

绪　论

第一节　研究背景与意义

产业结构调整优化是我国经济高质量发展的重要支撑，也是如期实现碳达峰碳中和目标（以下简称"双碳"目标）的重要任务之一。产业结构作为资源环境系统与人类经济社会系统的"转换器"和"控制器"，其层次和质量不仅决定着经济效益的高低，而且是影响资源能源利用效率、污染物和二氧化碳排放强度的重要因素。党的十七大、十八大、十九大都坚持把形成节约资源和保护环境的产业结构作为生态文明建设重要的突破口之一，《国家应对气候变化规划（2014—2020年）》中明确将产业结构调整作为控制温室气体的第一条措施，2021年10月，中共中央、国务院发布的《关于完整准确全面贯彻新发展理念做好碳达峰碳中和工作的意见》强调，如期实现碳达峰碳中和目标，要"深度调整产业结构"。党的二十大强调"推动经济社会发展绿色化、低碳化是实现高质量发展的关键环节"，特别要"推进工业、建筑、交通等领域清洁低碳转型"。

我国幅员辽阔，区域差异显著，发展极不平衡。与东部沿海地区相比，西部内陆地区由于区位条件、工业化水平以及资源环境承载力等方面存在显著差异，其产业结构调整优化的方向目标、重点难点和实现路径都有自己的特色。

我国西部地区包括重庆市、四川省、贵州省、云南省、广西壮族自治区、西藏自治区、陕西省、甘肃省、宁夏回族自治区、青海省、内蒙古自治区和新疆维吾尔自治区12个省（区、市），国土面积占全国的71.5%，常住人口占全国的27.1%，地区生产总值占全国的21%。这一地区既是我国战略资源和可再生能源的富集区、生态屏障区和环境敏感区，又是我国"两高一资"（高能耗、高排放、资源型）产业集聚区，肩负着为全国提供能源矿产资源保障、产业链供应链安全保障和国家生态安全屏障建设等多重任务。西部地区产业门类齐全，实体经济发展基础较好，但相比东部沿海地区，西部地区工业化水平低，产业的初级性、资源型、重型化特征明显，兼顾经济发展和减污降碳面临着更大挑战。如果说工业化是西部地区必须完成而且是需要加快完成的任务，那么，在产业结构自身演变轨迹和资源环境刚性约束中，如何通过产业结构合理有序地调整优化，走出一条具有西部特色的清洁低碳工业化道路，寻求西部地区绿色低碳发展新空间，既是西部地区如期实现碳达峰碳中和目标的迫切需要，也是新时代推进西部大开发形成新格局面临的现实问题。

本书基于产业结构理论和能源环境经济相关理论，构建了资源环境与产业结构关系的理论分析框架。探讨产业结构变动对资源节约和环境保护的机理、路径和条件，结合我国"双碳"目标，以化石能源消费和二氧化碳排放作为资源环境约束的代表，以西部地区为对象，对产业结构变动影响二氧化碳排放的方向和程度等进行实证分析，分析资源环境约束下西部地区产业结构调整优化的困难矛盾、方向选择和实现路径。

本书的理论和现实意义在于：拓展理论研究，为系统认识产业活动与资源环境的关系提供一个全景式的观察视角，为科学看待"结构减排""结构降碳"等提供一个新的理论框架，推动绿色发展理念下产业结构研究的理论创新。回应时代之问，为准确把握和进一步探讨现代化产业体系的理论价值、时代特征和实现路径提供借鉴，为理解中国式现代化提供产业维度的视角。立足西部实际，不仅为深入实施西部大开发战略中坚持绿色发展和创新发展，提供新的思路和路径，而且对当前夯实实体经济，加快建设现代化产业体系，有所启迪。

第二节　研究历史和研究现状

产业结构变化与资源环境有着密切而复杂的关系，对二者关系的研究，是资源经济学、能源环境经济学和气候变化经济学共同关注的问题，是"能源—经济—环境"（Energy-Economics-Environment，简称"3E"）研究的一个重要内容。

一、研究历史

工业生产是现代物质财富的主要来源，同时人类工业化进程也对资源环境和生态系统造成了破坏，但长期以来，资源环境对经济增长的约束作用一直为传统经济增长理论所忽视，经典经济学分析只考虑资本和劳动两个生产要素。20世纪五六十年代，工业化国家的环境污染问题日益突出，重化工业发展造成的资源消耗和环境损害使发达国家付出沉重的代价。1972年，罗马俱乐部发表著名的《增长的极限》，敲响了经济增长不可能无限持续的警钟，经济学也开始把资源和环境因素引入主流经济增长研究。沃斯登（Vousden，1973）、达斯古普塔和希尔（Dasgupta和Heal，1974）、索罗（Solow，1974）、斯蒂格利茨（Stiglitz，1974）、康芒和佩瑞（Common和Perrings，1992）、舒（Schou，1996）、斯姆德斯（Smulders，1995）等从不同角度分析了资源对经济增长的约束，20世纪90年代，奥提（Auty，1993）、萨克斯和瓦尔纳（Sachs和Warner，1995；1997；1999；2001）等提出了著名的"资源诅咒"（Resource Curse）命题，认为资源富集度与经济增长呈负相关关系，21世纪以来，学者们进一步研究了传统增长模式下技术进步、价格机制及其解决资源约束的作用机理和方式路径（Maloney，2002；Bringezu等，2015；Atkinson和Hamilton，2003）。把能源环境与气候变化正式纳入经济学领域、揭示能源环境对经济增长影响的研究始于20世纪80年代末，乔根森（Jorgenson，1987）最先将能源和其他原材料作为中间投入品，与资本要素和劳动要素一起引入生产函数，提出著名的KLEM模型，作为未支付的投入，环境污染也可视作投入要素进入生产函数，之后，为克服KLEM模型参数化研究框架的局限，以数据包络分析（Data Envelopment Analysis，DEA）为代表的非参数化框架迅速发展（陈诗一，2019）。

与此同时，20世纪70年代石油危机爆发，引发了人们对能源消费增长因素的关注，学者们开始从产业或部门的角度对能源消费和污染排放进行研究。其中最具代表性的莫过于环境库兹涅茨曲线（Environmental Kuznets Curve，EKC）假说，即随着人均收入水平的提高，环境质量呈现先恶化后改善的趋势。美国经济学家格罗斯曼和克鲁格（G. Grossman和A. Kureger，1993）在分析贸易对环境质量的影响时，用规模效应、结构效应和技术效应"三个效应"来解释国际贸易对环境带来的影响，之后，这一框架被应用于解释经济增长过程如何作用于环境质量变化（Sun，1998；Ang和Lee，1994，1996；Greening等，1997），即学者们将经济增长对环境质量的影响分解为三个效应：规模效应,指经济增长所引致的规模扩张会带来更多的污染物或二氧化碳排放;技术效应,即经济增长往往伴随着技术进步和管理经验的积累,技术的进步意味着投入要素的更有效利用,从而降低污染物或二氧化碳排放;结构效应,即经济增长还会带来经济结构的转变,引起资源在不同排放强度部门之间的转移,结构效应对环境污染是正向影响还是负向影响依赖于资源在部门间的转移方向。经济增长最终如何影响环境污染取决于三个效应的相对强弱,这一分解框架最重要的贡献在于,它成功地解释了环境库兹涅茨曲线假说(陈诗一,2019),不仅阐释了产业结构变化促进节能减排的机理,而且构建了一个包含产业结构、能源消耗与污染物和二氧化碳排放的分析框架。经过几十年的发展,这一分析框架的研究范式和量化方法日渐成熟。基于这一分析框架,学者们对能源消费和二氧化碳排放的影响因素进行了实证研究,而能源消费或二氧化碳排放的决定性因素是技术的还是结构的,也成为能源经济学争论的焦点之一。

进入21世纪,为解释经济增长与污染排放是否同步变化的关联性,"脱钩"理论应运而生,经济合作与发展组织(Organization for Economic Cooperation and Development,OECD)于2002年设立了"脱钩指数",用于测度经济发展与物质消耗或生态环境之间的压力状况,佩特里·塔皮奥(Petri Tapio,2005)提出了"脱钩弹性"概念。近年来,随着全球气候变暖以及环境污染问题越来越凸显,学术界和国际组织积极推动能源环境与气候变化经济学的研究(Nicholas Stern,2008;Jeremy R.,2009;IPCC,2014),诺德豪斯教授因将气候变化融入长期宏观经济分析而被授予2018年诺贝尔经济学奖(Nordhaus W. D,2012;潘家华,2018)。

二、研究现状综述

国内关于产业结构与资源环境问题的研究始于20世纪末,由于我国处于工业化与资源环境关系最复杂、最艰难的阶段,所以相关研究极其丰富,主要涵盖工业化与资源环境的理论分析、产业结构与节能减排的实证分析、资源环境约束下特别是"双碳"目标下产业结构调整优化的路径机制等。

(一)工业化对资源环境影响的理论争论

在资源环境问题日益严重的情况下重新审视工业化,一种观点强调产业结构变化尤其是工业化对资源环境的破坏,认为西方工业化是一种"成本外化的工业化模式",是建立在没有资源环境约束的基础上,以重化工业为主导的产业结构不适合我国国情(张孝德,2008;徐平华,2007);另一种观点则认为工业化对资源环境具有多重作用,金碚(2008)分析了现阶段中国工业化与资源约束的复杂关系及其特殊背景,在承认工业化面临资源约束的基础上,更强调工业化创造资源、解决资源瓶颈的积极意义。实现碳达峰碳中和目标,要统筹协调限制高能耗产业发展与工业化乃至现代化进程的关系,既不能以资源环境为代价取得一时一地的发展,也不能因为限制高能耗产业发展而影响我国的现代化进程,而要以能效和排放标准倒逼产业结构、能源结构转型升级(周宏春等,2021)。

(二)单区域视角下产业结构节能减排效应实证分析

单区域视角下产业结构节能减排效应实证分析主要是对"结构效应"假说的验证,探究产业之间或产业内部行业之间的比例关系变动对能源消费或二氧化碳排放的影响。一些研究发现,产业结构调整对减少二氧化碳排放起到了较为明显的促进作用,并测算出产业结构调整对节能减排的贡献,支持了"结构效应"假说(史丹,1999;陈诗一,2011;魏楚、沈满洪,2008;张雷等,2011;郭广涛等,2008;郭朝先,2012;王文举、向其凤,2014),而另一些研究的结论却相反,认为产业结构调整对节能降碳效果甚微,技术进步、部门或企业生产率的改善以及需求效应等对提高能源效率或减少二氧化碳排放的作用更为显著(王玉潜,2003;Fan等,2007;吴巧生、成金华,2006)。在研究方法上,学者们主要运用了指数分解法和结构分解法,韩志勇等(2004)、陈诗一(2010)、郭朝先(2010,2012)、顾阿伦等(2016)运用对数平均迪氏指数法(Logarithmic Mean Divisia Index,LMDI),分析了不同层次产业结构变化对能源消耗和二氧化碳排放的影响,邵帅、张曦、赵兴荣(2016)采用广义迪氏指数分解法(Generalized Divisia Index Method,GDIM)考察了1995—2014年我国制造业二氧化碳排放演变的驱动因素;吴巧生和成金华(2006)、齐志新等(2006)运用拉氏指数分解法,研究了六部门结构变化和轻重工业结构变化对能源消耗强度的影响;王玉潜(2003)、李景华(2004)、梁进社等(2007)、郭广涛等(2008)、王文举和向其凤(2014)、焦翠红和李秀敏(2015)、张恪渝等(2017)等运用结构分解法,研究了产业结构变动与提高能源效率和碳减排的关系,林伯强和杜克锐(2014)将指数分解法和生产理论分解法结合起来,构建了一个能源消费的综合分解框架。一些学者专门针对西部地区进行了研究,杨嵘、常烜钰(2012)应用脱钩理论分析了西部地区1995—2010年二氧化碳排放与经济增长特征,探究了二氧化碳排放驱动因素,宋周莺、唐志鹏、刘卫东(2013)研究了西部地区主要环境污染物排放与产业结构的关系，苏方林和黎文勇（2015）运用1997—2012年面板数据，分析了西南地区产业结构变化对二氧化碳排放的影响。

（三）多区域视角下产业结构节能减排效应实证分析

将区际差异和区际关系纳入二氧化碳排放影响因素分析中。大多数研究基于我国二氧化碳排放区域特征和排放绩效区域差异，验证了区域产业结构变化以及区域间产业转移对区域排放绩效的影响（张雷等，2010；王群伟等，2010；陈诗一，2012；邹秀萍等，2013；李方一等，2014；石敏俊等，2017；钟茂初，2021）；一些研究基于"污染天堂"效应假说，探讨节能减排目标约束是否加剧了高耗能产业从东南沿海向中西部地区转移的趋势，分析产业转移、技术转移与排放转移之间的内在关联（张翼等，2015；董琨等，2015；杨子晖等，2017；朱金鹤等，2018）；还有一些研究从减排政策和"双碳"目标出发，借助区域间CGE模型，分析不同政策设计对产业和排放转移趋势的影响，量化分析工业对"双碳"目标的贡献及其实现路径（成艾华等，2013；苑清敏等，2015；汤维祺等，2016；史丹等，2021）。多区域视角研究考虑了不同区域实现碳达峰碳中和目标的异质性和非同步性，为推进碳达峰碳中和进程中实施区域差别化的产业政策和碳减排政策提供了依据和参考。

（四）资源环境约束下产业结构调整的路径机制研究

研究主要聚焦以下四个方面：一是产业结构自身的绿色化、低碳化，即三次产业结构或工业结构朝着绿色低碳的结构升级，特别是，碳达峰碳中和目标倒逼产业结构不断优化，降低高耗能产业比重（朱佩誉等，2020）。二是降低各产业的二氧化碳排放强度，提升碳生产率（钟茂初等，2021），走更节约、更精致、更清洁的新型工业化道路，重建低能耗、自净化的成本内化的生态文明模式，是资源约束下我国工业化的必然选择（金碚，2011；张孝德，2008），促进传统工业化模式转向新型工业化模式，是缓解我国资源环境压力的出路，而实现这种转换，最重要的是制度创新（白旻，2008）。史丹等（2021）指出，实现"双碳"目标，应大力发展绿色制造、加强绿色自主技术创新、加快构建新型电力系统、推动工业智能化转型。三是通过产业区际转移与协调，实现二氧化碳排放额度的优化配置，即二氧化碳排放额度由碳生产率较低区域向较高区域流动、由碳生产率较低产业向较高产业流动，直至区域间、产业间的碳生产率趋于均衡（钟茂初等，2021）。四是大力发展绿色低碳新兴产业。林伯强等（2015）认为，强化环境治理约束目标能够推动能源结构转型，即加快煤炭替代和降低二氧化碳排放。碳减排政策约束下，可再生能源部门的投资会相应增加，碳减排政策也会推动劳动力市场、投资市场、能源市场发生结构性变化。中共中央、国务院发布的《关于完整准确全面贯彻新发展理念做好碳达峰碳中和工作的意见》将"大力发展绿色低碳产业"作为"深度调整产业结构"的路径之一，并指出"绿色低碳产业"发展方向是：新一代信息技术、生物技术、新能源、新材料、高端装备、新能源汽车、绿色环保以及航空航天、海洋装备等战略性新兴产业，建设绿色制造体系，以及推动互联网、大数据、人工智能、第五代移动通信（5th Generation Mobile Communication Technology，5G）等新兴技术与绿色低碳产业深度融合。

（五）高质量发展背景下产业结构调整优化研究

研究主要聚焦以下三个方面：一是基于我国高质量发展的要求和形势对传统产业结构理论和政策的反思。贺俊、吕铁（2015）澄清了国内学术研究和政策实践中有关经典产业结构问题研究的常见误读，指出经典产业结构理论对阐释我国经济高速增长发挥了重要作用，但不能很好解释经济高质量发展背景下的产业发展问题，所以必须还原经典产业结构研究的合理假设与命题，还指出现代产业体系对产业结构概念的继承和拓展。刘志彪（2015）回顾分析了我国传统产业政策存在的问题及其原因，指出未来我国产业政策应该由选择性产业政策转向功能型产业政策。二是基于我国高质量发展的要求和形势探讨产业结构调整优化的新趋势、新动力和新思路。付保宗（2020）分析了我国产业发展将呈现参与全球分工面临的挑战增大、产业结构呈高度化发展、产业链呈高级化发展、产业数字化变革、产业绿色化转型五大趋势；郭克莎（2019）根据产业结构变动影响因素的变化特点，分析了中国产业结构调整升级的中长期趋势，并提出"十四五"时期产业结构调整升级的政策思路；张永恒、郝寿义（2018）指出，推动产业优化升级，应从提高要素流动形式多样化、提升各类要素禀赋等级、细化要素禀赋分类、创造更多具有创新性的新要素等四方面着手；黄群慧（2017）从产业视角构建了实体经济分类框架；涂正革、陈力（2019）对技术进步方向与产业结构变迁进行实证分析，发现偏向资本的技术进步有利于产业结构从传统部门向现代部门、从低生产率部门向高生产率部门的转移，因而能够在一定程度上促进经济高质量发展，但是会导致不同产业部门之间投入产出效率差距加大，不利于各产业协调发展。李海绒（2016）提出，西部地区产业结构调整，既要有效消化过剩产能，又要立足现有基础，进行产业升级，并大力发展新兴产业和高技术产业。三是对党的十九大提出"实体经济、科技创新、现代金融、人力资源协同发展的产业体系"

的阐释及相关研究。盛朝讯等（2019）探讨了协同发展产业体系的内涵意义、制约瓶颈和路径方略等，刘志彪（2018a）指出协同发展的关键和重点，认为，要实现实体经济、科技创新、现代金融、人力资源的协同，关键是加强对实体经济与虚拟经济之间均衡关系的宏观治理，重点推进制造业转型升级，逐步迈向产业链的中高端，并对传统产业进行大规模技术改造，邵汉华等（2019）通过构建"四位协同"的指标体系量化了我国协同发展的程度和演变。刘戈非、任保平（2020）对我国省域现代产业体系四大要素与相互间协同关系进行了定量描述与分析，提出了构建省域现代产业体系的路径。2019年以来，面对错综复杂的国际形势和新冠疫情严重冲击，围绕中央提出的"打好产业基础高级化、产业链现代化攻坚战"以及"增强产业链供应链自主可控能力"等战略部署，相关研究迅速展开，极大地丰富和拓展了我国产业结构研究（刘志彪，2019a，2019b；金碚，2021；黄群慧，2020；黄汉权，2020；易宇、周观平，2021；中国社会科学院工业经济研究所课题组，2021）。

三、小结

上述研究为本书提供了诸多借鉴和启迪，但是也存在进一步深化或拓展的空间：一是实证分析较多而系统深入的理论研究偏少，产业结构与资源环境之间密切而复杂的关系，需要在理论上进一步厘清；二是对工业化特别是重化工业化带来的资源环境负效应批判较多，而对工业化本身对资源利用和环境保护的正效应关注不够，"结构减排""结构降碳"需要客观、全面的分析；三是产业结构调整优化和节能降碳的宏观思路和一般路径研究较多，而针对西部地区特殊区情的研究缺乏；四是在产业分析的层次上，大多数研究基于国民经济大类产业划分来分析产业结构效应，基于工业内部细分行业的研究不多，虽然近年来基于细分行业的结构效应研究文献逐渐增多，但这些研究的区域层次均为全国，对跨行政区的研究几乎还是空白。

第三节 研究思路与方法

一、研究思路

本书运用能源环境经济学、区域产业分析等理论和分析方法，以文献调研法为主,在回顾梳理产业结构调整优化的经济逻辑和资源环境逻辑的基础上,研究产业结构变动促进节能降碳的机理、贡献和条件,以"结构效应"假说为主线,运用 LMDI 模型,对全国、西部地区和成渝地区双城经济圈产业结构变动的资源环境效应进行实证分析,剖析西部地区产业结构调整优化与节能降碳面临的特殊考验,探讨西部地区产业结构调整优化的方向目标及路径机制等。

在资源环境与产业结构庞大、繁杂的研究体系中,本书着重研究产业结构变动对资源环境的影响,并以化石能源消费和二氧化碳排放作为资源环境约束的代表。

本书的研究思路如图 0-1 所示。

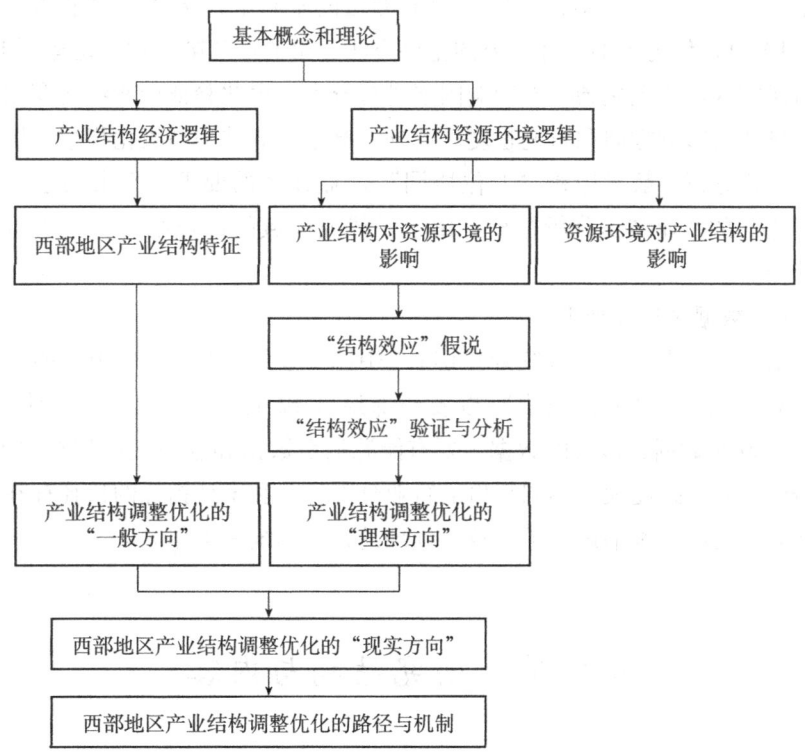

图 0-1 本书的研究思路

二、主要方法和数据来源

本书运用了产业经济学、能源环境经济学等的分析思维和分析方法,坚持定性研究与定量分析相结合。

（一）文献调研

文献调研法是本书最主要的研究方法，文献包括大量的学术文献和相关的政策文献。学术文献主要有产业结构理论和能源环境经济相关的经典著述、学术文章，特别是产业结构与能源消费、二氧化碳排放的文献，本书研究涉及中外文献百余篇；政策文献主要是国家层面的相关规划、政策以及西部地区12省（区、市）的相关规划和政策，比如，在分析西部地区产业结构现状时，本书梳理分析了西部大开发以来"十五""十一五""十二五""十三五"连续四个五年西部大开发规划。

（二）定量分析

本书在分析比较"结构效应"研究方法的基础上，选择对数平均迪氏指数法（LMDI）作为本书实证研究的主要方法，第七章和第八章就是运用LMDI模型对研究区域二氧化碳排放影响因素进行分解，由此验证产业结构变动对二氧化碳排放的影响方向和影响程度。此外，基于产业结构高级化指数、区位熵等产业结构分析一般指标和"四位协同"产业体系的要求，本书构建了"三层—四化"的产业结构分析框架，用于对研究区域的产业结构特征进行描述性统计分析。

（三）数据采集和加工

本书主要采集了《中国统计年鉴》《中国工业统计年鉴》《中国能源统计年鉴》《中国地区投入产出表》以及西部地区12省（区、市）《统计年鉴》2000—2020年数据，涉及的数据主要有能源消费数据和经济发展的相关数据。由于研究的时间跨度大，不同年份的行业分类标准和统计指标的口径存在不一致的地方，为此，本书进行了细致、烦琐的归口和统一工作。

第四节 研究结构与内容

根据上述研究思路，本书按照"理论研究—实证分析—对策探讨"展开写作，共设计十章，如图0-2所示。其中，第一章至第四章为理论研究，包括产业结构调整优化的"两大逻辑"、资源环境约束的内涵意义以及相关研究方法综述，第五章至第八章为实证分析，其中，第五、六章是西部地区产业结构演变和资源环境现状特征分析，第七、八章则分别以西部地区、成渝地区双城经济圈为样本验证"结构效应"假说，第九章和第十章主要是对策机制探讨。

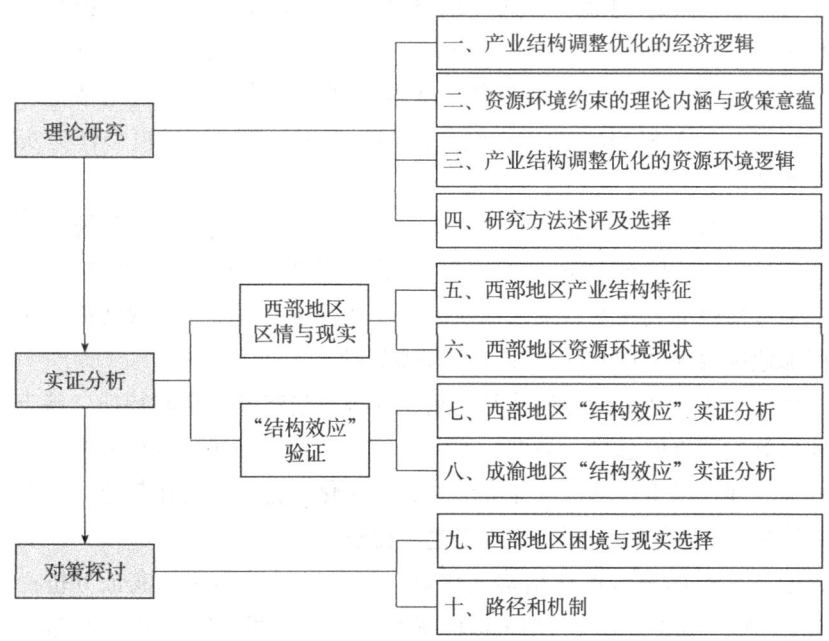

图 0-2 本书写作结构

第一章 产业结构调整优化的经济逻辑。从回顾产业划分开始，分析了经典工业化理论中产业结构高级化和产业结构合理化的内涵和表征，引入全球价值链下产业升级的概念。阐释了"现代化产业体系"的历史演进、现实意义和理论内涵。

第二章 资源环境约束的理论内涵与政策意蕴。梳理了现有研究对资源环境的不同认识，以及对资源环境约束的表现形态、内涵特征的多种理解，在此基础上，界定本书"资源环境约束"的含义。分析了"两山理论"对资源环境约束概念的创新性。回顾总结了我国资源环境约束目标的政策演进，解析"双碳"目标的内涵意义和政策部署。

第三章 产业结构调整优化的资源环境逻辑。追踪梳理了经济学、环境经济学关于资源环境与产业结构关系研究的脉络。分别梳理了资源环境对产业结构的积极影响和负面影响的理论假说和研究进展，分析了产业结构变动促进资源节约和环境保护的机理和路径，通过大量文献整理，汇总了现有

"结构效应"实证分析的结果并进行了比较分析，提出产业结构调整优化的"三种方向"。

第四章　产业结构变动的资源环境效应研究方法述评。通过大量文献调查，分析总结了"结构效应"研究的方法——相关性分析方法、指数分解方法（Index Decomposition Analysis，IDA）和结构分解方法（Structure Decomposition Analysis，SDA）。阐述了三者的基本原理、具体技术和应用情况，特别是分析比较了IDA和SDA的优点缺点，阐明本书选择LMDI模型作为实证分析方法的理由。

第五章　西部地区产业结构演变历程和现状特征。构建体现传统产业结构优化和现代化产业体系本质的"三层—四化"分析框架，运用"三层—四化"分析框架考察西部大开发以来西部地区产业结构演变轨迹及现状特征，比较分析了西部地区内部"四化"水平的空间差异性。

第六章　西部地区能源消费和二氧化碳排放趋势及其空间特征。基于能源消费和二氧化碳排放总量、强度、弹性等指标，运用描述性统计分析方法，分析了西部大开发以来西部地区能源消费和二氧化碳排放的变化趋势、产业构成和区域特征，并与同期全国平均水平进行比较。

第七章　西部地区产业结构变化对二氧化碳排放影响的实证分析：基于"四部门"和"五部门"。运用LMDI模型，基于"四部门"和"五部门"不同的产业层次，对西部大开发以来西部地区产业结构变化的节能减排效应进行了实证分析，并与同期全国的情况进行了对比分析。

第八章　成渝地区产业结构变化对二氧化碳排放影响的实证分析：基于"四部门"和23个工业细分行业。分析了成渝地区三次产业结构和工业内部结构演变轨迹及现状特征，并与同期西部地区进行对比分析。基于"四部门"和工业内部23个细分行业层次，运用LMDI模型对成渝地区产业结构变动对二氧化碳排放的影响进行了研究，并分析了"结构效应"的行业异质性。

第九章　资源环境约束下西部地区产业结构调整优化的现实困境和方向选择。立足西部地区区情，结合党的十八大以来党中央对我国经济发展的重大决策部署，分析西部地区产业结构调整与节能降碳面临的机遇与挑战，剖析西部地区的特有矛盾和困境，阐述西部地区产业结构调整优化需要处理好的"五个关系"，提出资源环境约束下西部地区产业结构调整优化的方向和思路。

第十章 资源环境约束下西部地区产业结构调整优化的路径对策。从三次产业结构、工业内部结构和新兴产业发展等方面探讨了资源环境约束下西部地区产业结构调整优化的路径。聚焦要素协同、动力培育、空间载体、能源转型等方面，提出了资源环境约束下西部地区产业结构调整优化的对策和机制保障。

第五节 主要观点

1. 产业结构理论的"两大逻辑"，一是产业结构调整优化的经济逻辑，二是产业结构调整优化的资源环境逻辑。以经济增长结构变迁理论和日本产业政策研究为代表的传统产业结构理论，对产业结构调整优化的内涵特征、刻画方式和发展机制等进行研究，形成了较完整的理论体系，揭示了经济增长中产业结构形成和演变的经济逻辑。然而，在考虑资源环境约束的情况下，除了资源供给的数量质量、环境的质量会影响产业结构的形成演变，不同产业因为有着不同的资源路线和环境影响属性，产业结构的变动反过来也会对资源环境产生重要影响，产业结构调整因此成为解决资源环境问题的重要途径之一。二者的双向互动关系，构成了产业结构调整优化的资源环境逻辑。相比经济逻辑，产业结构调整优化的资源环境逻辑内容更丰富，体系更庞大。

2. 产业结构调整优化要区分三种方向：一是"一般方向"，即经典工业化理论中的产业结构高级化方向，表现为工业化、服务化以及工业内部的重化工业化、高加工度化和技术集约化等，这是经济学家们通过对发达国家工业化经验总结得出的趋势性判断，我们将这种纯经济学意义上结构变动方向称为"一般方向"或产业结构高级化"一般趋势"，产业结构调整优化的"一般方向"，其目的主要是使产业结构与资源、技术以及需求等结构呈现一种相适应的状态，而并没有考虑资源环境承载力对产业结构的约束。二是"理想方向"，指资源环境约束下产业结构向着清洁、低碳、绿色方向发展。根据环境库兹涅茨曲线假说，在工业化初期，产业结构对环境的影响表现为环境污染加重，到了工业化后期，随着第三产业的发展，环境污染向减轻的方向发展。从国际社会看，进入工业化后期，通过"服务化"和"轻型化"的结构优化实现节能降碳，主要是那些经济发展摆脱对化石能源依赖的少数发达国家或地区,对大多数国家或地区而言,这个条件尚不具备,所以我们称之为"理想方向"。三是"现实方向",指特定区域产业结构变化方向,这是产业结构演进"一般方向"和区际分工客观现实以及特定区域资源环境承载能力共同作用的结果,是区域发挥比较优势和实现特定区域目标的现实选择,因此,我们称之为产业结构调整优化的"现实方向"。长远来看,产业结构本身就是朝着更节约、更有效利用资源和更有利于环境保护的方向在演进,"一般方向"与"理想方向"具有一致性,当然,这是一个漫长的历史过程。在概念上提出并区分这"三种方向",意味着产业结构高级化"一般方向"为我们判断一个国家或地区产业结构合理性、先进性提供了一个逻辑框架和经验参考,但不是唯一的、静态的依据,我国产业结构升级轨迹具有复杂性、多元性和曲折性,区域产业结构优化升级,更受到特殊区情和发展阶段的影响,不是任何经验的简单重复;同时,"退二进三""去重就轻"的产业结构调整,固然是"理想方向"所追求的,但是,就特定区域而言,区域产业结构有着自己的内在要求和特殊轨迹,不能单纯为了节能减排而违背区际分工的客观性,人为地改变或设计产业结构,不同区域的产业结构调整更要立足区情,尊重规律,因地制宜。

3. 中国共产党创造性地提出"现代化产业体系",具有鲜明的时代特征,蕴含着丰富的理论创新。党的十八大特别是十九大以来,中国共产党创造性地提出建设现代化产业体系,强调把发展经济的着力点放在实体经济上,标志着我国产业发展的理论和实践从"结构优化"走向"体系构建"。加快构建现代化产业体系,是构建现代化经济体系的题中之义,是破解我国当前产业发展问题的现实选择,还是顺应产业融合发展新趋势的内在要求。现代化产业体系拓展了传统产业结构理论,蕴含着经济现代化、工业化、现代经济增长等诸多理论创新,不仅为产业结构调整优化研究提供了新的分析框架和方法论,而且为理解中国式现代化提供了产业视角。

4. 要正确认识产业结构调整对节能降碳的作用。基于格罗斯曼和克鲁格"三大效应"分解框架,将产业结构与技术进步、产出增长等一并作为能源消耗或二氧化碳排放的影响因素,阐释了产业结构变动促进节能降碳的机理和可能性,本书基于百余篇文献分析发现,实证研究关于影响能源消费(或二氧化碳排放)的决定性因素是技术的还是结构的,存在较大争议,而原因主要在于研究时段、研究地区、研究方法以及产业划分详细程度等的不同。总体来看,大多数研究认为,"退二进三""去重就轻"的产业结构调整能够在一定程度上改善能源效率、促进节能降碳,但这是一个较长时期作用的结果,在这个过程中,不能忽视技术进步、能源消费结构以及资本深化等因素的影响,甚至在短期,这些因素的作用更为明显。

5. 工业化特别是重化工业化对节能降碳的影响方向和程度,具有复杂性、层次性和差异性。在产业结构变化中,工业内部结构变动对资源环境的影响方向最为复杂,行业细分不同,结构变化对资源环境的影响方向、作用程度等都不一样。(1) 工业化具有阶段性。工业内部结构演变有"三化"——重化工业化、高加工度化和技术集约化,其中,高加工度化和技术集约化无疑是有利于促进资源节约和环境保护,但重化工业化显然是与节能降碳要求的产业结构"轻型化"相悖的。(2) 重化工业内部具有层次性。同样是重化工业,但不同细分行业的资源环境属性和要素密集程度存在较大差异,在重化工业内部,采掘业、原材料工业与重加工工业,三个行业的能源消费强度和环境污染排放强度是不一样的,而且我国一些"统计意义"上的重化工业实际上是劳动密集型产业。(3) 工业化对资源环境本身具有双向作用。一方面,工业消耗资源,影响环境,面临资源环境约束,另一方面,只有提高工业化水平,发展更发达、更先进、更精明的工业,才能更有效利用资源,解决工业化和生态文明建设的资源瓶颈和环境问题。基于此,本书强调,我们不能将"统计意义"上的重化工业完全等同于高耗能产业、高污染产业或"两高一资"产业,更不能因为节能降碳而一味抛弃重化工业。

6. 产业结构调整的重心要从数量比例式的目标"设计"向构筑有助于产业结构优化的体制机制转变。产业结构是一个复杂而且具有密切内在联系的复合有机体,产业结构是否优化本身不是简单的静态比例关系。当前,我国产业结构的主要矛盾已不是各产业之间的数量比例问题,而是产业发展质量低下以及发展方式粗放引起的问题。因此,产业结构调整要从过去注重"设计"数量比例式的目标向构筑有助于产业结构优化的体制机制转变。产业结构优化不能简单地被"规划"或被"安排"。

7. 西部地区产业结构变化与节能降碳要求的"理想方向"不一致,但近年来,出现了有利于节能降碳的变化倾向,"结构降碳"具有一定空间。运用LMDI 模型对西部地区二氧化碳排放影响因素分解的实证研究表明,西部大开发以来,产业结构效应是导致二氧化碳排放增长的第二主导因素,累计贡献率达 11.55%。产业结构效应历年贡献率不同,大多数年份为正,表明西部地区产业结构演进的实际方向与节能降碳要求的"理想方向"不一致,但总体来看，产业结构效应从西部大开发之初的最大正效应（35.87%）到15年之后的最大负效应（-767.60%），表明最近几年西部地区产业结构出现了有利于节能降碳的变化倾向。而且与同期全国相比，西部地区产业结构"高碳化"趋势更显著，这在理论上意味着，西部地区产业结构调整促进节能降碳具有更大的潜力和空间。

8. 成渝地区产业结构朝着节能降碳方向变化，不同工业行业减排效果不同。基于"四部门"实证研究表明，产业结构效应是促进成渝地区二氧化碳排放增加的第二主导因素，但"十三五"以来，产业结构效应带来的二氧化碳排放增量越来越小，表明产业结构是朝着有利于节能降碳的方向变化的。基于工业内部23个细分行业的实证研究表明，产业结构效应对成渝地区二氧化碳排放增加有微弱的负效应，但不同行业产业结构效应减排效果不同。

9. 资源环境约束下西部地区产业结构调整优化的方向选择。资源环境约束下西部地区产业结构调整优化，既要遵从产业结构高级化的"一般方向"，追求资源节约和环境友好的"理想方向"，更要立足我国的国情和西部地区的区情，尊重全国地域分工的客观性和西部地区工业化的特殊性。为此，西部地区的现实选择是：三次产业结构向"服务化"演进当然是总体方向，但是，基于资源节约和保护环境的产业结构优化，其主攻方向不应是第二产业和第三产业的此消彼长，而是工业内部的结构优化，而工业内部，不仅仅是朝着节能降碳的"理想方向"，即通过发展战略性新兴产业等高技术产业和高加工度产业等，尽量"轻型化"，而且要在重化工业内部"挖潜"，发展有利于节能降碳的资本技术密集型和充分发挥劳动力比较优势的重加工业，同时，依托西部地区清洁能源优势，积极培育绿色低碳新兴产业。

10. 资源环境约束下西部地区产业结构调整优化，要多层次、有重点、转方式地推进。多层次，就是要在三次产业之间、工业内部各行业之间以及重化工业内部各细分行业之间，以及实体经济与虚拟经济之间，推进部门结构由低水平向高水平、由初级加工向深度加工演进，不管是哪个层次，产业结构调整优化都不仅仅是各产业部门数量比例此消彼长式的改变，也不仅仅是某个产业规模指标的调控，而是以高质量为目的、以实体经济为核心的"量""质"齐优，关键是质量提升。有重点，指产业结构调整中，工业升级是重点，实体经济是核心，传统优势产业升级是特色，绿色低碳产业培育有可能成为新的增长点。西部地区工业内部结构调整，既要加快发展先进制造业和战略性新兴产业，也要促进传统工业转型升级，既要发展先进产能，还要加快淘汰低端落后产能，在重工业内部，还存在对重工业不同门类、不同环节优化的潜力。转方式，就是要转变以往过度依赖非市场的行政性手段进行产业结构调整的方式，更多地发挥市场在资源配置中的决定性作用，有效发挥政府作用，充分激发市场活力，弱化甚至逐渐取消各种差别化产业政策。

第一章

产业结构调整优化的经济逻辑

以经济增长结构变迁理论和日本产业政策研究为代表的传统产业结构理论（也常被称为"经典工业化理论"）对产业结构调整优化的内涵特征、刻画方式以及动力机制、发展阶段等的研究，揭示了产业结构调整优化的经济逻辑，提供了产业结构的合理性、先进性的理论分析框架，为阐释改革开放以来我国经济高速增长的实践提供了依据。中国共产党创造性地提出"现代化产业体系"，突破了传统产业结构理论，蕴含着丰富的理论创新。本章回顾梳理经典工业化理论视域下产业结构调整优化相关概念和分析方法，阐释"现代化产业体系"的历史基础、现实意义和理论内涵。

第一节 产业的划分及类型

产业的划分及类型研究是产业结构调整优化研究的起点，也是构建现代化产业体系研究的基础。

所谓产业，是指在一定的分类原则下，具有替代性或共同特点的生产活动的集合，产业结构是指不同产业之间的数量比例关系和质的联系。数量关系的衡量一般用产业的产值、增加值或就业人数，而质的联系，则是指产业间的技术经济联系、相互服务和相互促进的关系,等等。不同的产业分类方式决定了产业结构的不同内涵,产业划分方式是产业结构研究的起点。在前人研究的基础上,本书对产业划分方式进行了梳理总结,见表1-1。

表1-1 经典工业化理论视域下产业划分方式及其内涵

产业划分方式		产业内容	产业内涵
三次产业划分		第一次产业	产品直接取自自然的物质生产部门,一般指广义的农业
		第二次产业	加工取自自然的产品的物质生产部门,一般指广义的工业和建筑业
		第三次产业	指衍生于有形财富生产活动的无形财富生产部门,指广义的服务业
要素密集程度划分		劳动密集型产业	资本有机构成较低,所生产的产品中,活劳动尤其是体力劳动占较大比重,如服装、皮革、服务业等
		资金密集型产业	资本有机构成较高,所生产的产品中投入资本量占较大比重,如机械等产业
		技术密集型产业	产品的技术含量高,知识劳动和创造占较大比重,如航天、电子计算机等产业
加工程度划分		原材料产业	为制造业提供原材料的工业部门。是直接对采掘工业产品进行加工、生产各种原材料的工业部门总称。一般包括黑色及有色金属冶炼、基本化工原料及有机合成工业、电力及建材等
		加工制造业	主要是以采掘业和农业的产品等为原材料进行加工,或对加工工业的产品进行再加工和修理,或对零部件进行装配的工业部门的总称。比如,冶金、机械、电子、化学、石油化工、木材加工、建筑材料、造纸、纺织、食品、皮革工业等
技术先进程度划分		高新技术产业	以高新技术为基础,从事一种或多种高新技术及其产品的研究、开发、生产和技术服务的企业集合,高新技术产业是知识密集、技术密集的产业。包括新材料、新能源、生物工程、大规模集成电路等产业,代表了世界技术发展的新趋势
		传统产业	主要指劳动密集型的、以制造加工为主的行业,包括钢铁、造船、纺织和一般机械制造工业等
生产部门构成划分	马克思两大部类分类	第Ⅰ部类	生产生产资料的部门
		第Ⅱ部类	生产消费资料的部门
	霍夫曼分类	消费品工业	产品的用途有75%以上用作消费资料的产业,包括食品业、纺织业、皮革业、家具业等

续表

产业划分方式		产业内容	产业内涵
生产部门构成划分	霍夫曼分类	资本品工业	75%以上作为资本资料的则归入资本资料产业。资本资料指的是形成固定资产的生产资料，包括冶金及金属材料工业、运输机械业、一般制造业、化学工业等
		其他工业	难以用上述原则确定归属的产业就列入其他产业，包括橡胶、木材、造纸、印刷等工业
	轻重分类	轻工业	产品单位体积重量小的工业部门，主要表现为提供生活消费品和制作手工工具的工业，如纺织、食品、皮革、家具等
		重（化）工业	产品单位体积重量大的制造业和化学工业，主要是为国民经济各部门提供物质技术基础的主要生产资料的工业部门，如钢铁、有色金属、石油化工等

资料来源：作者自制。

对产业活动的最早分类，来自经济学家们对产业与资源环境关系的观察和提炼。1935年英国经济学家费希尔（A. B. Fischer）在《安全与进步的冲突》中首次提出三次产业分类，他把全部产业活动按照它们与自然界的联系程度，划分为第一次产业、第二次产业和第三次产业（以下简称第一产业、第二产业和第三产业），第一产业直接取自自然界，是以自然界作为劳动对象的部门，第二产业则是加工取自自然界的生产物，第三产业是为第一产业和第二产业提供服务的产业。在三次产业内部，还有农业内部结构、工业内部结构和服务业内部结构；按照要素密集程度划分，有劳动密集型产业、技术密集型产业和资本密集型产业；按照生产部门构成划分，有马克思两大部类、霍夫曼两个部门和轻重工业部门。由于我国长期处在工业化阶段，第二产业特别是工业的比重一直是三次产业中最高的，2012年我国第三产业比重才首次超过第二产业，另外，工业又是资源能源消费和环境影响的"大户"，所以资源环境语境下的产业结构，常常被认为是工业结构，比如，轻重工业结构或制造业内部的行业结构。

随着资源环境对产业发展约束作用的凸显以及绿色发展理念的兴起，经典工业化理论视域下的产业划分方式需要创新，"高耗能产业""绿色产业""低碳产业"等概念应运而生，成为能源和环境经济研究和我国产业政策中的一种产业划分类型，这将在第三章讨论。

第二节 经典工业化理论对产业结构调整优化的阐释

一、经典工业化理论下产业结构调整优化的内涵

严格意义上讲,产业结构调整优化包含了产业结构调整和产业结构优化两个相辅相成的方面,其中"调整"是手段,"优化"是目的。"调整"与"优化"的关系,正如周振华(2014)指出的,"调整"无非是对初始不理想的产业结构进行有关变量的调整,以实现某种理想目标,即产业结构优化。因而产业结构调整内容的中心问题,就是产业结构优化。一般认为,产业结构优化通常指产业结构高级化和产业结构合理化(见图1-1)。产业结构调整,则是基于问题导向或一定目标导向下对已形成的产业结构进行改变的过程,涉及调整的方向、调整的变量、调整的幅度、调整的目标以及调整的手段等,更强调主观性和政策导向性,比如,我国曾经进行"优先发展重工业""退二进三""大力发展服务业"等产业结构调整举措。

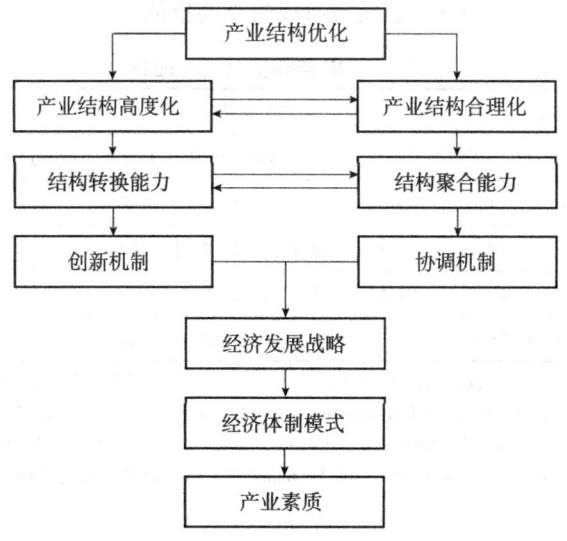

图1-1 产业结构优化模型

资料来源:周振华. 产业结构优化论[M]. 上海:上海人民出版社,2014:25.

产业结构优化的第一个标志是产业结构高级化。所谓产业结构高级化,是指产业结构从低水平向高水平发展,体现为生产效率较高的产业在整个产业结构中比重上升的发展趋势,这种发展是根据经济发展的历史和逻辑序列而顺向演进的。相比本书后面将要涉及不同语境下的产业结构变化轨迹,我们可以称之为产业结构演进的"一般方向"。"政治经济学之父"威廉·配第(William Petty,1676)最早发现农业、制造业和商业三类产业比较收入差异,20 世纪中期,克拉克(Colin G. Clark,1950)、库茨涅茨(Simon Kuznets,1941)、霍夫曼(Hoffmann,1931)、钱纳里(H. Chenery,1979)等通过对工业化国家的经验总结发现,经济增长不仅表现为总量和人均量增长的趋势,还表现为产业结构动态演化特征,即:随着生产力发展水平和要素禀赋的转化,产业结构从低水平向高水平的演变,具体表现为三次产业结构从"一二三"到"二三一"再到"三二一"的演变,工业内部从轻工业为主导转为重化工业为主导的"先轻后重"顺序、由原材料工业为主导转向以深加工工业和组装工业为主导以及由劳动密集型工业向技术密集型和知识密集型产业的依次更替(黄勤等,2016),这种产业的更替和结构变化被经典工业化理论称为产业结构高级化(或称为"产业结构高度化""产业结构升级""产业结构演进"),如表 1-2 和表 1-3 所示。产业结构高级化体现了产业结构随技术进步和资源禀赋、需求结构等的变化而变化的一种客观趋势,既是产业结构调整优化的基本目标之一,也是衡量一个国家或地区经济社会发展阶段的重要指征。

表 1-2　　　　　　三次产业 GDP 结构变动的一般趋势　　　　　　单位:%

产业 \ 模式	库兹涅茨模式(1971)			钱埃西模式(1970)①			赛钱模式(1989)②		
	人均 GDP(1958 年美元)			人均 GDP(1964 年美元)			人均 GDP(1980 年美元)		
	300	500	1000	300	600	1000	300	500	1000
第一产业	26.5	19.4	10.9	30.4	21.8	18.6	39.4	31.7	22.8
第二产业	36.9	42.5	48.4	23.1	29.0	31.4	28.2	33.4	39.2
第三产业	36.6	38.1	40.7	46.5	49.2	50.0	32.4	34.6	37.8

资料来源:西蒙·库兹涅茨. 各国的经济增长 [M]. 北京:商务印书馆,1985:128-129;Chenery, H. B., H. Elkington H, Simsc. A Uniform Analysis of Development Pattern [C] Harvard University Centerfor International Affairs. Economic Development Reports. Cambridge Mass,1970;Moshe S, Hollis C. Three decades of industrialization [J]. The World Bank Economic Review,1989(02):145-181.

---

① 钱埃西模式为钱纳里、埃尔金顿和西姆斯模式。
② 赛钱模式为赛尔奎因和钱纳里模式。

表1-3 经典工业化理论对产业结构高级化的阐释

代表人物	研究内容	研究结论
配第-克拉克 (Petty-Clark)	阐述了三次产业结构演进与劳动力转移之间的关系	随着一个国家人均国民收入水平的提高,劳动力先从第一产业向第二产业转移,当人均国民收入水平进一步提高时,劳动力再向第三产业转移
西蒙·库茨涅茨 (S. Kuznets)	从国民收入和劳动力两个方面分析了三次产业结构伴随经济发展的变化规律	随着经济发展,第一产业的经济和就业贡献向第二产业和第三产业转移,工业化前中期,第二产业成为国民经济支柱,第三产业主要作为劳动力吸纳地,工业化后期,经济发展的支柱由第二产业向第三产业转移
霍利斯·钱纳里 (H. Chenery)	运用投入产出分析方法分析了产业结构转变与经济增长的关系,构建出产业结构转变的标准形式	产业结构转变与经济增长存在密切联系,不同收入水平产业结构状况不同
霍夫曼 (W. Hoffmann)	划分了工业内部结构(消费资料工业与资本资料工业),构建了霍夫曼比例,并分析了工业内部结构的变化趋势	随着工业化的推进,霍夫曼比例不断下降,根据霍夫曼比例,工业化可划分为四个阶段

资料来源:作者自制。

根据经济增长与产业结构变迁的关系,经典工业化理论进一步将经济发展过程(或者说经济现代化进程)划分为不同阶段,并给出了工业化不同阶段的标志特征,如图1-2和表1-4所示。其中,钱纳里提出的工业化"3大5小"阶段理论最为广泛接受,钱纳里按照人均GDP的变化将经济发展分为前工业化(第一产业为主导产业)、工业化实现(第二产业为主导产业)和后工业化(第三产业为主导产业)三个阶段,其中,工业化实现阶段又包括工业化初期阶段(轻工业、原材料工业为主导产业)、工业化中期阶段(重化工业为主导产业)和工业化后期阶段(深加工工业和高技术产业为主导产业),每个阶段转换都伴随着产业结构、就业结构、空间结构等重要特征的变化。

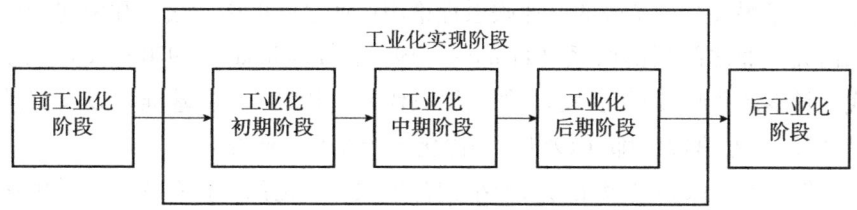

图1-2 钱纳里工业化阶段划分

资料来源:作者自制。

表1-4　　　　　　　　　　工业化不同阶段的标志值

基本指标	前工业化阶段(1)	工业化实现阶段			后工业化阶段(5)
		工业化初级阶段(2)	工业化中级阶段(3)	工业化后级阶段(4)	
人均GDP（2010年美元）	827—1654	1654—3308	3308—6615	6615—12398	12398以上
三次产业增加值结构	一>二	一>20%，一<二	一<20%，二>三	一<10%，二>三	一<10%，二<三
制造业增加值占总商品增加值比重	20%以下	20%—40%	40%—50%	50%—60%	60%以上
人口城镇化率	30%以下	30%—50%	50%—60%	60%—75%	75%以上
第一产业就业人员占比	60%以上	45%—60%	30%—45%	10%—30%	10%以下

注：三次产业增加值结构中，"一"代表第一产业，"二"代表第二产业，"三"代表第三产业。
资料来源：陈佳贵，黄群慧，钟宏武. 中国地区工业化进程的综合评价和特征分析［J］. 经济研究，2006（06）：4-15。

产业结构优化的第二个标志是产业结构合理化。产业结构合理化，是指提高产业之间有机联系的聚合质量，即产业之间相互作用所产生的一种不同于各产业能力之和的整体能力，主要包括两方面的内容，一是各产业之间在生产规模上的比例关系，比如第一、二、三产业之间的均衡，能源、原材料工业与加工工业之间的均衡等；二是产业之间的关联作用程度（周振华，2014）。产业关联作用是指某一产业引起其他产业部门的建立和发展的能力，这种作用通过投入产出关系表现出来，产业之间的关联作用程度越高，产业结构的整体效应越大，产业结构也越合理。产业结构合理化以资源在各产业部门的合理配置为基础，产业结构合理化将产生较大的结构效应，是产业结构优化的又一个重要标志。列昂惕夫和赫希曼的产业联系理论用产业之间的中间投入和中间产出关系来研究产业之间质的联系（Leontief，1953；Hirschman，1970）。20世纪50年代，日本产业政策研究兴起，如筱原三代平（1957）"两基准"以及宫泽健一（1975）、小宫隆太郎（1984）等深化了产业联系研究。

当然，产业结构高级化与产业结构合理化并不是孤立存在的，二者相互渗透、交互作用，产业结构合理化是产业结构高级化的基础，以产业结构合理化促进产业结构高级化，以产业结构高级化带动产业结构合理化，才能实现产业结构优化。

二、产业结构调整优化的刻画方法和指标

根据经典工业化理论,产业结构高级化,在三次产业之间,表现为工业化和服务化,在工业化内部又表现为重化工业化、高加工度化和技术集约化"三化",因此,常常用"工业化""服务化"或者"重化工业化""高加工度化""技术集约化"来刻画产业结构高级化。同时,借助于统计数据,可以对以上指标进行量化,并以此作为产业结构高级化水平评价的依据,如表1-5所示。

表1-5　　　　　　产业结构高级化的表征和量化指标

产业层次	产业结构高级化	产业结构高级化表现	量化指标
三次产业之间	工业化、服务化	产业结构中由第一产业占优势比重逐级向第二、第三产业占优势比重演进	第二产业占GDP比重;第三产业占GDP比重
工业内部	重化工业化	产业结构中由轻工业占优势比重向重化工业占优势比重演进(重工业创造的国民收入占制造业创造的国民收入的60%以上)	消费品工业净产值与资本品工业净产值之比;轻工业与重工业产值之比
工业内部	高加工度化	产业结构中由原材料工业占优势比重逐级向以深加工工业和组装工业占优势比重转变	加工组装工业产值与原材料工业产值的比值
工业内部	技术集约化	产业结构中由劳动密集型产业占优势比重逐级向资本密集型、技术密集型产业占优势比重演进;人力资源、技术、知识等高级要素替代物质资本和低级生产要素	高新技术产业产值与非高新技术产业产值的比值

资料来源:根据"刘伟,杨云龙. 中国产业经济分析 [M]. 中国国际广播出版社,1987:28."制作。

在三次产业层面,根据"配第—克拉克"原理,产业结构发展是一个由"一二三"到"二三一"再到"三二一"的演变过程,因此产业结构高级化,体现为第二产业或第三产业在产出中比重的提升,学者们也常用第二产业或第三产业的产出占总产出的比重来衡量,如蔡昉(2008)使用第二产业增加值占GDP的比重,弗里德尔和盖茨纳(Friedl 和 Getzner,2003)使用第三产业增加值占GDP的比重,包群和彭水军(2006)则同时使用农业增加值占GDP

的比重和工业增加值占 GDP 的比重。在工业内部，产业结构高级化表现为重化工业化、高加工度化和技术集约化，因此衡量的指标较多。最早的指标是霍夫曼系数，即消费资料产业产值与资本资料产业产值之比，我国常用轻重工业比重来衡量工业化进程中重化工业化程度；还有的研究通过构造产业结构调整指数来衡量，如刘楷（2007）使用 37 个行业数据构造了工业内部的产业结构调整指数，黄亮雄等（2012）参考布朗代和德拉任（Brender 和 Drazen，2009）的方法，构造了基于四位数工业的产业结构调整指数；此外，还有海明距离法、Moore 指数等（付凌晖，2010），但这些指数，在指标设置、计量模型方面还有待商榷。随着高新技术产业的崛起，越来越多的研究在衡量产业结构高级化时，采用高新技术产业产值与非高新技术产业产值的比值这一指标，该指标不仅反映了制造业内部结构层次变化，还反映了技术先进性。在考虑资源环境约束的条件下，采用这一指标来衡量产业结构高级化程度，具有较强的针对性。

产业结构合理化不仅表现为不同产业之间的比例关系以及这种比例关系的特征，而且表现为产业之间的投入产出关联，这种关联性可用波及效果来分析，产业波及效果包括产业的影响力和感应度，一个产业影响其他产业的程度称为产业的影响力，该产业受到其他产业影响的程度称为感应度。利用投入产出分析法可计算产业的影响力系数和感应度系数，进而衡量该产业的波及效果。

影响力系数的表达式为：

$$Y_j = \frac{(\sum_{i=1}^{n} C_{ij})/n}{\sum_{i=1}^{n}\sum_{j=1}^{n} C_{ij}/n^2} \qquad (1-1)$$

其中，Y_j 是 j 产业的影响力系数。C_{ij} 为列昂惕夫逆阵系数表中第 i 行第 j 的系数。$Y_j > 1$，说明 j 产业的影响力大于全部产业的平均水平。影响力系数越大，该产业发展对其他产业的拉动作用也越强。

感应度系数的表达式为：

$$G_i = \frac{(\sum_{j=1}^{n} C_{ij})/n}{\sum_{i=1}^{n}\sum_{j=1}^{n} C_{ij}/n^2} \qquad (1-2)$$

其中，G_i 是 i 产业的感应度系数。$G_i > 1$，说明 i 产业的感应度大于全部产业的平均水平。感应度系数越大,该产业受其他产业的影响越大,说明其他产业对于该产业的相对需求越大。

三、全球价值链下产业升级的内涵

经典工业化理论中的产业结构升级,主要研究的是产业之间或行业之间,没有涉及产业或行业内部,且缺乏微观基础分析。20世纪90年代,沿价值链攀升的产业升级研究受到越来越多的关注。从我国的现实情况来看,我国产业结构面临的问题也发生了深刻变化。长期以来,我国产业结构存在的问题主要是:三次产业之间的比例不协调、第三产业发展落后、产业结构层次偏低,但自"十二五"以来,这种数量比例关系不合理问题已经得到了较大改善,我国产业结构主要矛盾已不是各产业之间的数量比例不协调问题,而是由产业发展质量低下以及发展方式粗放引起的问题。因而产业结构调整优化也要从过去单纯调节三次产业之间以及三次产业内部各行业之间数量比例,转变为从产业链、价值链的角度突破关键环节(王岳平,2008)。党的十九大报告指出,要促进我国产业迈向全球价值链中高端,培育若干世界级先进制造业集群,更是把产业升级明确作为我国产业结构调整的重要方向。

学术研究上,早在20世纪80年代,迈克尔·波特(Porter,1985)就提出了"价值链"概念,他认为,"每一个企业都是在设计、生产、销售、发送和辅导其产品的过程中进行,种种活动的集合体其创造价值的过程可分解为一系列互不相同但又互相关联的增值活动,这些相互联系的价值活动,共同作用为企业创造利润,从而形成企业的价值链"。根据联合国工业发展组织(United Nations Industrial Development Organization,UNIDO)2004年发布的《通过创新和学习来参与竞争》,全球价值链(Global Value Chain,GVC)是指在全球范围内为实现商品或服务价值而连接生产、销售、回收处理等过程的全球性跨企业网络组织,涉及从原料采集和运输、半成品和成品的生产和分销,直至最终消费和回收处理的过程。恩斯特(Ernst,1998)在分析韩国特殊的产业竞争战略时首次使用了"产业升级(Industrial Upgrading)"。还有学者基于对东亚服装产业的考察指出,产业升级是一个企业或经济体提升迈向更具获利能力的资本和技术密集型经济领域能力的过程,其还根据全球价值链的驱动力把产业升级分成两种类型——生产者驱动型和购买者驱动型,并把产业升级分为产品升级、经济活动升级、部门内升级和部门间升级(Gerrifi,1999)。汉弗莱和米茨(Humphrey 和 Schmitz,2002)则进一步提出产业升级的四种路径:

一是流程升级（Process Upgrading），二是产品升级（Product Upgrading），三是功能升级（Functional Upgrading），四是部门间升级（Inter-sector Upgrading），部门间升级实际上就是上述工业化理论的产业结构高级化。这里引入全球价值链下产业升级的概念，实际上拓展了产业之间或部门之间的结构分析范式。

四、区域产业结构的内涵特征

（一）区域产业结构的双重属性

区域产业结构是指特定区域空间内不同产业的构成和质的联系。一方面，区域经济作为国民经济的组成，区域产业结构具有产业结构的一般特征，长期来看，区域产业结构演进遵从产业结构演变的"一般趋势"。另一方面，区域经济又是有特色的国民经济，区域系统具有更大的开放性和非独立完整性，因此区域产业结构又独具自身特性。

一是一致性。作为国民经济的组成，区域产业结构与国家产业结构的内涵、构成没有本质区别，差别只在于空间尺度、能级规模的不一样。长期来看，大多数区域产业结构演进遵从产业结构演进的一般规律、一般方向，区域产业结构调整优化要遵从产业结构高级化和合理化要求。

二是从属性。区域经济是国民经济的空间组成，区域产业结构既是国家产业结构的组成，又是发挥自身比较优势、承担国内区域分工的结果。区域产业结构调整优化，既要立足区情，发挥区域比较优势，也要服从于国家产业发展大局和重大生产力布局。

三是非独立完整性。基于国家主权和国家安全的考虑，国家产业结构必须完整和自主可控，但作为国家产业结构的一个子系统，区域没有能力，也没有必要建立覆盖全部国民经济产业的产业结构，特别是一些小尺度的区域或特殊区域，区域产业结构的水平和层次不一定按照三次产业结构的标准来评价衡量。区域产业结构调整优化，需要发挥区域比较优势，突出区域特色。

四是双重开放性。由于区域间不存在国家间的贸易壁垒和国家安全等问题，相比国家层面的产业结构，区域产业结构具有更大的开放性，包括对内开放和对外开放双重开放，在我国当前"双循环"新发展格局下，区域产业结构调整优化，绝不能故步自封，更不能画地为牢。

（二）区域产业结构的刻画

根据前面的分析，区域产业结构可以从三次产业、要素密集程度、加工程度以及技术先进程度等来刻画（见表1-1），但从发挥区域比较优势、突出专业化分工的角度，还需要从产业在区域经济发展中的地位和功能来刻画，正因为如此，在分析区域产业结构时，学者们构建了一个包括区域主导产业、区域关联产业和区域基础结构的区域产业结构模型（见图1-3），这更有利于揭示区域经济的特色和优势。

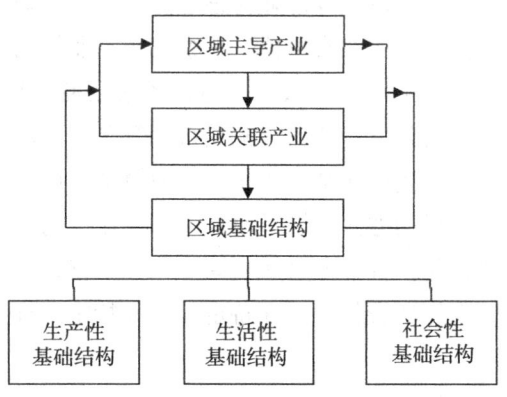

图1-3 区域产业结构模型

资料来源：郝寿义，安虎森．区域经济学［M］．北京：经济科学出版社，1999.

区域主导产业居于区域产业结构的核心地位，是区域优势和特色的体现，区域主导产业的发展能够带动区域其他产业的发展。从区际关系来看，区域主导产业是区域专门化部门，在全国或更高一层区域分工体系中担任重要职能。区域主导产业具有产值占比大、市场竞争力强、带动效应显著等特征，因此，产出规模、竞争能力、产业联系等产业经济指标是量化区域主导产业发展水平的重要方法。此外，地区专门化程度作为衡量区域在全国或更高一级区域分工地位的重要指标，在一定程度上也可以揭示区域主导产业发展现状或潜力，地区专门化程度一般用"区位熵"来表示，"区位熵"计算公式如下：

$$LQ_{ij} = \frac{q_{ij}/q_j}{Q_i/Q} \quad (1-3)$$

其中，LQ_{ij}就是j地区的i产业在全国的区位熵，q_{ij}为j地区的i产业产值，q_j为j地区所有产业产值，Q_i为全国i产业产值，Q为全国所有产业产值。在假设全国各区域消费水平与结构一致的情况下，LQ_{ij}越高，表明该产业在该区域的集中度越高，产业的专门化水平越高。一般来说，当$LQ_{ij}>1$时，被认为j地区的i产业在全国越具有较高的专业化水平，其转化为主导产业的可能性就越大。

区域关联产业是指围绕区域主导产业发展的产业，根据产业联系理论，主要包括主导产业的前向联系产业和后向联系产业。区域基础结构则是为区域生产和生活提供公共服务的部门、设施、机构的总体，包括生产性、生活性和社会性的基础结构。

可见，区域产业结构是以主导产业为核心，由主导产业、关联产业和基础结构彼此作用、相互促进组成的有机体。考察区域产业结构优化问题，不能只看区域的三次产业结构或工业结构状态，还要考察区域主导产业的地位作用，需要研究区域主导产业与其他产业的匹配关系，等等。西部地区产业结构调整优化研究，固然要参照上述产业结构优化的一般模型，但是，在此基础上，还要纳入区域产业结构分析的方法，揭示西部地区产业结构的区域特征。推进西部地区产业结构调整优化，首先要服从大局、服务国家，在国家产业结构调整优化的总体布局下，发挥比较优势，在特定区情和特定目标约束下进行产业结构优化的路径选择。

第三节　现代化产业体系
——中国共产党对产业结构理论的创新

中国共产党创造性地提出"现代化产业体系"，标志着我国产业发展的理论和实践进入了全新征程。加快构建现代化产业体系，不仅是我国经济发展进入高质量发展阶段的必然要求、构建现代化经济体系的题中之义，还是我国适应世界经济和全球治理新形势、顺应产业发展新趋势的战略举措。现代化产业体系拓展了传统产业结构理论，具有鲜明的时代特征，蕴含着丰富的理论创新，为西部地区产业结构调整优化研究提供了新的分析框架和方法论。

一、历史演进：从"结构优化"走向"体系构建"

中国共产党历来重视产业体系建设，"现代化产业体系"一词首次正式出现虽然是在党的二十大报告中，但早在新中国成立之初我党就提出建立强大的"工业体系"。70多年来，中国共产党领导的中国工业化现代化建设，经历了从建立独立完整的工业体系到促进产业结构调整优化再到党的十八大以来建设现代化产业体系的演进（见图1-4）。新中国成立之初，中国共产党以"建立独立完整的工业体系"为工作重心，奠定了我国工业化现代化建设的基础。改革开放以来，我国以工业发展为重点，以三次产业结构调整优化为主线，产业结构优化升级促进经济高速增长和工业化进程不断推进，2010年我国成为全球第二大经济体。此外，我国制造业规模雄居全球首位，是全世界唯一拥有联合国工业分类中全部工业门类的国家，2012年我国第三产业比重首次超过第二产业比重，进入了服务业主导的经济发展阶段，我国产业结构优化升级取得了显著成效。

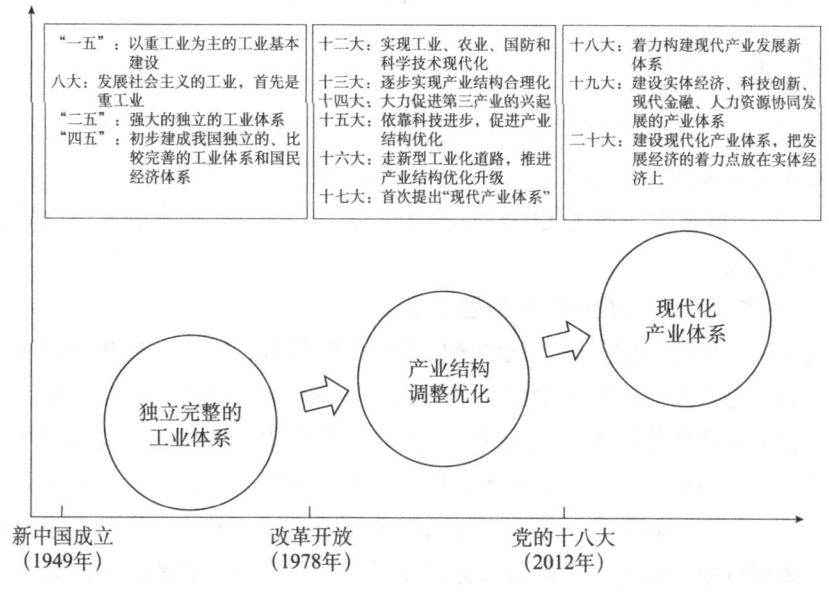

图1-4 从独立完整的工业体系到现代化产业体系的演进阶段

党的十八大以后特别是十九大以来，面对风云突变的世界经济和全球治理形势、新一轮科技革命和产业变革加速推进以及我国进入经济高质量发展新阶段，中国共产党创造性地提出现代化产业体系。2017年党的十九大首次提出"加快建设实体经济、科技创新、现代金融、人力资源协同发展的产业体系"，2019年中央进一步部署产业体系建设，提出"要充分发挥集中力量办大事的制度优势和超大规模的市场优势，打好产业基础高级化、产业链现代化的攻坚战"，2020年以来，中美贸易摩擦和新冠疫情冲击深刻暴露出我国产业链、供应链存在严重的风险隐患，畅通、安全、稳定、韧性成为我国产业体系建设的更高要求，中央强调要"增强产业链供应链自主可控能力"，"尽快解决一批

'卡脖子'问题，在产业优势领域精耕细作，搞出更多独门绝技"，"要实施好产业基础再造工程，打牢基础零部件、基础工艺、构建基础材料等基础。要加强顶层设计、应用牵引、整机带动，强化共性技术供给，深入实施质量提升行动"，这不仅明确了现代产业体系建设的具体方略，而且点到了中国产业链供应链现代化过程中的深层穴位。在此基础上，为了与"现代化经济体系"的表述更加契合，党的二十大用"现代化产业体系"代替"现代产业体系"的表述。党的十八大以来对建设产业体系的系列部署，标志着我国产业发展开始迈入全新阶段，产业发展从"结构优化"走向"体系构建"，可以说，这是中国共产党领导的产业体系建设新长征的开始（金碚，2021）。

二、现实意义

加快构建现代化产业体系，是构建现代化经济体系的题中之义，是破解当前产业发展困境的现实选择，是顺应产业融合发展新趋势的内在要求，对于从"产业"角度解锁中国现代化的核心动力、从"产业"角度讲好中国故事，都具有重大意义。

（一）构建现代化经济体系的题中之义

党的十九大提出建设现代化经济体系的战略部署，是为适应我国经济从高速增长阶段进入高质量发展阶段，也是适应我国社会主要矛盾转化、开启全面建设社会主义现代化国家新征程的客观需要。现代化经济体系涉及国民经济活动的各领域、各环节、各层面和各主体，是多个子系统和多种发展要素构成的有机整体，包括创新引领、协同发展的产业体系，统一开放、竞争有序的市场体系，体现效率、促进公平的收入分配体系，彰显优势、协调联动的城乡区域发展体系，资源节约、环境友好的绿色发展体系，多元平衡、安全高效的全面开放体系和充分发挥市场作用、更好发挥政府作用的经济体制。可见，现代化产业体系被摆在了现代化经济体系的首要位置，是现代化经济体系的物质基础。立足于体系优化和要素匹配视角，现代化产业体系以实体经济为核心，更加注重产业发展的支撑和保障，更加注重产业间的协同和融合，通过资源配置优化实现体系完整、效率改善和效益增加。

（二）破解我国当前产业发展问题的现实选择

从我国产业发展实践看，改革开放以来各地以比较优势理论为指导，实行非均衡发展战略，坚持发展外向型产业，特别是大量农村剩余劳动力等生产要素从生产效率较低部门转移并参与到工业化、城镇化进程中，使得经济资源整体配置效率快速提升,从而推动以高投入、高能耗、高污染和低效益"三高一低"为主要特征的传统产业发展,支撑我国经济长期保持高速增长。但产业链现代化水平不高,产业基础能力不足,部分核心环节和关键技术长期受制于人,并且传统产业发展模式不可避免地带来日渐突出的生态环境等矛盾,特别是进入新时代,产业发展不仅面临着国际竞争优势逐步减弱,还与我国高质量发展目标与要求不适配。在推进产业结构调整和转型升级过程中,我国产业发展又面临着农民工返乡和劳动力从第二产业向第三产业转移有时反而导致劳动生产率下降问题,出现了产业结构"逆库兹涅茨现象"(蔡昉,2015),一定程度上导致我国经济发展结构性减速。应对产业结构调整带来劳动生产率下降,坚持劳动生产率提高导向推进产业转型升级和结构优化,必然要求加快构建现代化产业体系,既要重新审视"服务化""虚拟化"等发展倾向,把实体经济放在主体地位,又要转变依靠高投入方式促进产业发展倾向,把创新发展作为第一驱动力,还要避免政府过多使用政策手段推动,重点深化经济体制改革,充分发挥市场配置资源的决定作用。

(三) 顺应产业融合发展新趋势的内在要求

新一轮科技革命和产业变革背景下形成了创新驱动和融合发展两股力量,推动产业不同部门不同环节以及产业与发展要素相互渗透,呈现加速融合发展趋势,不断催生新产业、新业态、新产品、新模式,成为产业高质量发展的重要路径与支撑。当前产业相互渗透和融合发展程度高低,已成为产业高质量发展水平和产业竞争力判断的重要标准。总体上看,当前产业融合发展主要有五大趋势:一是新一轮科技革命和产业变革以信息网络技术加快创新与融合渗透为突出特征,推动数字经济加速发展,并与实体经济深度融合;二是生产制造企业沿着产业链价值链向中高端环节延伸而服务化,推进制造业与服务业尤其是与生产性服务业深度融合;三是农业与商、文、旅、体等相互渗透衍生出多种业态,并在乡村振兴战略实施过程中加速,形成第一、第二、第三产业融合发展格局;四是更加注重产业发展和城市功能融合,人口与产业集聚协调,着力推动产城融合发展;五是推动构建军民融合产业发展体系。产业融合发展本质上是各种产业及产业发展要素配置方式、组织结构的调整优化,既为传统产业发展模式提供了新的动力源泉,又是产业发展模式的不断探索创新,最终形成新的现代产业发展体系。构建现代化产业体系,从技术、产品、业务到市场不同层次形成融合发展关系,有利于促进产业边界模糊化、生产效率改进和产业竞争力提升。

（四）我国现代化产业体系发展具备一定基础

经过改革开放40多年高速发展，我国产业规模不断壮大、产业配套不断完善、科技实力不断增强，是全球唯一拥有联合国产业分类中全部工业门类的国家，并且以新一代信息技术、生物、高端装备等为代表的战略性新兴产业迅速发展壮大。同时，产业结构持续优化，第三产业占比超过第二产业且呈现持续增长趋势，"十三五"期间第三产业贡献率保持在60%左右，工业和服务业均是经济稳定增长的主要动力。在工业化和城镇化进程中，产业发展生产要素质量不断提升，支撑产业发展的要素能力增强，提供了构建现代化产业体系坚实的人才、技术、资本和基础设施保障。具体而言，劳动力素质明显提高，建成世界上规模最大的职业教育体系；科技研发能力增强，"十三五"期间研究与开发经费支出持续增加，2019年突破2.2万亿元，占国内生产总值比重达到2.23%，专利申请数超过430万件；工业和服务业领域资本积累快速增长，2019年全社会固定资产投资56.1万亿元，其中97.7%投入工业和第三产业；工业基础设施大幅度改善，目前全国已建成168个国家级高新技术产业开发区、218家国家级经济技术开发区以及大批不同层级与类型产业园区，铁路运营里程达13.99万千米，公路里程突破500万千米①。此外，进入工业化中后期，工业加速向产业链价值链高端环节延伸，经济体制改革持续深化，创新创业环境不断改善，对外贸易环境变化，为构建现代化产业体系提供了良好基础。

三、理论内涵

从现代化产业体系的具体表述看，党的十七大首次提出"现代产业体系"，当时主要作为"调结构、转方式"的载体，要求"发展现代产业体系，大力推进信息化与工业化融合，……；发展现代服务业，提高服务业比重和水平；加强基础产业基础设施建设，……"。党的十八大提出"构建现代产业发展新体系"。党的十九大报告在"建设现代化经济体系"中提出，"着力加快建设实体经济、科技创新、现代金融、人力资源协同发展的产业体系"（被称为"四位协同"产业体系），赋予产业体系全新的内涵，《中华人民共和国国民经济和社会发展第十四个五年规划和2035年远景目标纲要》在党的十九大报告表述基础上，增加了"现代"二字，党的二十大报告正式提出"现代化产业体系"（见表1–6）。

---

① 本段数据来源：根据2020年《中国统计年鉴》整理。

表 1-6　　　　中央文件和国家五年规划对现代化产业体系的表述

时间	文件	内容
2007	党的十七大报告	发展现代产业体系，大力推进信息化与工业化融合，促进工业由大变强；提升高新技术产业；发展现代服务业；加强基础产业基础设施建设
2011	中华人民共和国国民经济和社会发展第十二个五年规划纲要	发展结构优化、技术先进、清洁安全、附加值高、吸纳就业能力强的现代产业体系
2012	党的十八大报告	着力激发各类市场主体发展新活力，着力增强创新驱动发展新动力，着力构建现代产业发展新体系
2016	中华人民共和国国民经济和社会发展第十三个五年规划纲要	优化现代产业体系。加快构建创新能力强、品质服务优、协作紧密、环境友好的现代产业新体系
2017	党的十九大报告	着力加快建设实体经济、科技创新、现代金融、人力资源协同发展的产业体系
2021	中华人民共和国国民经济和社会发展第十四个五年规划和2035年远景目标纲要	构建实体经济、科技创新、现代金融、人力资源协同发展的现代产业体系
2022	党的二十大报告	建设现代化产业体系。坚持把发展经济的着力点放在实体经济上，推进新型工业化，加快建设制造强国、质量强国、航天强国、交通强国、网络强国、数字中国

资料来源：作者自制。

现代化产业体系的概念，是基于对经典工业化理论反思和继承的结果，中国共产党关于建设现代化产业体系的系列部署，不仅提出了诸多具体任务，而且拓展了传统产业结构理论，蕴含着经济现代化、工业化、现代经济增长等理论创新。

（一）对经典工业化理论的反思

经典工业化理论关于三次产业之间和工业内部不同行业之间在数量比例关系上的变化规律的结论，是西方学者基于工业化先行国家或地区数十年数据的分析和经验总结，为我们判断一个国家或地区产业结构是否先进、是否合理提供了一个分析框架和经验参考，但是，"经典工业化理论并没有给出刻画产业结构变迁的永恒不变的普遍模式，而是将经济发展视为一个不断调整的动态过程"（贺俊等，2015）。事实上，经典工业化理论有两个重要前提：一是产业划分本身是对纷繁复杂的生产活动进行了抽象化分类和概念化构建，二是研究结论是基于对20世纪初至20世纪中叶发达国家工业化经验的总结，但这两个前提都存在一定的理论局限性和时代局限性。

首先，不同产业活动之间具有复杂密切的内在联系，产业结构是不同产业数量关系和质的联系，以统计指标及其数量比例关系来衡量产业结构，是对复杂产业关系的一种高度抽象，不能反映产业之间复杂的、内在的技术经济联系，因此我们不能仅仅依据指标计算的数量关系作为产业结构是否优化、是否高级的判断标准。运用经典工业化理论进行产业结构分析时，必须认识到产业分类及统计方法本身的适用性（金碚，2013）。

其次，由于特殊的国情和全球环境的变化，我国产业结构形成和演变拥有与西方发达国家不同的路径。从发展历程看，我国工业化并非从轻工业开始（见图1－5），而是从重工业起步，表现为"先重后轻再重"的变化轨迹；从发展现状看，当前我国虽然处于重化工业深化发展阶段，但劳动密集型行业和非技术密集型行业在工业中仍然占据一定比重；从发展趋势看，在经济全球化和新一轮科技革命与产业变革背景下，我国产业结构升级轨迹具有复杂性、多元性和曲折性，产业结构升级不是发达国家工业化道路和所谓逻辑经验的简单重复。因此，我国产业结构分析必须充分考虑我国国情。正如有学者指出，产业结构是一个复杂而具有密切内在联系的复合有机体，而不是"拼图式"的平面板块，而目前产业结构分析是采用"间断性"概念描述"连续性"现实，因此，产业结构是否优化不是简单的静态比例关系，而是一个在动态中体现的过程现象（金碚，2013）。这意味着，从长期来看，我们固然需要用各类产业之间的数量比例来表征产业结构调整优化的目标，而且，在分析和决策时也需要参考发达国家和地区产业结构演变的轨迹，但是，应当避免任何教条的国家间比较和照搬，产业结构调整优化绝不是简单地改变各产业之间的数量比例关系，即使达到了统计意义上的比例也未必代表实现了产业结构优化，将某种统计数字设定为产业结构调整政策的绝对目标，更是机械的，甚至有害的。

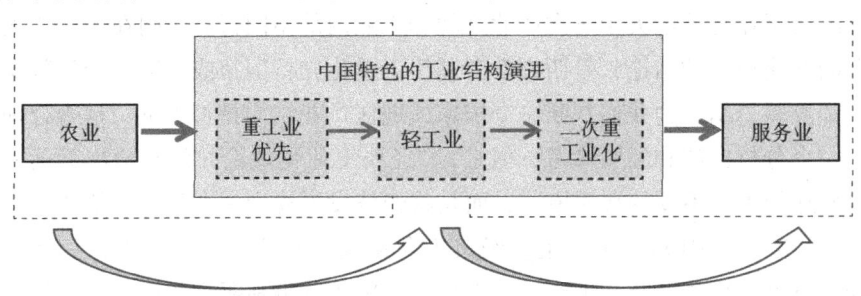

图1－5 中国产业结构演进的特殊轨迹

资料来源：作者自制。

此外，在理解和运用经典工业化理论时，要充分认识到产业结构研究中的长期性、内生性和动态性（贺俊等，2015）。

改革开放以来，产业结构调整优化及其效应一直是我国经济结构和经济增长研究的核心命题。虽然我国工业化进程中曾有一段不同于西方工业化先行国家的路径，但总体来看，传统产业结构优化理论在阐释我国经济高速增长中发挥了重要的理论作用，正如有学者指出，中国向工业大国发展的过程，不管是三次产业之间还是工业内部结构，几乎完美地体现了传统产业结构研究所揭示的产业结构变迁的一般趋势。但从我国经济从高速增长转向高质量发展后，传统产业结构理论的基本假设和主要命题已不符合变化了的事实，难以阐释新的现象，面对如何促进由工业大国向工业强国转变的问题时，传统产业结构理论研究需要拓展和创新（贺俊等，2015）。

（二）现代化产业体系的理论创新

党的十七大首次提出"现代产业体系"，党的十九大创造性地提出"四位协同"产业体系，即"着力构建实体经济、科技创新、现代金融、人力资源协同发展的产业体系"。从学术文献和政府文件来看，党的十九大前后"产业体系"的内涵有很大不同。党的十九大之前对产业体系虽然表述各异，学术研究众多，但大多是基于现行或理想产业形态的描述，强调产出绩效导向，注重对建设目标的刻画，其理论逻辑基本上还是在传统产业结构理论基础上的补充完善。党的十九大提出的产业体系，打破了产业间以横向关系为主的传统产业结构理论逻辑，没有停留在具体产业形态描述上，也不是以产出绩效为导向，而是从产业投入要素及其关系出发，聚焦实体经济，提出实体经济与科技创新、现代金融和人力资源三个关键要素协同发展的产业体系，使我国产业系统从"三产优化"拓展为"四位协同"，可谓"独辟蹊径"、具有"创造性"（刘志彪，2018b）。

如果我们把产生于我国经济高速增长时期、以现实中的产业形态为载体、以传统产业结构优化升级为主线的产业发展系统称为传统产业体系，而现代化产业体系特指适应我国经济高质量发展和构建现代化经济体系的要求，以党的十九大提出的"四位协同"产业体系为核心的产业发展新领域，那么，我们可以从适应背景、内涵特征、产业关系、理论意义等方面，进一步将传统产业体系与现代化产业体系进行比较。从表1-7可以看出，中国共产党提出的现代化产业体系，具有鲜明的时代特征和深厚的理论基础，是扎根我国产业发展实践、符合经济发展规律的理论创新。

表1-7 传统产业体系与现代化产业体系的比较

	传统产业体系	现代化产业体系
基本界定	产生于我国经济高速增长时期,以现行产业形态为载体,以传统产业结构优化升级为主线的产业发展系统	适应我国经济高质量发展和构建现代化经济体系的要求,以党的十九大提出的"四位协同"产业体系为核心的产业发展系统
适应背景	工业化初中期,经济高速增长阶段,以推进工业化为目标	工业化后期,经济高质量发展阶段,以实现经济现代化为目标
内涵实质	以结构红利为前提,以产业结构为中心,以产业间数量比例关系或投入产出关系为表征	以产业质量为目标,以实体经济发展为导向,包括产业之间的关系以及"四位协同"的有机整体。具有现代性、开放性、内生性、系统性
产业关系	产业与产业间是平行的、横向关系	打破以产业间横向关系为主的传统方式。产业与产业、产业与要素之间,形成立体的、纵横交错的立体网络关系
发展重点	主导产业培育,产业结构优化	产业基础高级化和产业链现代化,增强产业链供应链自主可控能力,解决"卡脖子"问题
产业政策	选择性产业政策	功能性产业政策
刻画和评价	可用统计指标,有比较成熟的量化方法	难以用统一的指标体系来测度和刻画
理论基础	经典工业化理论,比较优势理论	马克思劳动价值论,内生增长理论,创新红利假说,动态比较优势理论
理论意义	西方学者基于工业化先行国家或地区数十年数据的分析和经验总结	是中国共产党提出的,是扎根我国产业发展实践、符合经济发展规律的理论创新

资料来源:作者自制。

现代化产业体系生动再现了劳动价值论、内生经济增长理论等思想,拓展了传统产业结构理论。构建现代化产业体系,以促进实体经济发展壮大为目标,是马克思劳动价值论的生动体现。劳动价值论强调,生产性劳动创造价值和剩余价值,在物质生产领域的劳动才是生产性劳动,且生产性劳动是创造价值和剩余价值的源泉,生产性劳动构成国民经济的永恒基础。内生增长理论的核心是经济能够不依赖外力推动实现持续增长,强调内生技术进步、知识和人力资本的重要性。"四位协同"产业体系是实体经济与科技创新、现代金融、人力资源协同发展的系统,不仅吸收了现代经济学中内生增长理论的精华,而且强调现代经济增长要更多地发挥高级生产要素的协同作用,而不是孤军奋战,又体现了对内生增长理论的创新。此外,现代化产业体系虽然是对传统产业结构理论反思的结果,但是,传统产业结构理论关于结构变迁分析的长期性、内生性和动态性等合理成分对现代产业体系研究具有借鉴意义(贺俊等,2015),工业内部结构演化——重化工业化、高加工度化、技术集约化"三化",虽然是从行业层面对工业结构升级的刻画,但对产业基础高级化、产业链现代化研究,以及关键要素与实体经济的协同性分析,提供了理论基础和方法。

四、现代化产业体系的内涵和外延

虽然现代化产业体系不能简单地按字面意义等同于"现代化+产业+体系",但仍不妨顾名释义,从"现代化"—"产业"—"体系"三个关键词入手来解剖其内涵。

从"现代化"来看,立足我国现阶段的"现代性",指我国经济由高速增长向高质量发展转变并迈向现代化的时间段,现代化产业体系是高质量发展的物质基础,是我国现代化经济体系的有机组成。现代是与传统相对应的概念,现代化产业体系相对传统产业体系而存在,在产业发展要素、产业表现形态、产业发展模式等方面,都有着不同于传统产业体系的"先进性",具有相对突出"现代性"或标识性的"现代元素",当然,由于现代性本身是一个相对的、动态的时间概念,不同阶段不同时代,其现代元素不相同。

从"产业"角度看,产业是具有相同或相似生产活动的总称,产业体系是多种产业的集合,是一国国民经济中产业因各种相互关系而构成的整体。从供需关系看,产业体系是从供给侧对国民经济系统的一种刻画。传统产业划分视域下,产业体系可被认为是由三次产业组成的一个系统。现代化产业体系视角下,首先强调以实体经济为核心,可以从实体经济与虚拟经济的划分来解构。

现代化产业体系的外延取决于实体经济的内容。根据黄群慧(2017)的研究,实体经济包括三个层次,如图1-6所示。

$$\text{最狭义的实体经济 } R_0 = \text{制造业} \qquad (1-4)$$

$$\text{传统意义上的实体经济 } R_1 = \text{制造业} + \text{建筑业} + \text{其他工业} + \text{农业}$$
$$(1-5)$$

$$\text{最广义的实体经济 } R_2 = R_1 + \text{扣除金融和房地产后的服务业} \qquad (1-6)$$

$$\text{国民经济 GDP} = R_2 + \text{金融和房地产业} \qquad (1-7)$$

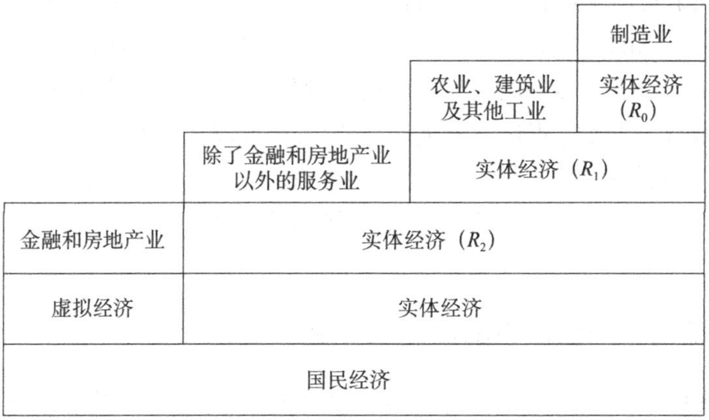

		制造业
	农业、建筑业 及其他工业	实体经济 (R_0)
	除了金融和房地产业 以外的服务业	实体经济（R_1）
金融和房地产业	实体经济（R_2）	
虚拟经济	实体经济	
国民经济		

图 1-6　实体经济的三个层次

资料来源：黄群慧. 论新时期中国实体经济的发展［J］. 中国工业经济，2017（09）：5-24.

根据图 1-6 可知，实体经济与虚拟经济的关系包括广义的实体经济与虚拟经济之间的关系、传统意义实体经济与除金融和房地产业以外服务业的关系以及制造业在传统意义实体经济中的地位。

从"体系"角度看，体系是由不同要素、不同部分构成并相互作用的有机整体。现代化产业体系应是个有机整体，具有整体性、自组织性，系统各部分之间具有互促、互补和共生的内在关联。产业体系是国民经济中全部产业构成的相互关联、彼此作用以及产业与要素、要素与要素之间互动互促的有机体。党的十九大报告提出的"四位协同"产业体系，可以看成是一种特有的系统描述方式，其特殊性在于以下三点：一是非全部产业、非所有要素，只聚焦实体经济和关键要素；二是从投入要素与实体经济的互动关系着眼；三是强调协同，现代化产业体系不仅要求投入要素最终必须落实在强壮实体经济，协同的根本含义是实体经济与虚拟经济的均衡发展，而且要求要素之间相互协同，而不是孤军奋战，用现代金融、人力资源支撑科技创新，同时以科技创新振兴实体经济（刘志彪，2018a）。

在"现代化""产业""体系"中，"产业"既是产业体系的物质内容又是其外在表征，"体系"体现了产业之间及其与相关要素之间的内在联系性，"现代化"贯穿于"产业"和"体系"，既是产业体系的阶段性、时代性规定，决定着产业的技术水平、表现形态以及产业结构水平，又是产业体系形成和发展的价值取向和动力机制。作为我国特殊语境下的一个术语，如果说产业体系是一种客观存在,那么,现代化产业体系则是一种主观设定和愿景目标,体现了现行产业体系演进方向和发展目标。

本章小结

1. 以经济增长结构变迁理论和日本产业政策研究为代表的传统产业结构理论(也称"经典工业化理论")对产业结构调整优化的内涵特征、刻画方式及发展机制、发展阶段等的研究,形成了较完整的理论体系,当然,这些理论中假定了资源可以无限供给、环境有足够自净能力,在这样的假定前提下产业结构演进最重要的动力是有效需求和技术进步,而没有考虑资源环境的约束,因此我们称之为产业结构调整优化的经济逻辑。

2. 根据经典工业化理论,产业结构优化包括产业结构高级化和产业结构合理化,人们常常用"工业化""服务化"或者"重化工业化""高加工度化""技术集约化"来刻画产业结构高级化,同时借助统计数据,对以上指标进行量化,并以此作为产业结构高级化水平评价的依据。在区域产业结构分析中,要注意区域产业结构与国家产业结构的共性和个性。西部地区产业结构调整优化研究,不仅要参照经典工业化理论的一般模型,还需要纳入区域产业结构分析的方法,揭示西部地区产业结构的区域特征。

3. 中国共产党创造性地提出"现代化产业体系",具有鲜明的时代特征,蕴含着丰富的理论创新。党的十八大特别是十九大以来,中国共产党创造性地提出建设现代化产业体系,强调把发展经济的着力点放在实体经济上,标志着我国产业发展的理论和实践从"结构优化"走向"体系构建"。加快构建现代化产业体系,不仅是我国经济发展进入高质量发展阶段的必然要求、构建现代化经济体系的题中之义,还是我国适应世界经济和全球治理新形势、顺应产业发展新趋势的战略举措。现代化产业体系拓展了传统产业结构理论,蕴含着经济现代化、工业化、现代经济增长等诸多理论创新,不仅为产业结构调整优化研究提供了新的分析框架和方法论,而且为理解中国式现代化提供了产业视角。

第二章

资源环境约束的理论内涵与政策意蕴

资源、环境以及资源环境约束存在不同视角、不同层次的理解，本章在梳理分析这些理解的基础上，从经济学视角界定本书的"资源环境约束"的内涵，回顾总结我国资源环境约束目标的政策演进，解析"双碳"目标的内涵意义和政策部署。

第一节 资源与环境

资源、环境都有广义和狭义两种理解。广义的资源包括自然资源和社会经济资源，狭义的资源仅指自然资源（Natural Resource），是自然界形成的可供人类利用的一切物质和能量的总称，根据联合国环境规划署（United Nations Environment Programme，UNEP）的定义，自然资源是"在一定时间和地点条件下能够产生经济价值的、以提高人类当前和未来福利的自然环境因素和条件"，与人造资源相对应，自然资源是不依赖人力而天然存在于自然界的有用的物质要素。同样地，广义的环境包括自然环境、社会环境、经济环境和文化环境等，而狭义的环境仅指自然环境（Natural Environment），是指围绕人们的全部空间以及其中一切可影响人的生活和发展的各种天然和人工改造过的自然要素的总称，包括大气环境、水环境、地质环境、矿藏环境、生物环境等。

本书中，资源、环境都是狭义的。资源环境，是自然资源和自然环境的简称。虽然自然资源和环境要素在自然界中往往表现为同一种物质形态，但从其作用和功能来看，二者的区别是显而易见的。一般认为，资源，是指为人类经济活动提供有形的生产对象，为生活和生产提供物质基础；环境，则提供生命支持、废物吸纳和美学功能，从这个意义上讲，可以把资源作为环境的组成，是自然环境中对人类具有开发利用价值的"环境部分"。一般认为，可以为人类广泛开发并用于工业生产的自然资源主要有四类：土地、水源、能源、原料。如果从经济学意义上看，又可以把环境作为资源的组成部分，称之为"环境资源"。因为对于产业活动尤其是工业生产活动而言，环境容量总是有限的，环境也是一种稀缺性资源，而且环境资源同生产活动中的其他投入要素之间存在一定的替代关系，比如，增加其他要素的投入（如技术和资本），就有可能减少环境污染，相当于"节约"了环境资源（金碚，2008）。樊杰（2004）则从资源的多重属性揭示了二者的关系，他认为，依托于地理空间的自然资源，其功能效用可概括为三种属性——资源属性、灾害属性、环境属性，从这个关系来看，自然环境也可以作为一种资源来对待。

第二节　资源约束与环境约束

一、经济学视角下资源约束与环境约束

资源、环境作为两个不同的概念，对资源环境约束首先应理解为资源约束和环境约束，二者的内涵和表现各不相同。

从资源形态和环境要素上讲，资源约束应包括土地资源约束、水资源约束、能源约束与原料约束，环境约束主要包括水环境污染、大气环境污染、土壤污染和二氧化碳排放。一般认为，工业化对资源环境的负面影响主要表现为，工业生产活动对资源的大量消耗和工业污染排放物对环境的破坏，特别是重化工业。自然资源本来就是稀缺的，而重化工业需要巨量的不可再生资源，使得这些资源的供应出现严重短缺，供不应求，在市场经济下表现为自然资源和资源性产品价格的大幅上涨，当价格上涨超过了经济社会可以承受的范围

(李钢等，2007)，便形成所谓的"资源约束"。工业污染排放物对环境的破坏性影响，如果超过自然的可恢复程度（环境容量），将对人类生存环境造成直接损害甚至毁灭性灾难，如果环境污染成为全球性问题，比如，温室气体的排放导致全球气候变暖，由此可能带来一系列难以预料的后果。在工业化进程中重化工业带来的环境约束最为显著。在以非清洁能源为主的能源消费结构下，冶金、化工、建材和石化等重化工业严重依赖化石能源消费，加之生产方式粗放，使用和消耗化石能源必然会产生二氧化碳、二氧化硫等污染物，二氧化碳排放引起温室效应，而二氧化硫排放是形成酸雨的重要因素，此外，"资源—产品—废物排放"线性生产模式下，也加大了环境压力。

从经济学上讲，"约束"的意思是，如果仅仅依靠价格机制调节资源类产品的供求来实现平衡，需要一个较长时间，而在这个过程中，大量企业可能已经破产，造成社会资源的严重浪费（李刚等，2007）。从约束的表现及其影响来看，自然资源对经济增长的约束表现为两种，即"自然资源数量控制型的约束"和"自然资源对经济增长的质量控制型约束"（王士红等，2015）。其中"自然资源数量控制型的约束"主要指资源开发利用过度或不当造成的自然资源供不应求；"自然资源对经济增长的质量控制型约束"是由于自然资源禀赋太过优越而形成的过度依赖资源开发和粗加工所形成的资源型经济，影响了经济增长。

环境对经济增长的约束是指人类经济社会活动对环境的负面影响，如环境污染、气候变暖等环境问题，而且这些环境问题反过来又对经济发展产生不利的影响。有学者指出，环境吸收与中和人类产生的污染的能力降低将给人类的健康、生存和文明发展带来灾难性后果（R. D. Smipson 等，2005）。联合国政府间气候变化专门委员会（Intergovernmental Panel on Climate Change，IPCC）2007年第四次评估报告指出，平均气温提高4℃，全球GDP平均损失可达1%—5%。

虽然从理论上讲，资源和环境的约束都可以通过要素替代（例如资源替代、新能源替代等）、价格机制或技术进步得到缓解或克服，但是，相比之下，环境约束远比资源约束更"硬"，从某种程度上讲，它直接决定着要不要经济增长的问题，甚至环境问题已经超越了经济领域，成为政治、社会乃至国际关系的一个敏感话题（Fredriksson 和 Neumayer，2013）。

二、本书对资源环境约束的界定

综上所述，我们在理论上将资源约束与环境约束作为两个不同的概念加以界定，并将两种约束的表现及其影响进行了细分。但是，在现实的经济活动中，由于能源消费、污染排放具有密切的投入产出关联，资源约束与环境约束在某些方面又很难截然分开。典型的例子是，二氧化碳作为气候变暖的主要元凶[①]和二氧化硫作为大气主要污染物，其排放主要都源于化石能源的燃烧[②]。因此，从这个意义上讲，减少化石能源消费，既是克服资源约束的途径，又是缓解环境约束的源头，所以，在我国以化石能源为主的能源结构下，减少化石能源消费与减少二氧化碳排放和主要污染物排放本身具有一致性，化石能源消费导致二氧化碳与主要大气污染物的排放具有很强的"同根、同源、同过程"特征（见图2-1）。而且从现实来看，目前我国已经是世界第一大的一次能源消费国和二氧化碳排放国，所以我们可以将资源环境约束作为一个整体来对待，并且用化石能源消费与二氧化碳排放作为资源环境约束的代表来进行本书的研究，而不分别研究每种资源和每种环境要素与产业结构的关系。

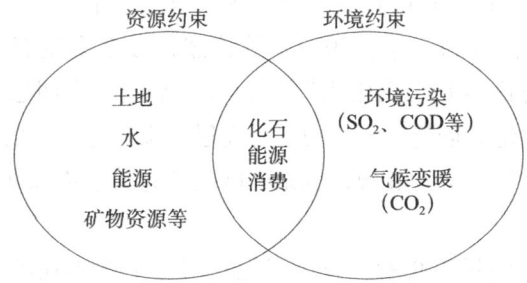

图2-1　资源约束与环境约束的关系

资料来源：作者自制。

第三节　"两山理论"
——中国共产党关于资源环境约束的创新

新中国成立以来，中国共产党在带领中国人民摆脱贫穷、发展经济和建设

---

① 尽管对此并非没有争议，但越来越多的证据表明，二氧化碳等气体排放导致了全球平均气温升高。根据IPCC的报告，大气中二氧化碳浓度的快速增加，是全球气候变暖的主要原因。

② 二氧化硫是一种主要的空气污染物，它主要来源于燃烧含硫的化合物，煤炭和石油常常含有硫化物，使用这些燃料会导致二氧化硫的排放。

现代化的历史进程中，着眼不同时期社会主要矛盾的发展变化，提出了"对自然不能只讲索取不讲投入、只讲利用不讲建设"到"人与自然和谐相处"，从"协调发展"到"可持续发展"，从"科学发展观"到"新发展理念"和坚持"绿色发展"（黄承梁，2019），环境保护意识和生态文明思想始终贯穿中国共产党带领全国各族人民实现全面建成小康社会的奋斗目标过程中。尤其是党的十八大以来，以习近平同志为核心的党中央把生态文明建设摆到全局工作最突出的位置，提出了诸如"我们既要绿水青山，也要金山银山。宁要绿水青山，不要金山银山，而且绿水青山就是金山银山"（习近平，2013）、"保护生态环境就是保护生产力、改善生态环境就是发展生产力"（习近平，2016）、"发展经济是为了民生，保护生态环境同样也是为了民生"（中共中央文献研究室，2017）、"良好生态环境是最公平的公共产品，是最普惠的民生福祉""环境就是生命，青山就是美丽，蓝天也是幸福""坚持生态惠民、生态利民、生态为民"（习近平，2019）等论述，习近平生态文明思想深入人心。其中"绿水青山就是金山银山"作为习近平生态文明思想核心理念，其实质是绿色发展理论的创新，既体现了马克思主义理论发展的新高度，极大地丰富和拓展了马克思主义发展观，也是中国共产党关于资源环境约束认识的又一次重大创新。

2005年8月，时任中共浙江省委书记的习近平同志在浙江省安吉县天荒坪镇余村考察调研时首次提出"绿水青山就是金山银山"（后被简称为"两山"理论）的科学论断，以"就是"一词既将"绿水青山"和"金山银山"辩证地连接起来，又将"保护生态"和"发展经济"有机地统一起来，打破了生态环境与经济发展相分离的传统思想认识。后来习近平总书记在哈萨克斯坦纳扎尔巴耶夫大学回答学生问题时，对"两山"理论进行了最为全面、经典的一次阐述："我们既要绿水青山，也要金山银山。宁要绿水青山，不要金山银山，而且绿水青山就是金山银山。"2015年3月，"坚持绿水青山就是金山银山"这一重要理念被正式写入了中央文件，成为我国生态文明改革和绿色发展的重要方法论，上升为治国理政的基本方略和重要国策，固化为制度指导全国推进生态文明建设和发展方式绿色化转型（秦昌波等，2018）。

"两山"，顾名思义，其中"一山"为绿水青山，代表良好的生态环境；另"一山"是指金山银山，代表经济发展带来的物质财富（卢宁，2016；叶冬娜，2020），其更深层次的含义则是体现了生态环境与生产力、生态环境保护与经济发展的辩证统一关系。"两山"理论从根本上更新了关于自然资源无价的传统认识，打破了简单把发展和保护对立起来的思维束缚，指明了实现发展和保护内在统一、相互促进和协调共生的方法论（陈吉宁，2016），同时"两山"理论还丰富了资源环境新内涵：(1) 资源环境不再仅是经济发展限制性因素，还是经济发展源源不断的动力。资源环境和经济发展不是简单的矛盾对立关系，"绿水青山"代表着优质的生态环境质量与生态产品服务，既是自然财富，又是经济财富，保护好"绿水青山"，并积极探索"绿水青山"向"金山银山"有效转化路径，可以为经济高质量发展提供源源不断的动力。(2) 资源环境的生态生产力属性显现。"绿水青山"是大自然的原生形态，是自然生产力，"金山银山"是人类在改造自然的基础上获得的物质财富，是社会生产力，而"绿水青山就是金山银山"则是将自然生产力与社会生产力进行有机融合，形成一种超越传统生产力的先进生产力形态——"生态生产力"（王鲁娜，2008；张月梅，2020），这种生产力是人和外部环境在协调发展的基础上获得生产生活资料的实际能力（叶冬娜，2020）。和传统生产力强调资源环境对经济发展约束不同的是，生态生产力则是强调在人与自然和谐相处的基础上，将自然资源和生态环境转化成生产力。

第四节 我国资源环境约束目标的政策演进

我国在"十一五"时期正式将资源环境作为约束性指标纳入国民经济和社会发展五年规划，对倒逼产业结构调整优化，促进节能降碳发挥了重要作用。

一、"十一五"以来我国资源环境约束指标总体情况

"十一五"以来的四个五年规划的资源环境类指标及目标值如表 2-1 所示。

表 2-1 "十一五"规划至"十四五"规划反映资源环境类的指标及目标值

规划	类别	二级指标	数值	类型
"十一五"	资源环境	单位国内生产总值能源消耗降低（%）	[20]	约束性
		单位工业增加值用水量降低（%）	[30]	约束性

续表

规划	类别	二级指标		数值	类型
"十一五"	资源环境	农业灌溉用水有效利用系数		0.5	预期性
		工业固体废弃物综合利用率（%）		60	预期性
		耕地保有量（亿公顷）		1.2	约束性
		主要污染物*排放总量减少（%）		[10]	约束性
		森林覆盖率（%）		20	约束性
"十二五"	资源环境	单位工业增加值用水量降低（%）		[30]	约束性
		农业灌溉用水有效利用系数		0.53	预期性
		耕地保有量（亿亩）		18.18	约束性
		非化石能源占一次能源消费比重（%）		11.4	约束性
		单位国内生产总值能源消耗降低（%）		[16]	约束性
		单位国内生产总值二氧化碳排放降低（%）		[17]	约束性
		主要污染物排放总量减少（%）	化学需氧量	[8]	约束性
			二氧化硫	[8]	约束性
			氨氮	[10]	约束性
			氮氧化物	[10]	约束性
		森林增长	森林覆盖率（%）	21.66	约束性
			森林蓄积量（亿立方米）	143	约束性
"十三五"	资源环境	耕地保有量（亿亩）		18.65	约束性
		新增建设用地规模（万亩）		[<3256]	约束性
		万元GDP用水量下降（%）		[23]	约束性
		单位GDP能源消耗降低（%）		[15]	约束性
		非化石能源占一次能源消费比重（%）		15	约束性
		单位GDP二氧化碳排放降低（%）		[18]	约束性
		森林发展	森林覆盖率（%）	23.04	约束性
			森林蓄积量（亿立方米）	165	约束性
		空气质量	地级及以上城市空气质量优良天数比率（%）	>80	约束性
			细颗粒物（PM2.5）未达标地级及以上城市浓度下降（%）	[18]	约束性

续表

规划	类别	二级指标		数值	类型
"十三五"	资源环境	地表水质量	达到或好于Ⅲ类水体比率（%）	>70	约束性
			劣Ⅴ类水体比例（%）	<5	约束性
		主要污染物排放总量减少（%）	化学需氧量	[10]	约束性
			二氧化硫	[10]	约束性
			氨氮	[15]	约束性
			氮氧化物	[15]	约束性
"十四五"	绿色生态	单位GDP能源消耗降低（%）		[13.5]	约束性
		单位GDP二氧化碳排放降低（%）		[18]	约束性
		地级及以上城市空气质量优良天数比率（%）		87.5	约束性
		地表水达到或好于Ⅲ类水体比例（%）		85	约束性
		森林覆盖率（%）		24.1	约束性

注：根据历次五年规划纲要整理，其中带[ ]的为五年累计数，*所指的主要污染物是指二氧化硫和化学需氧量。

二、"十一五"以来我国资源环境约束指标变化趋势

"十一五"到"十四五"的四个五年规划中，我国资源环境约束性指标变化趋势表现为：

一是从注重数量到注重质量的转变。"十一五"到"十三五"时期，我国五年规划中资源环境的目标数量大幅增长，从"十一五"规划的7个到"十二五"规划的12个，再到"十三五"规划的16个，但是到"十四五"规划，其资源环境类约束性指标减少到只有5个，这表明我国资源环境类约束目标从追求数量向追求质量转变（见表2-2）。

表2-2　"十一五"规划至"十四五"规划资源环境类指标

规划	指标类别	指标个数	预期性指标个数	约束性指标个数
"十一五"	人口资源环境	7	2	5
"十二五"	资源环境	12	1	11
"十三五"	资源环境	16	0	16
"十四五"	绿色生态	5	0	5

注：根据历次五年规划纲要整理。

二是加强了应对气候变化的指标设置①。从"十二五"规划开始，新增应对气候变化的 3 个指标，即"非化石能源占一次能源消费比重""单位国内生产总值二氧化碳排放"和"森林蓄积量"指标。"十二五"规划首次提出"非化石能源占一次能源消费比重"指标，"十三五"规划在此基础上进一步提出将其比重控制在 15% 的目标，也是我国向国际社会承诺 2020 年必须实现"非化石能源占一次能源消费比重达到 15%"硬性目标。"十二五"规划还新增了"单位国内生产总值二氧化碳排放降低"并在"十三五"规划和"十四五"规划得到了保留。此外，"十二五"规划还将"十一五"规划的"森林覆盖率"细化为"森林覆盖率"和"森林蓄积量" 2 个指标。这 3 个指标的新增，体现了我国对于气候变化问题的重视。

三是单位 GDP 能源消耗目标有所降低。"十一五"规划首次将节能减排作为约束性指标纳入资源环境类目标，要求单位 GDP 能源消耗降低 20%，"十二五"规划和"十三五"规划也分别提出 16% 和 15% 的目标，但是除"十二五"时期单位 GDP 能源消耗累计降低 19.71%，超额完成目标外，"十一五"和"十三五"时期均没有完成原定目标。"十四五"规划提出单位 GDP 能源消耗累计降低 13.5%，与"十一五""十二五"和"十三五"规划目标值相比有所降低（见表 2-3），但是和早期粗放型能源结构背景下单位 GDP 能源消耗降低目标实现难度相比，"十四五"规划单位 GDP 能源消耗降低目标值实现还是有一定难度。

表 2-3　　五年规划中单位 GDP 能源消耗目标与目标成效

规划期	目标	目标成效
"十一五"	20%	19.06%
"十二五"	16%	19.71%
"十三五"	15%	14%
"十四五"	13.5%	—

注：目标根据历次五年规划纲要整理，目标成效根据新闻报道整理所得。

---

① 中华人民共和国国务院新闻办公室. 中国应对气候变化的政策与行动 [R/OL]. (2021-10-27) [2022-02-09]. http://www.gov.cn/zhengce/2021-10-27/content_5646697.htm.

第五节 我国"双碳"目标的提出和意义

一、"双碳"目标的提出

2020年9月22日，习近平主席在第七十五届联合国大会一般性辩论上宣布中国二氧化碳排放力争在2030年前达到峰值，努力争取2060年前实现碳中和，同年12月12日在联合国气候雄心峰会上习近平主席进一步宣布，"到2030年，中国单位国内生产总值二氧化碳排放将比2005年下降65%以上，非化石能源占一次能源消费比重将达到25%左右，森林蓄积量将比2005年增加60亿立方米，风电、太阳能发电总装机容量将达到12亿千瓦以上"。实现碳达峰碳中和，是以习近平同志为核心的党中央统筹国内国际两个大局作出的重大战略决策，是着力解决资源环境约束突出问题、实现中华民族永续发展的必然选择，是构建人类命运共同体的庄严承诺。

"双碳"目标的提出经历了由被动到主动的过程（见表2-4）：从哥本哈根气候大会上拒绝承担超过国家能力或发展水平的绝对量化减排指标，到巴黎气候大会提出2030年左右达峰等相对减排行动目标，再到主动提出2030年前碳达峰、2060年前碳中和及系列国家自主贡献强化目标（庄贵阳等，2021）。

表2-4 中国"双碳"目标提出的过程

时间	重要会议/协议	中国承诺	重要意义
2009年9月	联合国气候变化大会	中国决定到2020年单位国内生产总值二氧化碳排放比2005年下降40%至45%，并将其作为约束性指标纳入国民经济和社会发展中长期规划	首次提出2020年相对减排目标
2014年11月	中美气候变化联合声明	中国计划2030年左右二氧化碳排放达到峰值且将努力早日达峰，并计划到2030年非化石能源占一次能源消费比重提高到20%左右	首次提出"碳达峰"目标
2015年9月	中美元首气候变化联合声明	中国到2030年单位国内生产总值二氧化碳排放将比2005年下降60%—65%，森林蓄积量比2005年增加45亿立方米左右	—

续表

时间	重要会议/协议	中国承诺	重要意义
2015年6月	强化应对气候变化行动——中国国家自主贡献	中国确定了到2030年的自主行动目标：二氧化碳排放2030年左右达到峰值并争取尽早达峰，单位国内生产总值二氧化碳排放比2005年下降60%—65%、非化石能源占一次能源消费比重达到20%左右、森林蓄积量比2005年增加45亿立方米左右	—
2015年12月	巴黎气候大会	中国将于2016年启动在发展中国家开展10个低碳示范区、100个减缓和适应气候变化项目及1000个应对气候变化培训名额的合作项目；继续推进清洁能源、防灾减灾、生态保护、气候适应型农业、低碳智慧型城市建设等领域的国际合作	中国引导和推动了《巴黎协定》的达成
2020年9月	第75届联合气候大会	中国将提高国家自主贡献力度，采取更加有力的政策和措施，二氧化碳排放力争于2030年前达到峰值，努力争取2060年前实现碳中和	首次提出"碳中和"目标

资料来源：根据相关资料整理所得。

二、"双碳"目标的内涵

碳达峰指特定时间区间内二氧化碳排放总量达到最大值，随后进入平稳下降阶段的过程，包括达峰路径、达峰时间以及峰值水平三个关键要素。碳达峰是二氧化碳排放总量由增转降的历史拐点，也存在二氧化碳排放进入平台期并在一定范围内波动的情况。截至2020年，全球已有54个国家和地区实现了碳达峰，占全球二氧化碳排放量的40%（庄贵阳等，2022）。碳中和，也称为净零二氧化碳排放，指特定时期内全球人类活动导致的二氧化碳排放量与人为二氧化碳消除量相等。碳中和是一个净值的概念，并不等同于零排放，而是可以通过植树造林、节能减排、新型工业化来抵消人类活动产生的二氧化碳，达到相等的效果（刘满平，2021；胡鞍钢，2021）。碳中和的主体不限于国家和地区，也包括行业、企业、社区乃至个人，核心是经济活动全生命周期和影响范围内的净碳排放为零。现阶段，共49个国家及欧盟承诺实现"净零"目标，涵盖了全球一半以上的国内温室气体排放量（庄贵阳等，2022）。

从经济学角度看，碳达峰碳中和实质上是二氧化碳排放与经济发展的关系问题（庄贵阳等，2022）。其中碳达峰的本质含义是，经济活动中的二氧化碳排放量不随经济增长而增长，碳达峰的实现是二氧化碳排放总量由增转降的历史拐点,即是二氧化碳排放与经济发展实现脱钩(胡鞍钢,2021;庄贵阳等,2021);碳中和则是经济活动中的二氧化碳排放总量不超过生态系统可吸纳的总量。因此,"双碳"目标的经济学含义可理解为,将经济活动可排放的二氧化碳总量,视作经济活动中不可或缺的稀缺要素,而这一要素的总量是有额度限制的,不仅不可能增加,而且必须持续减少,直至"碳中和"目标的达成(钟茂初等,2021)。

2030年前碳达峰与2060年前碳中和是同一个事情的两个阶段。碳达峰是碳中和的基础和前提,碳中和是碳达峰的紧约束。碳达峰实现是碳中和长期目标实现的重要阶段性目标和关键时间节点(何建坤,2021)。达峰时间的早晚和峰值的高低直接影响碳中和实现的时长和难度(王金南等,2021),峰值越高,碳中和的难度越大、耗时越长。当然,也不是越早达峰越好。虽然"碳达峰"与"碳中和"两个阶段的方向是一致的,但是两者之间还是存在一定差异:一是两者发展基础不同,"碳达峰"是在能源消费增长、非可再生能源规模导入的背景下,高碳化石能源的逐步达峰与控碳过程,"碳中和"则是在能源消费达峰、化石燃料基础设施使用期满、逐步淘汰的背景下,非化石能源的加速增长过程;二是两者发展的重点不同,2030年前是以控碳为重点,为可再生能源成熟发展赢得时间,2030年后以可再生能源体系构建为重点,推动能源结构革命性转型(刘合等,2021)。中国要实现"双碳"目标,意味着一场广泛而深刻的经济社会系统性变革,将加速"倒逼"经济发展方式的绿色低碳转型,而其中的能源体系"非碳化"和产业体系"去碳化"是最紧迫的任务。

三、"双碳"目标的意义

从国际经验看,碳达峰一般出现在工业化、城镇化中后期,人均 GDP 实现 2 万美元以上(李媛媛等,2021),在二氧化碳排放强度和总量"双下降"背景下实现碳中和。但我国现阶段还处在工业化和城镇化发展阶段的后期,人均 GDP 刚突破 1 万美元,离欧美发达国家还有较大差距。未来,我国将进一步深化工业化、城镇化进程,这意味着能源消耗将是巨大的,且处于不断增长趋势,但我国目前能源系统主要依赖化石能源,高耗能产业占比过高,制造业处于全球产业链低端位置(郭朝先等,2021)。而且,到 2030 年前实现碳达峰目标的时间不足 10 年,从碳达峰到碳中和时间间隔也较短,还要在 30 多年内走完发达国家两三百年工业化过程中逐步实现的碳达峰和碳中和(见表 2 -

5)，我国面临的挑战不言而喻。中国面临如此严峻的现实和巨大挑战，仍毅然作出"力争2030年前实现碳达峰，2060年前实现碳中和"的承诺，彰显了中国在国际社会中的负责任大国形象，体现了大国担当，以及为构建人类命运共同体作出的巨大贡献。当然，正视挑战，我们更要迎接挑战，变压力为动力，走出一条符合国情的低碳发展之路。

表2-5　　　　　　　　　不同国家碳达峰与碳中和时间

国家	碳达峰年份	碳中和年份	碳中和与碳达峰时间间隔
英国	1971	2050	79
法国	1979	2050	71
德国	1979	2050	71
美国	2005	2050	45
加拿大	2007	2050	43
中国	2030	2060	30

资料来源：张臻烨，胡山鹰，金涌. 2060中国碳中和——化石能源转向化石资源时代 [J]. 现代化工，2021, 41 (06): 1-5.

四、"双碳"目标的政策部署

碳达峰碳中和目标已上升为国家战略，国家正在抓紧制定落实路线图、时间表和政策措施等。目前正在构建目标明确、分工合理、措施有力、衔接有序的碳达峰碳中和"1+N"政策体系。2020年9月首次明确提出碳达峰碳中和目标后，2020年12月，中央经济工作会议首次对制定碳排放达峰行动方案作出部署，并提出，支持有条件的地方率先达峰。以资源禀赋和发展水平分别规划国家和各地碳达峰和碳中和路线图。2021年3月，中央财经委员会第九次会议强调把碳达峰、碳中和纳入生态文明建设整体布局，2021年10月，中共中央、国务院发布《关于完整准确全面贯彻新发展理念做好碳达峰碳中和工作的意见》。该文件是"1+N"政策体系的"1"，覆盖碳达峰、碳中和两个阶段，阐述了党中央对碳达峰碳中和工作进行的系统谋划和总体部署，发挥统领作用。《2030年前碳达峰行动方案》是政策体系"N"中的首部政策文件，更加聚焦2030年前实现碳达峰目标的路径部署，指标和任务也更加具体化，其余的"N"将覆盖能源、工业、城乡建设、交通运输、农业农村等具体领域、具体行业以及保障政策等。

根据中共中央、国务院发布的《关于完整准确全面贯彻新发展理念做好碳达峰碳中和工作的意见》，如期实现碳达峰碳中和的核心是"加快形成节约资源和保护环境的产业结构、生产方式、生活方式、空间格局"，可以看出，产业结构被摆在首要位置，而"深度调整产业结构"的重点是"推动产业结构优化升级""坚决遏制高耗能高排放项目盲目发展"和"大力发展绿色低碳产业"。

西部地区各省（区、市）积极贯彻落实中央关于碳达峰碳中和的部署，均将碳达峰碳中和目标纳入其"十四五"规划，积极探索"双碳"目标的区域实现路径。立足资源禀赋，发挥比较优势，西南地区如重庆市、西藏自治区等主要围绕低碳化生产，统筹水电开发和生态保护；西北地区如宁夏回族自治区、甘肃省等则侧重利用充裕的风、光资源，大力推进风能、光伏、氢能等新能源产业发展。个别省份更是积极响应、快速部署，四川省率先出台首个省级碳达峰碳中和目标决定，提出"大力推动发展绿色低碳优势产业"，还与重庆市两地签署了碳达峰碳中和联合行动方案，提出"共同打造成渝地区双城经济圈协同碳达峰碳中和示范区"，贵州省、内蒙古自治区均发布了加快建立健全绿色低碳循环发展经济体系的方案，宁夏回族自治区出台了《碳达峰碳中和科技支撑行动方案》，等等。

本章小结

1. 严格意义上讲，资源、环境作为两个不同的概念，对资源环境约束首先应理解为资源约束和环境约束，二者的内涵和表现各不相同。虽然在经济学意义上讲，资源和环境的约束都可以通过要素替代、价格机制或技术进步得到缓解或克服，但是，相比之下，环境约束远比资源约束更"硬"。本章将资源环境约束作为一个整体来理解，而且特指化石能源消费和二氧化碳排放，而不分别研究每种资源和每种环境要素与产业结构的关系。

2. 我国从"十一五"开始正式将资源环境作为约束性指标纳入国民经济和社会发展五年规划，对倒逼产业结构调整、促进节能降碳发挥了重要作用。"十一五"到"十四五"的四个五年规划中，我国资源环境约束性指标经历了从注重数量到注重质量的转变，同时还增加了应对气候变化的指标，虽然单位GDP能源消耗目标有所降低，但是和早期粗放型能源结构背景下单位GDP能源消耗降低目标实现难度相比,"十四五"规划提出的目标值实现还是有一定难度。

3. 中国共产党提出"绿水青山就是金山银山",并将之上升为治国理政的基本方略和重要国策。"绿水青山就是金山银山"理论体现了生态环境与生产力、生态环境保护与经济发展的辩证统一关系,从根本上更新了关于自然资源无价的传统认识,打破了简单把发展和保护对立起来的思维束缚,指明了实现发展和保护内在统一、相互促进和协调共生的方法论,是中国共产党对资源环境约束的创新。

4. 我国毅然作出"力争2030年前实现碳达峰、2060年前实现碳中和"的承诺,是着力解决资源环境约束突出问题、实现中华民族永续发展的必然选择。中共中央、国务院发布《关于完整准确全面贯彻新发展理念做好碳达峰碳中和工作的意见》指出,如期实现碳达峰碳中和目标的核心是"加快形成节约资源和保护环境的产业结构、生产方式、生活方式、空间格局",可以看出,产业结构被摆在了"双碳"目标实现途径的首要位置。

第三章

产业结构调整优化的资源环境逻辑

产业结构与资源环境有着密切、复杂的关系。作为联结人类经济活动与资源环境之间的纽带，产业结构的层次和质量不仅决定着经济效益的高低，而且影响资源能源利用效率、污染物和二氧化碳排放强度。产业结构与资源环境的双向互动关系，构成了产业结构调整优化的资源环境逻辑。产业结构与资源环境关系的研究脉络，一条是研究资源能源消费或污染物和二氧化碳排放对产业结构形成和演变的影响，另一条则是反向研究产业结构变动对资源能源消耗或污染物和二氧化碳排放的影响。本章将沿着这两条脉络对已有的理论和研究进行追踪、梳理和凝练，旨在为全书的分析框架提供理论依据，其中，第一节阐述第一条脉络，第二、第三、第四节是关于第二条脉络的研究，第五节是基于前面分析的启迪。

第一节 资源环境在产业结构形成与演变中的作用

在考虑资源环境约束的情况下，资源供给的数量质量、环境的质量都影响着产业结构的形成演变，资源环境既是产业结构形成的重要物质基础，也可能对经济增长、产业结构演变带来约束。工业化不同阶段资源环境表现为不同的属性和特征。如何把资源环境因素引入主流经济增长研究和传统产业结构理论，成为经济增长理论、产业结构理论和资源环境经济学共同关注的领域。

一、资源环境是产业结构形成的物质基础

自然资源是经济增长的物质基础和条件，资源开发利用往往成为区域工业化的初始条件之一。威廉·配第指出，"土地是财富之母，劳动是财富之父"，早期古典学派也普遍认为，自然资源对经济增长有积极的推动作用。自然资源是一个国家或地区产业结构形成和演进的物质基础，是工业化的初始条件之一。工业化需要消耗大量自然资源，自然资源特别是矿产资源无疑也是一个国家或地区工业化的物质基础，依托矿产资源发展相关产业，往往成为区域迈入工业化阶段的优先选择，世界上许多区域的产业结构及工业化起步都带有区域自然资源结构的印记。在工业发展所依赖的四大类资源中，矿产资源的作用最为凸显，在一些地区，矿产资源开发利用成为一个区域迈入工业化的决定因素之一，对区域产业结构的基本性质及其发展变化起着决定性作用。如我国西部地区的某些地区由于有着丰富的煤铁矿物资源，迅速进入了重化工业化阶段（凡杰，1992）。

进一步看，不同资源环境要素对工业化的贡献和作用程度不同，同样的资源环境要素在工业化不同阶段的作用和功能也不尽相同。金碚（2008）从全球工业化的时空维度，分别研究了水、土地、能源、矿产等不同资源要素在工业生产活动中的作用，以及工业化推进中各种资源要素作用的变化，解析了工业化推进过程中工业资源路线的形成（见表3-1），并指出，工业化的技术路线有一定规律可循，即优先选择那些储量丰富、开发难度小的物质，当然，也正因为这些物质成为工业生产的投入品，才"变成"有价值的"资源"，在水、土地、能源、矿产等资源要素中，能源对工业化的影响最大，可以说，工业化的主要表现就是化石燃料能源成为主要的能源物质。从全球来看，虽然少数发达国家进入了非化石能源时代，但整个世界仍然处于化石矿物能源时代；就我国来讲，水和土地还不是工业发展不可克服的瓶颈，但是，在大规模、高强度工业开发的区域，水、土地和环境承载力可能成为严重的制约因素。

表 3-1　　　　　　　　　　不同资源要素在工业化中的作用

资源要素	资源在工业化中的作用	工业化的资源路线
土地	土地主要作为工业生产活动的空间场地	在工业化前中期,工业生产追求低价土地,进入工业化中后期,开始利用高级差地租土地
水源	水源是大多数工业布局的先决性条件;工业用水表现为对水体的消耗	工业耗水首先利用低价水或免费水,然后高价获得水源
能源	世界格局是石油时代;中国以煤炭和煤电为主要能源	工业最早利用的能源是煤炭,然后是石油,再到以煤和石油等化石能源为燃料的二次能源
矿物资源	矿物资源对工业生产非常重要	工业化无疑要消耗资源,但又把原先没有经济价值的物质转变为有经济价值的资源;工业生产可能带来一些不可再生资源枯竭,但实现资源供应的可持续性,还要依靠发达的工业

资料来源:根据"金碚. 中国工业化的资源路线与资源供求 [J]. 中国工业经济, 2008, 2: 5 - 19."整理所得。

资源环境作为产业结构形成的物质基础研究,最早可追溯至 20 世纪初的工业区位论和经典工业化理论的产业划分。

工业区位论的鼻祖韦伯(Alfred Weber, 1909)在研究交通运输成本对工业区位选择的影响时,以矿产资源空间分布不均、其他自然资源(如水、土、砂石等)都是遍在性原材料为假设前提,提出了自然资源指向的产业布局模式。费希尔创立于 20 世纪 30 年代的三次产业分类,就是按照产业活动对资源的依赖程度而提出的,三次产业划分将经济社会系统与自然环境系统联系起来,不仅被学术研究和政策制定者广泛采用,也成为当前研究资源环境与产业结构关系的基本单元。霍夫曼关于生产部门的划分、轻重工业的划分,虽然是基于用途和形态的划分,但对我们研究产业的资源环境属性具有启示意义。此外,钱纳里工业化阶段的划分为研究资源环境与产业结构关系,也提供了一个分析框架。

二、资源环境在产业结构演进中的不同属性

工业化不同阶段的资源环境表现为不同的属性和特征(见图 3-1)。樊杰(2004)基于资源的三重属性——资源属性、环境属性和灾害属性,探讨了产业结构演进不同阶段资源环境的不同作用。他认为,随着工业化的推进,"资源属性"对产业的影响和制约逐渐减弱,而"环境属性"对产业的影响和约束逐渐增强。在工业化的前后两端(前工业化阶段和后工业化阶段),光、

热、水、土等自然要素和生态要素发挥主要作用,这些要素在工业化前期主要以"资源属性"影响区域发展,后期则以"环境属性"为主要属性,在工业化实现阶段,影响工业化进程进而对区域发展起到重要作用的要素主要是矿物资源,同时,环境的约束开始显现并日益突出,相对整个工业化现代化进程而言,该时期历时虽然最短,但作用机制却最为复杂。总体来看,工业化实现阶段的三个不同阶段,资源环境对产业结构的影响程度和影响方向各不相同。在工业化初期阶段,以轻工业为主导的工业结构,其能源消耗和污染排放水平比较低,而在以重工业为主导的阶段,能源消耗和污染排放水平最高,当到了高度加工阶段,能源消耗和环境影响水平又会下降,当工业化水平进入技术集约化阶段,技术更新将有助于能源效率提高,能源消耗总体上呈现下降趋势。

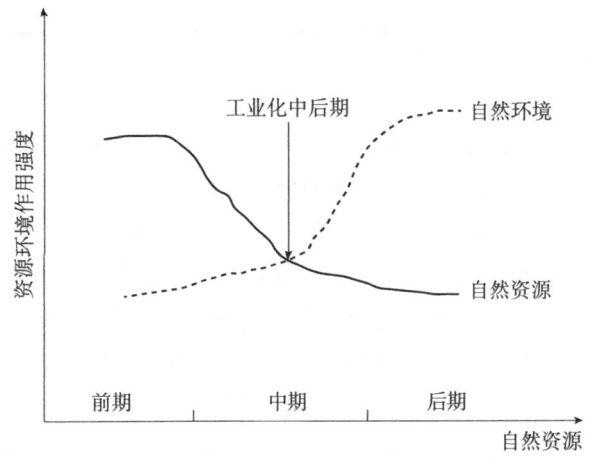

图 3-1 产业结构演进不同阶段的资源环境属性

资料来源:樊杰,千庆兰. 我国东部沿海重点地区经济发展与资源环境相互作用关系的比较研究[J]. 自然资源学报,2004,19 (01):96-105.

三、资源环境对产业结构发展的约束作用

如第一章所述,着力于阐释产业结构与经济增长关系的经典工业化理论,即产业结构调整优化的经济逻辑,并没有考虑资源环境的约束。根据经典工业化理论,一方面,产业结构随着经济发展而改变,另一方面,结构变动又有力促进了经济增长,是经济增长的重要动力之一。但是,这些结论是在假定资源可以无限供给、环境有足够自净能力的前提下建立起来的,在这个假设前提下,产业结构演进最重要的动力是有效需求和技术进步。如库兹涅茨、钱纳里

等认为，技术进步是产业结构演进最主要的推动力量，在技术进步的推动下，要素从低生产率部门流向高生产率部门，于是，高生产率部门优先发展、低生产率部门则逐渐被淘汰，这造成了产业结构从低级走向高级（何德旭、姚战琪，2008）。罗斯托（Rostow，1962）强调，产业结构演进是一个经济增长对技术创新的吸收以及主导部门依次更替的过程。立足中国国情，国内学者们认为，产业结构变动的驱动力主要是投资结构、消费结构、投资—消费比率关系（郭克莎，1999）。所以，从产业结构调整优化的经济逻辑出发，土地、水源、能源、原料等自然资源只是作为产业发展的投入要素，而且，其供给被假设为无限的。可见，经典工业化理论没有将资源环境约束纳入分析框架。或者说，按照产业结构经济逻辑，产业结构调整优化的目的，主要是使产业结构与资源、技术以及需求等结构呈现一种相适应的状态，而没有资源环境承载力对产业结构的约束关系。

在经济增长研究中，资源环境对经济增长、产业发展的约束作用在很长时间内为传统经济增长理论所忽视，20世纪70年代以梅多斯（D. H. Meadows）为首的罗马俱乐部发表《经济增长的极限》，引发了学界把资源环境因素引入主流经济增长研究的热潮，相关研究大量出现。

（一）资源对经济增长约束的研究

20世纪70年代以来，增长理论中对资源约束下的最优增长路径的理论研究和实证分析大量出现，并从不同角度分析了资源对经济增长的约束（Vousden，1973；Dasgupta 和 Heal，1974；Solow，1974；Stiglitz，1974；Common 和 Perrings，1992；Schou，1996；Smulders，1995），进入21世纪后，有学者进一步研究了传统增长模式下技术进步、价格机制及其解决资源约束的作用机理和方式路径（Maloney，2002；Bringezu 等，2015；Atkinson 和 Hamilton，2003），如表3-2所示。

对于资源对经济增长是否造成约束的问题，理论研究存在着乐观派和悲观派两种认识（钟水映和简新华，2007）。有学者认为，从纯经济学的角度看，不存在所谓的资源危机或资源约束，或者说不太可能出现资源对经济发展的限制，因为，市场经济条件下，由于资源供给量不足或短缺造成的约束，最终都会通过价格机制表现出来，从而得到调整。如果说存在"资源约束"的话，那只是在特定时间内"价格机制没有起到应有作用"，并由此对社会造成了损失或资源浪费。此外，资源的数量约束问题还可能通过技术进步、资源替代等方式得到缓解或解决。显然，这些都是解决前文所述的"自然资源数量控制型约束"的研究。

表 3-2　资源对经济增长影响的主要研究

资源约束的争论		主要观点	代表研究
资源对经济增长的约束		资源的约束将导致世界经济体系的增长停滞并陷入崩溃	D. H. Meadows (1970); Vousden (1973); Dasgupta 和 Heal (1974); Solow (1974); Stiglitz (1974); Common 和 Perring (1992); Schou (1996); Smulders (1995)
资源对经济增长不存在约束	资源替代	资源对经济增长的约束可以通过在技术进步基础上的资源替代和价格机制的作用来改变经济结构,突破资源数量的硬约束而实现长期经济增长	Moon 和 Sonn (1996); Neumayer (2000); Stern (2000, 2011); Ghali 和 El-Sakka (2004); Apergis 和 Payne (2009); Ayres 和 Warr (2010); Bringezu, S. (2015)
	价格机制	有效的市场机制总能解决某一特定能源和资源减少的问题,也就是说市场机制至少到现在为止很好地缓解了资源约束问题	Hamilton (1983, 1996); Neumayer (2000); Dhawan 和 Jeske (2006); Kilian (2008, 2009); Baumeister 和 Peersman (2008, 2012); Blanchard 和 Gali (2009); Van de Ven 和 Fouquet (2014)
	技术进步	技术进步可以克服资源对经济发展的约束作用	Nordhaus (1974); Barbier (1999); Azar (2005); Sütrmer 和 Schwerhoff (2012); Peretto 和 Valente (2013); André 和 Smulders (2014)

资料来源:根据"王士红,何平,张锐. 资源约束与经济增长关系研究新进展 [J]. 经济学动态, 2015, 11: 139-146."整理所得。

而对"自然资源质量控制型约束"的研究,不得不提的是"资源诅咒"假说。20世纪90年代,奥提、萨克斯和瓦尔纳等发现,资源富集度与经济增长呈负相关关系,并提出了著名的"资源诅咒"(Resource Curse) 命题。所谓"资源诅咒"是指,对某些自然资源富集的国家,丰裕的自然资源并没有对促进经济增长起到正面作用,反而成为经济增长的阻碍或限制。一些资源贫乏的国家和资源富集的国家相比,前者的经济增长反而优于后者。"资源诅咒"假说提出后,很多研究对此进行了验证、分析和解释(Sachs 和 Warner, 1995, 1997, 1999, 2001; Glyfason, 1999, 2000, 2001; Salai-Martin 和 Subramanian, 2003; Papyrakis 和 Gerlagh, 2006; Davis 和 Tilton, 2005),如表 3-3 所示。

表 3-3　　　　　自然资源制约经济增长传导机制的相关研究

	主要观点	代表性研究
"荷兰病"效应	资源丰富将引发资源转移效应、相对价格效应和支出效应,三种效应都不利于制造业发展和人力资本积累。这个过程表现为:自然资源富集导致资源生产部门的工资和收益提升,从而挤出制造业的劳动力、资本,导致制造业竞争力下降,致使经济增长停滞	Corden 和 Neary (1982); Sachs 和 Warner (1995); Glyfason (2000)
制度弱化	资源富集容易诱发寻租行为,滋生腐败,从而对经济增长产生负面影响	Salai-Martin 和 Subramanian (2003)
挤出效应	资源富集可能导致储蓄和投资缺乏积极性,导致人才外流,同时,企业家因为热衷于资源开发和初级产品生产而无暇创造性活动,相当于是对创新活动的"挤出"	Glyfason (2001); Sachs 和 Warner (1997、1999); Glyfason (2001); Sachs 和 Warner (2001); Papyrakis 和 Gerlagh (2006)
初级产品价格波动	相对于其他产品,自然资源初级产品价格的波动较大,资源依赖型经济更易引发经济波动,从而使政府难以对未来作出长期规划,同时社会投资也难以实现	Sachs 和 Warner (1995b); Gylfason (1999); Davis 和 Tilton (2005)

资料来源:根据"李影.'福音'还是'诅咒'——自然资源与经济增长关系研究综述 [J]. 经济论坛,2009 (06):19-22."整理。

(二) 环境对经济增长约束的研究

关于环境和经济增长的关系一直是经济学研究争议最多的问题,如表 3-4 所示。其中,环境质量损害对经济增长的消极影响主要表现为:(1) 环境质量下降引发环境与贫困的恶性循环,损害生产要素的质量;(2) 环境治理成本的投入降低经济增长率,对增加就业带来不利影响;(3) 严格的环境管理可能影响产业的国际竞争力和国际贸易;(4) 污染治理在短期对企业竞争力造成不利影响 (钟水映等,2007)。这些研究和观点与产业结构相关的是:因为环境规制可能促进产业在空间上进行转移,进而对产业转出地和产业承接地的产业结构带来影响,典型的研究是"污染避难所假说"。

表 3-4　　　　　环境管理对产业竞争力和贸易影响的主要研究

研究者及研究对象	研究时期	产业领域	影响
Grossman 和 Krueger (美国、墨西哥)	1987 年	制造业	不明显
Kalt (美国)	1967—1977 年	78 个行业 制造业 制造业(除化学工业)	不明显 显著 更显著

续表

研究者及研究对象	研究时期	产业领域	影响
Tobey	1977 年	采矿、造纸、化学、钢铁	不明显
Van Beers 和 vanden Bergh	1992 年	制造业	显著
		污染密集行业	不明显
		不以自然资源为基础的污染密集行业	显著
Robison（美国、加拿大）	1973—1982 年	78 个行业	污染强度小的产品的进口增加无变化
Low 和 Yeats（世界贸易）	1965—1988 年	污染密集行业	发展中国家拥有发展污染密集产业的比较优势
Low（墨西哥）	1981—1989 年	污染密集行业	污染密集行业产品出口增长率超过总出口增长率

资料来源：Chua S. Economic Growth, Liberalization, and The Environment: A Review Of The Economic Evidence [J]. Annual Review of Energy & the Environment, 1999, 24（01）：391 – 430. 转引自：钟水映，简新华. 人口、资源与环境经济学 [M]. 北京：科学出版社, 2007：259.

在研究对象和研究方法上，资源约束方面的研究主要聚焦于能源、矿产资源消费对产出的影响，环境约束方面的研究则主要考察二氧化碳排放对产出的影响，其基本思路是，基于新古典经济增长理论，把能源消耗和污染排放作为与传统生产要素并列的投入要素引入生产函数，估算产业的生产率，或者核算绿色增长。在纳入资源环境的增长模型中，对能源和污染排放作为投入要素的处理方式各不相同，对能源投入的处理相对容易，能源不仅作为生产过程的中间投入品，而且还与传统生产要素（如资本、劳动）一样，发挥着价值创造作用（Jorgenson 等，2000；林伯强，2003）；对污染排放的处理，主要有两种方法：一种方法是把污染排放作为与资本和劳动等传统要素一样的投入要素，一并纳入生产函数（Mohtadi，1996；Ramanathan，2005；Lu 等，2006；陈诗一，2009）；另一种方法则把污染看作非期望产出，和期望产出一起引入生产过程，然后运用方向性距离函数进行分析（Chung 等，1997；涂正革，2008）。

四、资源环境约束下产业划分方式的拓展

随着资源环境对产业发展约束作用的显现以及绿色发展理念的兴起，人们对产业划分进行新的探索，国际社会和学术界提出了基于资源环境属性的新的产业类型，如褐色产业、绿色产业、高耗能产业等。

(一) 褐色产业、绿色产业

国际社会将建立在对资源环境过度消耗基础上、忽视生态保护的不可持续的经济发展模式称之为褐色经济，但对褐色产业没有明确的定义，可以将之理解为褐色经济发展模式下的产业概念，褐色产业的显著特征是高排放、高污染。绿色经济是一种能够实现可持续发展的经济形态（Pearce，1989），是以实现经济发展、社会进步和保护环境为方向，以产业经济的低碳发展、绿色发展、循环发展为基础，以资源节约、环境友好与经济增长成正比的可持续发展为表现形式，以提高人类福祉、引导人类社会形态由"工业文明"向"生态文明"转型为目标的经济发展模式（International Green Economy Association，IGEA）。绿色产业是绿色经济兴起背景下的一个概念，关于绿色产业的定义，有不同角度的理解（见表3-5）。

表3-5　　　　　　　　　　　关于绿色产业的定义

单位	对绿色产业的定义
联合国发展计划署	为防止和减少污染的产品、设备、服务和技术，以及减少资源投入、提高效率和产品的设备、产品、服务与技术
国际绿色产业联合会	基于环保考虑，借助科技，以绿色生产机制力求在资源使用上节约以及污染减少（节能减排）的产业，即可称为绿色产业
世界银行	绿色产业是由一系列工业组成，是实现可持续增长的有效途径，为实现绿色发展政府实施一定的绿色产业政策是必需的
联合国环境规划署	绿色产业不仅可以实现全球经济的稳定可持续的增长，还能实现不同社会福利的结合

资料来源：根据"陈健. 我国绿色产业发展研究 [D]. 华中农业大学，2009；熊英，别智. 绿色产业与绿色产品、绿色商标 [J]. 中华商标，2010（11）：21-24；Org Z. Inclusive Green Growth：The Pathway to Sustainable Development [M]. World Bank，2012；Programme U. Green Economy In Action：Articles and Excerpts that Illustrate Green Economy and Sustainable Development Efforts [J]. Environmental Policy Collection，2012"整理所得。

我国学者汪涛等（2000）、王奇等（2002）认为，绿色产业是"零次产业"或"第四产业"，刘思华（2000）认为是第五产业。根据国家发展和改革委员会、中华人民共和国工业和信息化部、中华人民共和国自然资源部、中华人民共和国生态环境部等七部委联合印发的《绿色产业指导目录（2019年版）》，当前我国绿色产业主要包括"节能环保产业、清洁生产产业、清洁能源产业、生态环境农业、基础设施绿色升级、绿色服务"六大类（见表3-6）。

表 3-6　　我国政策文件关于绿色产业及相关概念的定义

相关概念	内涵	来源
环保产业	环保产业是为社会生产和生活提供环境产品和服务活动，为防治污染、改善生态环境、保护资源提供物质基础和技术保障的产业	关于环保系统进一步推动环保产业发展的指导意见（环发〔2011〕36号）
节能环保产业	节能环保产业是指为节约能源资源、发展循环经济、保护生态环境提供物质基础和技术保障的产业，是国家加快培育和发展的7个战略性新兴产业之一。节能环保产业涉及节能环保技术装备、产品和服务等	"十二五"节能环保产业发展规划
绿色产业	包括节能环保产业、清洁生产产业、清洁能源产业、生态环境农业、基础设施绿色升级、绿色服务六大类	绿色产业指导目录（2019年版）

资料来源：根据相关文件整理。

（二）高耗能产业、高碳产业

依据产业活动的资源能源消耗强度或二氧化碳排放强度的高低，对产业进行直观的"二分"，即"高（低）耗能产业""高（低）排放产业"或"高（低）碳产业"等概念，成为能源和环境经济学研究我国产业政策中的一种常用的产业划分类型。

我国政策文件关于高耗能产业有"六大高耗能行业""四大高耗能行业""国民经济行业中的五大类高耗能行业"（见表3-7）等提法。根据《中华人民共和国2010年国民经济和社会发展统计公报》，我国"六大高耗能行业"分别为：化学原料及化学制品制造业、非金属矿物制品业、黑色金属冶炼及压延加工业、有色金属冶炼及压延加工业、石油加工炼焦及核燃料加工业、电力热力的生产和供应业，《中国的能源政策（2012）》白皮书中"四大高耗能行业"指：钢铁、有色、化工、建材，四大产业用能占到全社会用能的40%左右，而按照《国民经济行业分类（GB/T 4754—2017）》标准中所列行业大类，高耗能行业在国民经济行业中包括五大类：石油、煤炭及其他燃料加工业，化学原料和化学制品制造业，非金属矿物制品业，黑色金属冶炼和压延加工业，有色金属冶炼和压延加工业，每个行业大类又包括不同性质的行业类别。

表 3-7　　我国政策文件对高耗能产业范围的界定

政策文件	行业性质	行业范围	备注
《中华人民共和国2010年国民经济和社会发展统计公报》	六大高耗能行业	化学原料及化学制品制造业、非金属矿物制品业、黑色金属冶炼及压延加工业、有色金属冶炼及压延加工业、石油加工炼焦及核燃料加工业、电力热力的生产和供应业	—

续表

政策文件	行业性质	行业范围	备注
《中国的能源政策（2012）》白皮书	四大高耗能行业	钢铁、有色、化工、建材	—
《关于明确阶段性阶段用电成本政策落实相关事项的函》《高耗能行业重点领域能效标杆水平和基准水平（2021年版）》	高耗能行业在国民经济行业中包括五大类	石油、煤炭及其他燃料加工业，化学原料和化学制品制造业，非金属矿物制品业，黑色金属冶炼和压延加工业，有色金属冶炼和压延加工业	按照《国民经济行业分类（GB/T 4754—2017）》标准划分行业大类
《关于加强高耗能、高排放建设项目生态环境源头防控的指导意见》（环环评〔2021〕45号）	"两高"（高耗能、高排放）项目	按煤电、石化、化工、钢铁、有色金属冶炼、建材等六个行业类别统计	—
《关于严格能效约束推动重点领域节能降碳的若干意见》（发改产业〔2021〕1464号）	单位产品能耗强度高、行业能耗总量大的行业	钢铁、电解铝、水泥、平板玻璃、炼油、乙烯、合成氨等	—

资料来源：根据相关文件整理。

学术研究对高耗能产业的界定有定性和定量两种。定性方面，毛琦梁等（2014）、查冬兰和周德群（2008）等认为，高耗能产业是指在生产中消耗的一次能源或二次能源比例较高，其能源成本在产值中所占的比重也较大的产业，也被称为能源密集型产业；郑季良等（2015）认为，高耗能产业一般指对矿产资源进行初加工、在高温焙烧或冶炼过程中消耗大量能源，并伴随大量的工业废弃物和环境污染的传统产业，主要集中在矿产业中的冶金（包括有色金属和钢铁）、化工、建材、火电等行业；在郭朝先（2012）的研究中，高耗能产业涵盖的范围较广，既包括采矿业，制造业中的石油加工、化学工业、造纸业、金属冶炼及压延加工业、金属制品业、非金属矿物制品业，电力、燃气及水的生产供应业，还包括交通运输、仓储和邮政业。也有学者用量化指标界定高耗能产业。郭培章（2002）将增加值能源强度（行业能源消费总量与工业增加值的比值）大于3.5吨标准煤/万元的行业归入高耗能产业，沈可挺和龚健健（2011）使用单位GDP能耗强度来界定高耗能产业，按照实际能耗强度大于1吨标准煤/万元的标准定义了13个高耗能产业。

在以化石能源为主导的能源结构下，高耗能往往与高排碳相联系，二者是一致的，所以，高碳产业，就是高耗能、高碳排放量的产业（伍华佳，2010），是能源增长速度、二氧化碳排放增长速度等超过经济增长速度的产业（熊焰，2011）。三次产业中，第二产业的能耗强度就远高于第一产业和第三产业，在第二产业内部，采矿业、制造业、电力、燃气和采矿业则是高碳排放产业（戴海龙，2011），而制造业内部，黑色金属加工业、非金属矿物制品业、石油冶炼加工业、化学原料制品业以及有色金属冶炼加工业为高碳制造业（王霞等，2020）。但是，需要注意的是，"碳达峰"和"碳中和"中的"碳"是不一样的，"碳达峰"的"碳"，特指与能源活动相关的二氧化碳排放，所以可以把高耗能产业等同于高碳产业，但是，"碳中和"的"碳"具体指全部温室气体抑或仅指二氧化碳净零排放仍有争议（王灿、张雅欣，2020）。所以，目前来讲，高耗能产业与高碳产业有很大重叠，可把二者等同，但是"碳达峰"后的未来，高耗能不一定意味着高排碳。

（三）资源型产业

资源型产业的概念可追溯至著名的"资源诅咒"假说。广义的资源型产业是指以土地、水、气候、生物、矿产等自然资源的勘探、开发、利用和保护为基础而形成的经济活动，包括农业、渔业、林业、能源、休闲业和采矿业，包括第一产业和第二产业；狭义的资源型产业，仅指与矿产资源开发及其初加工有关的产业，包括采矿业、与采矿业有着密切关系的原材料产业以及电力、热力的生产和供应等产业（惠宁等，2013）。在我国，无论是学术研究和政策制定，资源型产业主要指狭义的。

第二节 产业结构演进对资源环境影响的阶段性

产业结构与资源环境两个系统之间的影响是双向的，资源供给的数量质量、环境的质量影响着产业结构的形成演变，与此同时，不同的产业因为有着不同的资源路线和不同的环境影响属性，因而产业结构的变动反过来也会对资源环境产生重要影响。纵向来看，产业结构对环境的影响具有阶段性，产业结构演进的不同阶段，产业结构对资源环境的影响方向和程度不一样。而横向来看，产业结构内部，即产业间的不同比例和组合关系对资源消耗和环境保护有着不同的影响方向和程度。因此，推动产业结构调整优化可能减少资源能源消耗和污染物或二氧化碳排放。本节首先阐述产业结构对资源环境影响的阶段性特征,第三节、第四节分析产业结构内部变化的资源环境效应。

一、早期研究

工业生产必然要消耗资源、影响环境,工业化特别是工业化实现阶段对资源环境带来的负面影响,早在 1844 年马克思就指出,工业和农业废料及消费品消费残留会破坏环境,最大限度地减少排放或尽可能地重复使用是改善这种状况的有效途径。他说"没有自然界,没有感性的外部世界,工人什么也不能创造",恩格斯也指出,"工厂城市把一切水都变成臭气冲天的污水",造成"空气、水和土地的污染"①。19 世纪,工业化所导致的资源环境问题首先在西欧国家引起了广泛的关注和批评,20 世纪中期以来,随着工业化的扩展和自然资源大规模开发利用,人们越来越强烈地感觉到资源环境与工业增长的矛盾日趋突出,要求节约资源和保护自然环境的呼声越来越强烈。

二、环境库兹涅茨曲线假说

关于产业结构对环境质量影响的研究,最具代表性的就是环境库兹涅茨曲线(Environmental Kuznets Curve,EKC)假说。库兹涅茨曲线(Kuznets Curve)最初是用来描述收入差距随着经济发展水平的提高出现先扩大而随后缩小的一种趋势,即倒"U"形曲线,由著名经济学家库兹涅茨(Kuznets)在 1955 年提出。美国经济学家格罗斯曼和克鲁格(1993)基于发达国家经济增长和主要环境污染物排放之间关系的考察,发现,经济增长和主要环境污染物排放之间不是单纯的负相关或正相关,而是呈这种倒"U"形曲线关系,即随着人均收入水平的提高,环境质量呈现先恶化后改善的趋势。1993 年,潘纳约托(Panayotou)将这种倒"U"形关系命名为"环境库兹涅茨曲线"(见图 3 - 2)。格罗斯曼和克鲁格之后,EKC 假说得到了广泛应用,同时也引起不少争论。虽然 EKC 假说的科学性还有待进一步证实(钟水映等,2007),但关于环境污染与经济增长关系的研究越来越多,大多数研究是基于对环境中二氧化硫、氮氧化物等的考察(Shafik 和 Bandyopadhyay,1992;Selden 和 Song,1994;Dasgupta 等,2002;等等)。我国学者蔡昉等(2008)认为,总体上看,我国二氧化硫等污染物质的排放会迎来一个转折点,但是大多数地区距离这个

---

① 转引自:陈晓东,金碚. 供给侧结构性改革下的节能减排与我国经济转型升级 [J]. 经济纵横,2016,7:18 - 22.

拐点仍然非常遥远。

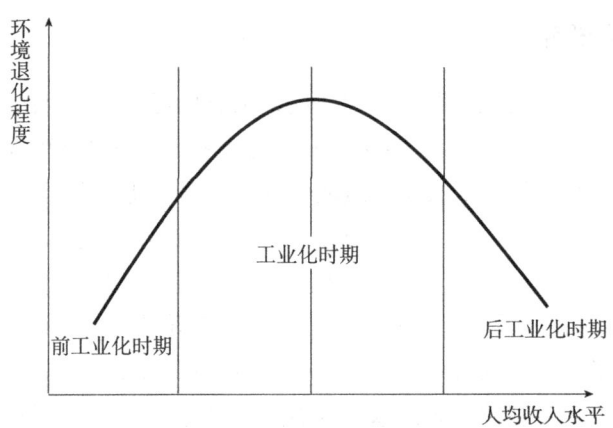

图 3-2　环境库兹涅茨曲线

资料来源：钟水映，简新华．人口、资源与环境经济学［M］．北京：科学出版社，2007：245．

环境库兹涅茨曲线（EKC）最早揭示了工业化阶段与环境约束的关系，但需注意的是，它所研究的环境约束指的是二氧化硫和氮氧化物的排放，没有包括当前环境约束的另一个突出问题——二氧化碳排放。道格拉斯·霍尔茨-埃金和托马斯·塞尔登（Douglas Holtz-Eakin 和 Selden，1995）、潘纳约托等（2002）、加莱奥蒂和兰扎（Galeotti 和 Lanza，2005，2006）、贾利勒和马哈茂德（Jalil 和 Mahmud，2009）等在 EKC 假说的基础上提出了碳排放库兹涅茨曲线（Carbon Kuznets Curve，CKC），并证明了其存在性及形状，例如加莱奥蒂等（2006）对 CKC 进行稳健性检验后发现，OECD 国家存在 CKC。但也有不少学者提出了质疑，认为 CKC 并不存在（Roca 和 Hntara，2001；Richmond 和 Kaufmann，2006；Martin，2008），即二氧化碳排放与人均收入之间不存在明显的倒"U"形关系（Webber 等，2004）。根据沙菲克等（Shafik 等，1994）、马丁·瓦格纳（Martin Wagner，2008）的研究，人均二氧化碳排放与人均收入呈单向递增关系，不存在拐点，威廉·穆莫和格雷戈里·安鲁（Moomaw 和 Unruh，1997）、弗里德尔和格茨纳（Friedl 和 Getzner，2003）、马特内兹-扎尔佐索等（Martinez-Zarzoso 等，2004）却发现，两者呈"N"形，还有学者发现，人均 GDP 和二氧化碳排放量不相关（Lantz 和 Feng，2006）。

国内学者对碳排放库兹涅茨曲线也进行了有意义的探究。多数学者认为我国二氧化碳排放与经济增长存在倒"U"形关系（林伯强和蒋竺均，2009；李国志和李宗植，2010；陈德湖和张津，2012），少数学者得出我国碳排放库兹涅茨曲线为正"U"形的结论（周少甫、赵明玲、苏龙；2015；周塔尔才让，2014），顾宁和姜萍萍（2013）、虞义华等（2011）的研究表明我国碳排放库兹涅茨曲线为"N"形。胡宗义等（2013）则认为我国碳排放库兹涅茨曲线为正向的线性关系，王维国和孟军（2013）认为我国人均二氧化碳排放量与人均 GDP 的关系在不同经济环境下有所不同。

三、脱钩理论

为解释经济增长与污染排放是否同步变化的关联性，脱钩理论应运而生。脱钩（Decoupling）本来是一个物理学概念，用于描述两个或多个变量之间不再存在相互影响关系的概念。张忠祥（Zhang Z X，2000）首次把脱钩的概念运用到环境经济研究领域。OECD 将"阻断经济增长与能源消耗或环境污染之间联系的过程"描述成"脱钩"，并于 2002 年设立了脱钩指数与脱钩因子。芬兰未来研究中心的佩特里·塔皮奥教授（Petri Tapio）于 2005 年提出了"脱钩弹性"（Decoupling Elasticity）的概念，用脱钩弹性指数来测定脱钩状态，脱钩弹性指数越小，脱钩越显著。脱钩指数的提出使得经济增长与工业污染排放的相关关系得以量化，脱钩理论也因此很快成为衡量地区经济发展模式与可持续性的工具（孙耀华和李忠民，2011）。后来，资源环境经济研究用"脱钩"用来描述经济增长与环境冲击耦合关系的破裂，也就是资源消耗或环境污染不随经济的增长而增长。

脱钩的测度方法主要有速度脱钩与数量脱钩。速度脱钩指环境污染物的增长速度与经济增长速度相背离，若某一时期环境污染物增长速度小于经济增长速度，则说明已打破环境压力与经济绩效之间的联系，两者脱钩（盛业旭等，2015）。速度脱钩的研究方法主要包括 IU 曲线法、OECD 脱钩指数法以及 Tapio 弹性系数法等，当前研究采用较多为 Tapio 弹性系数法。数量脱钩是指环境污染物增加的总量随着经济增长过程出现下降的趋势，研究数量脱钩的方法包括碳库兹涅茨曲线模型（CKC 模型）、环境压力模型（IPAT 模型）、可拓展的随机性环境影响评估模型（STIRPAT 模型）等，其中较常用的是 CKC 模型。也有学者将数量与速度脱钩两种方法进行结合，共同分析环境与经济增长的关系。

"脱钩"理论通过简单数量关系表达了经济发展与污染物排放的关系，为定量描述经济增长与二氧化碳排放相关关系提供了理论分析框架和方法。用二氧化碳排放量代表脱钩理论中的环境压力，就是为研究二氧化碳排放与经济增长的脱钩关系。随着气候变暖成为全球探讨的热点问题、低碳成为全球发展的共同诉求,二氧化碳排放与经济增长的脱钩问题成为当前脱钩研究的一个焦点问题。根据前面的分析,二氧化碳排放与经济增长脱钩的分析方法见表3-8。

表3-8　　　　　二氧化碳排放与经济增长脱钩分析方法

	测算方法	含义和计算公式	优缺点
速度脱钩法	OECD脱钩指数	末期的污染排放与GDP之比除以基期的污染排放与GDP之比 $$D = \frac{EP_{t_i}/DP_{t_i}}{EP_{t_0}/DP_{t_0}}$$ $$F = 1 - D$$ 其中,D表示脱钩指数,F表示脱钩因子,EP为二氧化碳排放指标值,DP为经济驱动力指标值。选定某一年作为基准年,令其指数为100,以另一年为终期年,计算终期年相对于基准年的脱钩因子变化值,即可看出两者是绝对脱钩(脱钩因子为正,且其值接近于1),还是相对脱钩(脱钩因子为正,且其值接近于0),抑或是无脱钩(脱钩因子为0或负值)	对于基期年的选定具有高度敏感性,在不同的基期年下,会出现迥然不同的结果;同时,该指标主要是比较量的变化,不能真实地反映脱钩情况
	Tapio脱钩弹性指数	脱钩弹性指数表示二氧化碳排放量随着经济增长水平的变化呈现出的变化趋势,进而描述二氧化碳与经济增长之间的脱钩状态 $$\varepsilon = \frac{\frac{EP_{t+1} - EP_t}{EP_t}}{\frac{DP_{t+1} - DP_t}{DP_t}}$$ 其中,$t+1$为当期,t为基期,ε为脱钩弹性指数,EP代表二氧化碳排放指标值,DP表示经济驱动指标值	避免了量纲干扰,脱钩状态的划分更精细,能对环境压力指标与经济驱动力指标的各种可能组合给出合理的定位,结果比OECD脱钩模型更为准确客观
数量脱钩法	碳库兹涅茨曲线模型(CKC模型)	常用CKC模型主要有多项式形式和对数多项式形式,被解释变量是某经济领域二氧化碳排放量,解释变量包括经济产出的一次项到三次项及其他控制变量(如人口规模、技术进步、环保政策、贸易开放和产业结构等) 对数形式如下: $$\ln TC = \alpha_0 + \alpha_1 \ln Y + \alpha_2 (\ln Y)^2 + u_1$$ $$\ln TC = \alpha_0 + \alpha_1 \ln Y + \alpha_2 (\ln Y)^2 + \alpha_3 (\ln Y)^3 + u_2$$ 式中,$\ln TC$为被解释变量,即某经济领域二氧化碳排放量的自然对数;$\ln Y$为解释变量,该经济领域产出(增加值)的自然对数,α_0、α_1、α_2、α_3均为待估参数值;u_1、u_2为随机误差干扰项	—

续表

测算方法		含义和计算公式	优缺点
数量脱钩法	环境压力模型（IPAT 模型）	$I = PAT$ 其中，I 表示环境影响（Impact），P 表示人口规模（Population），A 表示人均财富（Affluence），T 表示技术（Technology）	IPAT 模型最早用来分析人口和经济因素对环境的影响，但它仅是一个数学上的公式，不能直接检验各种因素对环境影响的假说，此外，IPAT 模型假定人口、财富、技术对环境的弹性是统一的，与 EKC 假说冲突
	可拓展的随机性环境影响评估模型（STIRPAT 模型）	在 IPAT 的基础上进行改进，构建了随机模型 STIRPAT（Stochastic Impacts by Regression on Population, Affluence and Technology），表达式如下： $I = aP^{\beta_1}A^{\beta_2}T^{\beta_3}e$ 等式两边取自然对数： $\ln I = \alpha + \beta_1 P + \beta_2 A + \beta_3 T + \varepsilon$ 其中，I、P、A、T 等符号的含义与 IPAT 模型一致；$\alpha = \ln a$ 为常数项，$\varepsilon = \ln e$ 为随机误差项或随机扰动项，其含义与计量经济学中的界定相同	—

资料来源：根据相关资料整理。

从速度脱钩来看，根据 Tapio 脱钩弹性指数，当经济保持持续增长 $\left(\frac{DP_{t+1} - DP_t}{DP_t} > 0\right)$ 时，脱钩弹性指数越小，脱钩越显著。根据脱钩弹性指数的大小可判定脱钩程度的强弱，Tapio 脱钩弹性指数以 0、0.8 与 1.2 为临界值，脱钩程度分为负脱钩、脱钩及连接三种状态，其中脱钩弹性指数 0.8 是脱钩与负脱钩的临界点，如果 $\varepsilon < 0.8$，表明二氧化碳排放和经济增长已经发生了脱钩，反之二者还没有脱钩；根据脱钩弹性指数的大小将三种状态进一步细分为弱负脱钩、强负脱钩、扩张脱钩、衰退脱钩、强脱钩、弱脱钩、衰退连接以及扩张连接 8 种脱钩细分状态，如表 3-9 所示。

表 3-9 　　　　Tapio 脱钩指标弹性与等级对照

		ΔEP（环境压力） ΔCO_2	ΔDP（驱动力） ΔGDP	弹性 ε
连接	衰退连接	<0	<0	(0.8, 1.2)
	增长连接	>0	>0	(0.8, 1.2)

续表

		ΔEP（环境压力）ΔCO_2	ΔDP（驱动力）ΔGDP	弹性 ε
脱钩	衰退脱钩	<0	<0	$(1.2, +\infty)$
	强脱钩	<0	>0	$(-\infty, 0)$
	弱脱钩	>0	>0	$(0, 0.8)$
负脱钩	弱负脱钩	<0	<0	$(0, 0.8)$
	强负脱钩	>0	<0	$(-\infty, 0)$
	增长负脱钩	>0	>0	$(1.2, +\infty)$

从数量脱钩来看，基于 EKC 假说的 CKC 模型如图 3-3 所示，横轴表示经济增长，纵轴代表二氧化碳排放量，二氧化碳排放量和经济增长之间的关系可用一条倒"U"形曲线表示，如果从最高点 A 向横轴画一条垂直线，在垂直线的左侧，二氧化碳排放量随着经济增长而提高，在垂直线的右侧，二氧化碳排放随着经济增长而下降。如果叠加上速度脱钩的等级状态，可以看出数量脱钩与速度脱钩的关系，在 B 点两侧均是数量未脱钩状态，但 B 点的左侧是速度脱钩的负脱钩或增长连接状态，右侧是弱脱钩状态。

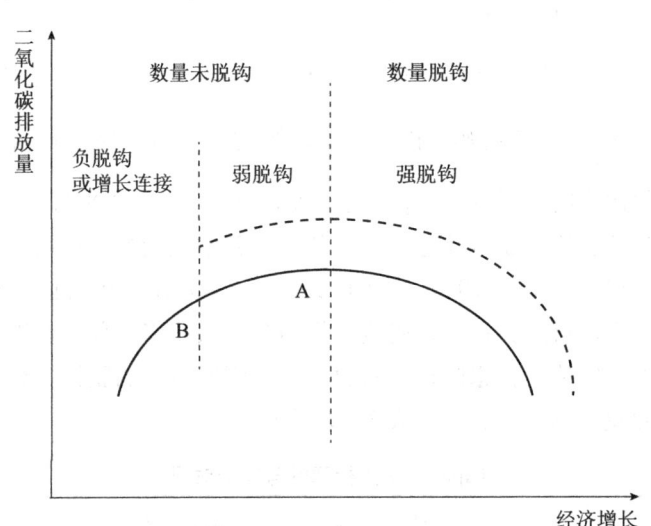

图 3-3 速度脱钩和数量脱钩关系

资料来源：根据 EKC 假说和"杨晓华，胡怡文. 制造业碳排放和经济增长脱钩关系研究——基于速度和数量双重视角 [J]. 生态经济，2021, 37（04）：13-18."制作。

第三节 产业结构变化对资源环境的作用机理
——"结构效应"假说

产业结构变化对资源环境产生影响,是指产业结构调整优化对克服或缓解资源环境约束所起到的促进或阻碍作用。那么,从理论上讲,产业结构变化为什么对能源消费和二氧化碳排放或污染物排放产生影响?产业结构变化促进节能减排的机理和条件是什么?在什么情况下可以通过调整优化产业结构减少资源消耗和污染物排放,从而发挥产业结构的资源环境效应或"结构效应"?本节和下一节将对此进行探讨。

不同产业之间的结构比例和组合关系对资源消耗和环境保护有着直接而重要的影响。产业结构作为资源环境系统与人类经济社会系统的"转换器"和"控制器",其层次和质量是影响能源资源利用效率、污染物和二氧化碳排放强度的重要因素。长期以来,调整优化产业结构在促进我国资源节约、环境保护、节能降碳中发挥着重要作用。我国明确将产业结构调整列为节能减排的三大路径之一,党的十八大、十九大都坚持把形成节约资源和保护环境的产业结构作为生态文明建设的四大突破口之一,党的二十大把"加快发展方式绿色转型"摆在绿色发展的首要位置,强调"推动经济社会发展绿色化、低碳化是实现高质量发展的关键环节","推进工业、建筑、交通等领域清洁低碳转型"。我国作为全球工业第一大国和二氧化碳排放第一大国,工业低碳转型是加快发展方式绿色转型的首要任务,而工业结构调整优化是工业低碳转型的重要途径,是以产业结构深度调整实现碳达峰碳中和目标的重点难点所在。中共中央、国务院发布的《关于完整准确全面贯彻新发展理念做好碳达峰碳中和工作的意见》把"深度调整产业结构"作为如期实现碳达峰碳中和的重要路径之一。

根据前面分析,本书以能源消费和二氧化碳排放为作为资源环境约束的代表,以我国提出的碳达峰碳中和目标为资源环境约束目标,考察产业结构调整优化的节能降碳作用机理。

一、能源消费和二氧化碳排放具有明显的行业差异性

在三次产业之间,第二产业尤其是工业是能源消费和二氧化碳排放最集中

的产业，据统计，工业部门占能源消费总量的比重一直在70%左右，在工业内部，能源消费又高度集中于某些产业，即所谓的高耗能产业，根据《中国的能源政策（2012）》白皮书，四大高耗能行业——钢铁、有色、化工、建材用能占到全社会用能的40%左右，六大高耗能行业——化学原料及化学制品制造业、黑色金属冶炼及压延加工业、石油加工炼焦及核燃料加工业、非金属矿物制品业、有色金属冶炼及压延加工业、电力热力的生产和供应业，其能源消耗占全国能源消耗总量的50%左右。据统计，六大"高耗能、高排放"产业二氧化碳排放贡献率达74%。如表3-10所示，2010—2019年十年间，我国六大高耗能产业能源消耗占全国比重呈稳定下降趋势，但占比仍稳定在50%左右。如果工业结构中高耗能产业比重大，那么对工业内部的行业结构进行调整，减少高能耗工业比重，理论上是有利于节能降碳的。

表3-10　　我国六大高耗能产业耗能占能源消耗总量的比重　　　　单位：%

行业	2010年	2011年	2012年	2013年	2014年	2015年	2016年	2017年	2018年	2019年
石油加工、炼焦及核燃料工业	4.96	4.70	4.68	4.62	4.75	5.39	5.47	5.80	6.08	6.68
化学原料及化学制品制造业	10.19	10.53	10.58	10.57	11.16	11.40	11.26	10.83	10.87	10.93
非金属矿物制品业	9.01	9.89	9.40	8.77	8.59	8.02	7.88	7.31	6.95	6.84
黑色金属冶炼及压延加工业	18.54	16.72	16.75	16.51	16.28	14.88	14.24	13.79	13.20	13.41
有色金属冶炼及压延加工业	3.70	3.83	3.88	3.99	4.11	4.82	4.76	5.12	5.22	5.01
电力、热力的生产和供应业	5.96	6.16	5.93	6.31	6.03	6.08	6.36	6.42	6.53	6.51
总计	52.36	51.83	51.23	50.77	50.93	50.59	49.97	49.27	48.85	49.38

资料来源：2020年《中国能源统计年鉴》。

能源强度是能源消费强度的简称，是指把能源作为产业的燃料和动力时，能源投入与最终生产成果之比，即单位国内生产总值所消耗的能源量，是生产活动中对能源利用效率的反映。不同产业的能源强度存在差别，因此，不同产业的组合和产业构成比例的变化，都将对能源消费产生影响。

$$e = E/Y \qquad (3-1)$$

式中，e 表示能源强度，E 表示某产业的能源消费量，Y 表示某产业的产出。在三次产业中，第二产业能源强度高于第一产业和第三产业的能源强度，尤其是第二产业中的工业，能源强度明显高于其他产业。凯伦·费舍尔-范登等（Karen 等，2006）和马修·科尔等（Matthew Acole 等，2008）对中国的研究表明，能源消耗和二氧化碳排放的组成中第二产业是最重要的，德巴布拉塔等（Debabrata 等，2001）通过研究44个发展中国家发现，农业发展促进二氧化碳排放减少，而工业比重增加促进二氧化碳排放增加的作用十分显著。这就是说，能源强度高的产业占比大时，总的能源强度就会增加，能源强度低的产业比重上升时，会导致总的能源强度下降。如果能源消费过度向工业尤其是重工业集中，工业比重即使只有很小幅度的变动，都会引起能源消费的大幅度增加或减少，表明产业结构变动对能源消费的效应是比较显著的（史丹，1999）。此外，不仅三次产业之间能源强度存在差异，重工业内部不同行业的能源强度也不一样，重工业内部，从采掘业到原材料工业再到重加工工业，其能源强度逐步递减，重化工业导致能源消耗增加和高碳排放的主要是重化工业的落后产能，如冶金、化工、建材和石化等部门，这些行业的落后产能对能源消耗的依赖程度高，因此，重化工业化进程中减少采掘业和原材料工业比重、发展资本和技术密集型的重加工工业，也将有效降低工业发展对二氧化碳排放的压力（中国社会科学院工业经济研究所课题组，2010）。由于不同产业的生产率水平和能源强度存在差异，不同的产业结构将导致不同的增长效率及能源消耗和二氧化碳排放，因此，产业之间的结构比例和组合关系，是影响碳达峰碳中和目标实现的重要因素。

二、"结构效应"假说

产业结构调整能够促进节能降碳，或者说，产业结构变动可以对能源强度产生影响，在理论上最初源于经济增长"结构红利"假说的启发。由于不同产业的生产率水平和能源强度存在差异，不同的产业结构将导致不同的增长效率及能耗排污状况，所以学者们借用刘易斯（Lewis，1954）的二元经济结构模型来阐释结构变化对节能降碳的作用机理。丹尼森（Denison，1967）及麦迪逊等（Maddison 等，1987）的研究指出，由于各部门的生产率水平存在差异,各部门增长速度也不同,当能源从生产率增长较慢的部门(或低生产率部门)向生产率增长较快的部门(或高生产率部门)转移时,会提高总的能源效率,而总生产率增长率超过各部门生产率增长率加权和的余额,就是结构变化对生产率增长的贡献(魏楚和沈满洪,2008)。

20世纪90年代,格罗斯曼和克鲁格(1993)研究贸易对环境带来的影响时提出了著名的"三大效应",即规模效应、结构效应和技术效应[①]。后来,"三大效应"被拓展到解释经济增长对环境质量的影响,如前所述,经济增长对环境的影响可分解为规模效应、结构效应和技术效应。

$$环境质量水平 = f(Q, S, T) \quad (3-2)$$

式中,Q表示经济规模,S表示经济结构,T表示技术效应。

规模效应是指经济增长、产出增加,将耗费更多的能源和资源,从而导致污染排放增加(见图3-4a)。结构效应是指经济发展过程中产业结构的改变对污染排放产生影响,这种影响表现为环境质量随着产业结构演进先恶化后改善。在工业化初期,产业结构对环境的影响表现为环境污染加重,在工业化后期,随着第三产业的发展,环境污染向减轻的方向发展(见图3-4b)。技术效应是指由于技术进步,提高了生产过程中的能源使用效率和污染控制能力从而使环境质量持续改善(见图3-4c),既包括清洁生产技术的使用也包括投

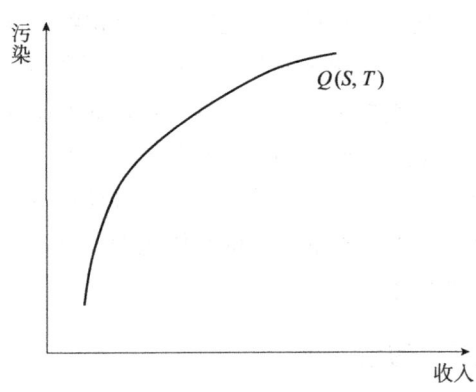

图3-4a 规模效应

资料来源:钟水映,简新华. 人口、资源与环境经济学[M]. 北京:科学出版社,2007:251. (图3-4b、图3-4c同)

---

① 需要说明的是,格罗斯曼和克鲁格(1993)讨论的结构效应指的是人力资本密集产业与物质资本密集产业的转变,进一步讨论请参看科普兰和泰勒(Copeland和Taylor,2004)。

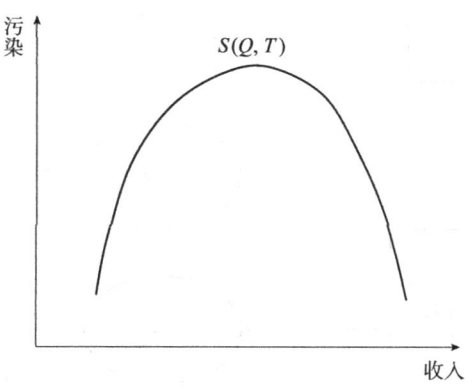

图 3–4b 结构效应

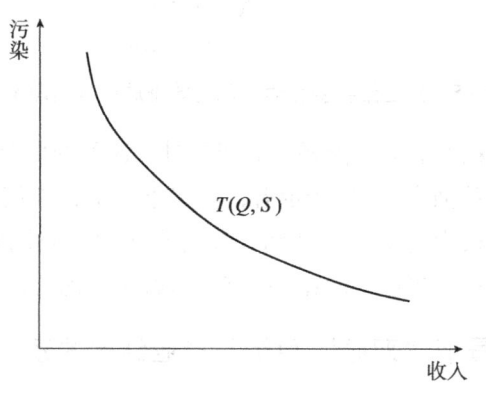

图 3–4c 技术效应

入产出效率的提高。在一个国家或地区经济发展的早期,产出的增加和产业结构重型化将导致污染排放量的迅速增长,规模效应起决定性作用,随着经济发展水平的提高,产业结构优化升级,技术效应和结构效应的积极作用将超过规模效应的负面影响,环境质量趋好。经济增长过程中环境质量变化方向是这三种效应共同作用的结果,取决于经济增长的规模效应与结构效应和技术效应的对比(钟水映等,2007)。

格罗斯曼和克鲁格的研究不仅阐释了产业结构调整促进节能降碳的机理,而且还构建了一个将产业结构、产出增长、技术进步以及能源消耗和二氧化碳排放纳入同一个逻辑分析框架的理论模型(见图3–5),成为能源环境经济学刻画和阐释产业结构变化影响节能减排最常用的理论框架。

无论是"结构红利"假说还是"结构效应",都表明,在一定的条件下,

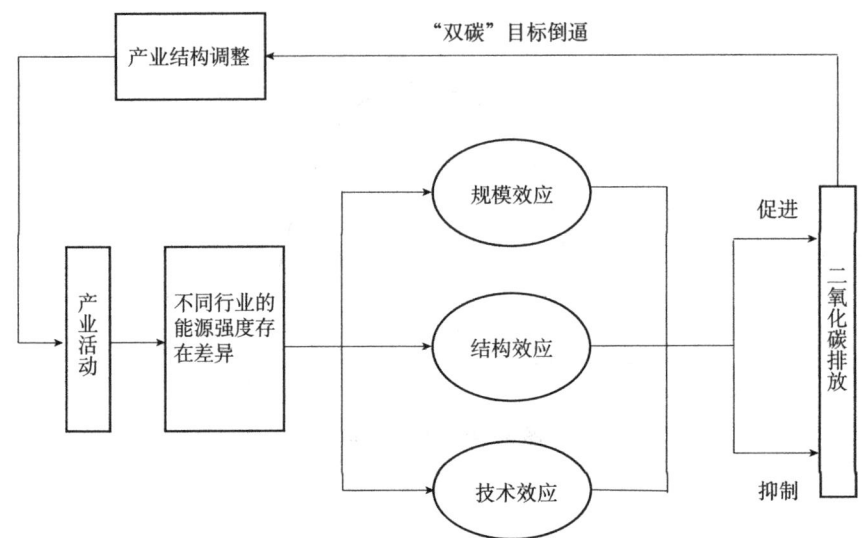

图 3-5 产业结构变化对二氧化碳排放影响的理论模型

当产业结构从高能耗产业向低能耗产业变化时，这种变化会降低经济整体的能源强度（或污染排放强度）。这暗示着，一定条件下，人们可以通过产业结构调整来降低经济增长中的能源消耗和二氧化碳排放。我国曾经实施的"退二进三""淘汰低端落后产能"等结构调整策略就是以此为依据的。

三、理想情景下"双碳"目标与产业结构关系

根据前文分析，基于碳库兹涅茨曲线模型假设和产业结构演进的一般方向，随着工业化的推进，产业结构的变化趋势表现为高耗能产业（高碳产业）比重不断下降而绿色低碳产业（中碳产业和低碳产业）比重不断上升，这种结构变化将促进二氧化碳排放总量的减少。在工业化初中期，石化、钢铁、化工、金属等高耗能行业是工业化快速推进的主力军，也是二氧化碳排放的"大户"，二氧化碳排放量随着快速工业化而上升，产业规模是促进二氧化碳排放增加的关键因素，经济增长与二氧化碳排放处于"未脱钩"状态，直到碳达峰。随着工业化由初中期向后期乃至后工业化发展，高耗能、高排放产业的主导地位让位于绿色低碳产业，经济增长与二氧化碳排放逐步脱钩，产业结构的这种明显变化促使二氧化碳排放总量大幅降低，直到碳中和（见图 3-6）。

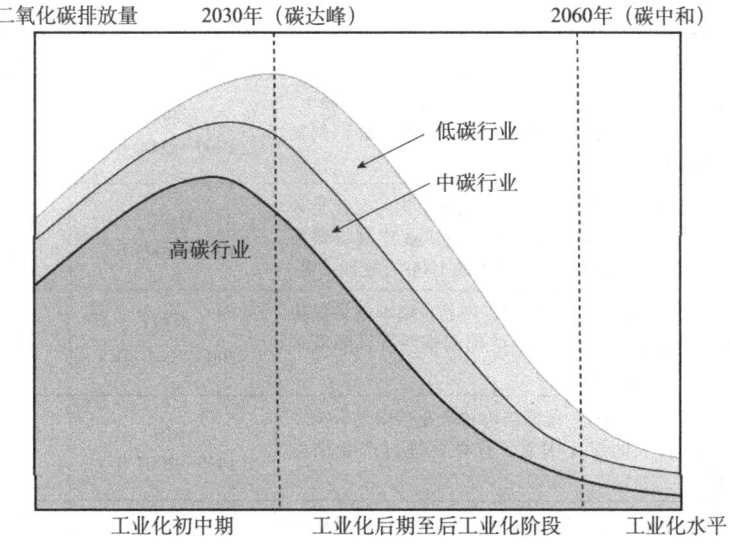

图3-6 "双碳"目标与产业结构关系的理想情景

第四节 "结构效应"假说争论
——基于实证研究的综述

"结构效应"假说阐释了产业结构调整促进节能降碳的可能性,许多学者用实证研究支持了这种可能性,但也有研究得出了相反的结论。事实上,关于能源消费(或二氧化碳排放)的决定性因素是技术的还是结构的,一直存在较大争议。本书在收集和学习百余篇国内外文献的基础上,汇总了"结构效应"实证分析的主要研究(见表3-11)。

表3-11 对产业结构节能减排效应的争论

	代表性研究及其结论	研究对象和时段	研究方法
结构效应显著	Kambara(1992)、Richard等(1999):产业结构的变化尤其是工业与服务业的此消彼长是能源消耗的主要因素	美国 (1958—1993年)	回归分析法
	史丹(1999):产业结构变动是影响我国能源消费的主要因素	中国 (1980—1997年)	回归分析法

续表

	代表性研究及其结论	研究对象和时段	研究方法
结构效应显著	Ayres 等（2007）：产业结构没有良性调整前提下，其他各种手段改善能源利用效率均不能够得到良好的效果	美国（1900—2000 年）	回归分析法
	齐志新等（2007）：工业内部轻重结构的变化是导致能耗强度变化的主要因素，重工业比例每增加一个百分点，则能源消费增加约 1000 万吨标准煤	中国（1993—2005 年）	指数分解法（拉氏）
	郭广涛等（2008）：在技术、产品价格等条件保持不变的情况下，通过产业结构调整便可以降低单位 GDP 能耗 2.7%	中国（2005—2010 年）	结构分解法
	陈诗一等（2010）：能源结构和产业结构是影响二氧化碳排放的重要因素，有必要进行产业结构调整	中国（1995—2007 年）	指数分解法（LMDI）
	张雷和李艳梅等（2011）：产业结构对中国低碳经济发展的贡献可能达到 60%	中国（1997—2002 年）	产业结构—能源消费关联模型
	王玉燕（2011）：产业结构优化对能源效率具有显著正向作用，从长期来看，产业结构的贡献最大	中国（1978—2009 年）	Granger 因果检验模 VAR
	郭朝先（2012）：产业结构对减少二氧化碳排放贡献率在 10%—20%	中国（1996—2009 年）	指数分解法（LMDI）
	朱永彬等（2013）：与美欧日相比，我国产业结构演变的减排贡献分别为 40%、32%、28%	中国（1978—2010 年）	Markov 模型
	王文举等（2014）：产业结构调整对于降低二氧化碳排放强度的贡献度在 60% 左右	中国（1995 年、2000 年、2005 年）	结构分解法
结构效应不显著	Ang 等（1997）：在二氧化碳排放系数、制造业结构、能源结构、部门能源强度 4 个影响因素中，部门能源强度在促进二氧化碳排放强度降低上的贡献最大，其他 3 个因素的贡献都非常小	中国大陆（1981—1990 年）中国台湾（1981—1993 年）韩国（1981—1993 年）	指数分解法（LMDI）
	Chatterjee 和 Han（1997）：产业结构的变化使得 9 个国家二氧化碳排放量增加	9 个发展中国家（1972—1990 年）	结构分解法
	Alcontara 和 Duarte（2004）：强度效应和需求效应是不同国家间能源利用效率存在差异的主要原因	欧盟内的国家（1995 年）	结构分解法
	王玉潜（2003）：产业结构的调整对降低能源消费强度的作用是负面的	中国（1987—1997 年）	结构分解法
	韩智勇等（2004）：1993 年以后经济结构的变化反而使得能耗上升	中国（1980—2000 年）	指数分解法（LMDI）

续表

	代表性研究及其结论	研究对象和时段	研究方法
结构效应不显著	Wu 等（2005）：中国二氧化碳排放下降的主要原因是工业部门劳动生产率增速减慢和能源强度的降低引起，而结构调整的减排效应不显著	中国（1996—1999 年）	指数分解法（LMDI）
	齐志新等（2006）：技术进步始终是能源强度下降的决定性因素，而结构调整的影响很小	中国（1980—2003 年）	指数分解法（拉氏）
	吴巧生等（2006a）：大多数年份，产业结构调整没有起到降低能源消耗强度的作用	中国（1980—2004 年）	指数分解法（拉氏）
	Lan 等（2007）：能源强度对二氧化碳排放减少贡献最大，而排放系数以及能源结构和产业结构的变化贡献很小	中国（1998—2005 年）	指数分解法（LMDI）
	Fan 等（2007）：在影响二氧化碳排放的四个因素（能源强度、产业结构、排放系数、能源结构）中，能源强度是主要因素，某些时段结构因素还抑制了二氧化碳排放的减少	中国（1980—2003 年）	指数分解法（LMDI）
	Charles Lewis 等（2008）：能源强度、出口水平和最终需求是二氧化碳排放重要的影响因子，产业结构调整的作用很小	中国台湾（1989—2004 年）	结构分解法
	李国璋等（2008）：技术进步是中国能源强度变动最主要的因素	中国（1995—2005 年）	指数分解法（LMDI）
	林伯强等（2014）：技术进步是能源强度下降的最大推动力	中国（2003—2010 年）	指数分解法和生产理论分解
其他	刘再起等（2010）：各国产业结构变化对二氧化碳排放强度的影响程度和影响方向都不一	美国、日本、德国、法国、英国、俄罗斯及中国（1990—2004 年）	回归分析法
	Minihan 和 Wu（2011）：减排政策通过调整经济结构发挥作用，具有间接性和长期性，而且不同类型的结构调整产生的效果也不同	北爱尔兰地区（2005 年）	结构分解法
	史丹等（2017）：制造业产出结构优化调整具备较大的节能减排潜力，但需要各种投入要素进行联动配套及资本存量要素的产能利用率	中国（2003—2015 年）	非线性规划技术；超越对数生产函数模型；数据包络分析技术
	顾阿伦和何崇恺等（2016）：产业结构因素对二氧化碳排放的作用随着产业划分的粗细程度的不同而不同	中国（1980—2010 年）	指数分解法（LMDI）

续表

	代表性研究及其结论	研究对象和时段	研究方法
其他	唐晓华等（2016）：技术和结构这两种因素，并不是谁重要谁次要的关系，而是谁的作用时间长、谁的作用时间短的差别	中国（1993—2013年）	指数分解法（LMDI）；Geweke 因果检验法
	李斌等（2017）：产业结构升级对二氧化碳排放的影响具有"门槛效应"，在门槛值之前，产业结构升级对碳减排的作用不明显，甚至促进二氧化碳排放增加，门槛值之后，产业结构升级对减少二氧化碳排放的作用才显著	中国（2005—2014年）	空间杜宾模型

资料来源：作者自制。

神原达（Tatsu Kambara，1992）、理查德等（Richard 等，1999）等研究最早指出，产业结构的变化尤其是工业与服务业的此消彼长是影响能源消耗的主要因素，艾尔斯（Ayres，2007）认为，在产业结构没有得到良性调整的前提下，各种改善能源利用效率的手段均不能取得良好的效果，我国学者史丹（1999）运用回归分析得出的结论也支持了艾尔斯的观点，其认为，我国在能源弹性系数较小的条件下实现高速经济增长，主要是经济结构的变动降低了单位 GDP 的能源消耗。魏楚和沈满洪（2008）、张雷等（2011）、郭广涛等（2008）、郭朝先（2012）、王文举和向其凤（2014）的研究，不仅用不同的方法论证了产业结构变动对提高能源效率和促进二氧化碳排放减少的贡献，还进一步测算了产业结构调整的节能减排潜力。如魏楚和沈满洪（2008）认为，"退二进三"的产业结构调整能够在一定程度上改善能源效率，如果第二产业结构比重下降1%，则能源效率将提高 0.14%—0.16%；张雷等（2011）认为，2020 年中国二氧化碳排放强度可降低 48%，产业结构调整对节能减排的贡献率达 60%；郭朝先（2012）的研究发现，产业结构效应对减少二氧化碳排放的平均贡献在 10%—20%，而且高耗能产业比重上升导致产业结构效应为正，比重下降导致产业结构效应为负；王文举、向其凤（2014）认为，产业结构调整对二氧化碳排放强度降低的贡献率可达 60% 左右。

与此同时，也有学者提出了质疑，他们认为，技术进步、部门或企业生产率的改善以及需求效应等对提高能源效率或减少二氧化碳排放的作用更为显著，产业结构变动的节能减排效果微乎其微，甚至还可能为负。还有学者基于对中国大陆（1981—1990 年）、中国台湾（1981—1993 年）和韩国

(1981—1993 年)的考察认为,在二氧化碳排放系数、制造业结构、能源结构、部门能源强度 4 个影响因素中,部门能源强度促进二氧化碳排放强度降低的贡献最大,其他 3 个因素的贡献都非常小(Ang,1997);刘兰翠等(Lan 等,2007)认为,对二氧化碳排放减少贡献最大的是能源强度,而排放系数以及能源结构和产业结构变化贡献很小;王玉潜(2003)、范毅等(Fan 等,2007)、吴巧生和成金华(2006a)的研究甚至发现,在某些时期,产业结构变动促进了二氧化碳排放的增加,产业结构调整成为节能降碳的抑制性因素。

还有学者从国别差异、行业细分、作用时间等方面,就技术和结构的作用,进行了更为深入的分析。米尼汉和吴志明(Minihan 和 Wu,2011)的研究认为,从短期看,减排政策可通过调整相对价格直接影响经济体系,而通过调整经济结构发挥减排作用,具有长期性;顾阿伦和何崇恺等(2016)指出,产业结构变化对二氧化碳排放的作用随着产业划分的粗细程度不同而不同;唐晓华等(2016)的研究表明,技术和结构这两种因素,并不是谁重要谁次要的关系,而是谁的作用时间长、谁的作用时间短的差别;李斌等(2017)认为产业结构升级对二氧化碳排放的影响具有"门槛效应"。

对于技术效应大于结构效应的发现,学者们也进行了多种解释,主要有以下考虑:一是研究时间长短的问题。一般的实证研究时间跨度大多较短(10年左右),而产业结构变迁的速度比较缓慢,产业结构变化对能源消耗或二氧化碳排放的决定性作用很难在较短的时间内观察到,相反,技术进步在短时期内效果则比较明显(齐志新等,2007)。二是研究行业划分的问题。限于数据的可获得性,现有研究对产业划分都比较宽泛,一些研究表明,行业划分越细,结构因素对能源消费或二氧化碳排放强度下降的积极影响就越显著(顾阿伦、何崇恺、吕志强,2016),因此王群伟(2008)认为,结构因素可能被低估。三是经济发展阶段的问题。有学者指出,技术进步的作用大而结构因素影响小,主要针对的是工业化国家,对发展中国家不一定适用。也有学者认为,工业化不同阶段,产业结构效应的程度和方向也存在差异,工业化初期,结构演进引起能源消费加速的效应明显,进入工业化后期,结构演进的能源消费减速效应开始明显(郭朝先,2012)。

总体来说,大多数研究认为,产业结构变动与能源消费、能源强度和二氧化碳排放存在相关关系,但对这种相关关系是线性的或非线性的、正向或反向的以及效应的强弱、作用时间的长短等,存在分歧。综合这些研究,我们认为，研究结论之所以大相径庭，原因在于研究方法、研究时段、研究地区、数据定义以及产业划分的详细程度等的不同（黄勤等，2015），产业结构和能源利用之间有着复杂的内部关系，从一个较长时期来看，"退二进三""去重就轻"的产业结构调整能够在一定程度上改善能源效率、促进节能降碳，但是，技术进步、能源消费结构以及资本深化等因素的影响不可忽视。因此，早在我国开展节能减排之初就有学者指出，通过产业结构调整优化来提高能源效率，是一个立足于长远的政策手段，我们不能期望在短时间内收到立竿见影的效果（齐志新等，2007）。《国家应对气候变化规划（2014—2020年）》中明确将调整产业结构作为控制温室气体的第一条措施，但必须认识到，依靠产业结构调整来实现节能降碳，这是我国的长期战略，绝不可能一蹴而就。

经过总结分析，我们可以得到一些结论与启示。产业结构变化对资源环境的影响，具有复杂性、层次性、差异性。关于产业结构变化与资源环境的关系，不能笼统地下结论。行业细分程度、观察时段的不同，产业结构变化对资源环境的影响方向、作用程度等都不一样。在产业结构变化中工业内部结构变动对资源环境的影响方向最为复杂，难以一言以蔽之。主要考虑到以下三个方面：

一是工业化对资源环境本身具有双向作用。一方面，工业消耗资源，影响环境，面临资源环境约束；另一方面，只有提高工业化水平，发展更发达、更先进、更精明的工业，才能更有效利用资源，解决工业化和生态文明建设的资源瓶颈和环境问题。

二是工业化具有阶段性。工业内部结构演变有"三化"——重化工业化、高加工度化和技术集约化，其中，高加工度化和技术集约化无疑有利于促进资源节约和环境保护，但重化工业化显然是与节能降碳要求的产业结构"轻型化"相悖的。因此，一说到节能降碳，就笼统地要求工业结构高级化或工业升级，这个说法是不严谨的。

三是重化工业内部具有层次性。同样是重化工业，但不同细分行业的资源环境属性和要素密集程度存在较大差异，在重化工业内部，采掘业、原材料工业与重加工工业，三个行业的能源消费强度和环境污染排放强度是不一样的，从大到小依次为：采掘业＞原材料工业＞重加工工业。因此，在工业内部，不仅要注意轻重工业的比重，而且还要看重化工业的内部结构，发展资本技术密集型的重加工业，有利于促进节能降碳。

第五节　产业结构调整优化的"三种方向"

前面分析表明，从人类历史的进程看，相对于农业社会而言，工业化无疑是消耗资源、影响环境最大的，服务化相对于工业化而言，则有利于资源节约和环境保护，在工业内部，重工业是能源消耗和二氧化碳排放"大户"，重型产业结构不利于节能降碳。不同行业不同的能源消耗强度和污染物排放强度决定了结构变化对资源环境的影响不同。如此，资源环境约束下产业结构调整优化的方向非常明了，那就是三次产业结构之间的"服务化"和工业内部的"轻型化"。但是，前面的实证分析也在提示我们，结构效应发挥作用，是一个相当漫长的历史过程，不可能一蹴而就。因此，我们提出和区分产业结构调整优化的"三种方向"。

一是"一般方向"，即经典工业化理论中的产业结构高级化方向，表现为工业化、服务化以及工业内部的重化工业化、高加工度化和技术集约化，这是经济学家们通过对发达国家工业化经验总结得出的趋势性判断，我们称之为产业结构演进（或工业化）的"一般方向"或产业结构高级化"一般趋势"，也是产业结构调整优化的经济逻辑。

二是"理想方向"，指资源环境约束下产业结构向着清洁、低碳、绿色方向发展。根据环境库兹涅茨曲线假说，在工业化初期，产业结构对环境的影响表现为环境污染加重，到了工业化后期，随着第三产业的发展，环境污染向减轻的方向发展。在国际社会，进入工业化后期，通过"服务化"和"轻型化"实现节能降碳，这主要是针对经济发展已经摆脱对化石能源依赖即实现了所谓的"脱钩"的少数发达国家而言，对于我国及大多数国家而言，尚不具备像发达国家依靠服务业和战略性新兴产业发展来实现节能降碳的条件。特别是我国自然资源禀赋决定了煤炭是最主要的能源，以煤为主的能源结构将在当前和相当长时期内存在，我国仍然处于化石能源时代的巅峰时期，同时，我国工业化和重化工业化具有长期性、特殊性。正因为如此，我们将这种通过产业结构"服务化""轻型化"实现节能降碳的方向称为"理想方向"。长远来看，"理想方向"与"一般方向"是一致的，但是，这需要一个较长时期，在某个特定历史阶段比如工业化初中期，快速的重化工业化对资源环境的影响一般表现为负效应。

三是"现实方向",指特定区域产业结构变化方向,这是产业结构演进"一般趋势"和区际分工客观现实以及特定区域资源环境承载能力共同作用的结果,是区域发挥比较优势和实现特定区域目标的现实选择,因此,我们称之为产业结构调整优化的"现实方向"。特定时期特定区域的"现实方向"可能与"一般方向"和"理想方向"不尽一致。

在概念上区分这"三种方向",意味着,产业结构演进的"一般趋势"为我们判断一个国家或地区产业结构是否合理、是否先进提供了一个逻辑框架和经验参考,但不是唯一的、静态的依据,任何一个区域产业结构优化升级,都受到特殊区情和发展阶段的影响,都不是发达国家工业化道路的简单重复;同时,"退二进三""去重就轻"的产业结构调整,对促进资源节约和环境保护有着正向作用,但是,就特定区域而言,产业结构有着自己的内在要求,不能单纯为了节能减排而违背区际分工的客观性,人为地改变或设计产业结构,不同区域的产业结构调整更要立足区情,尊重规律,因地制宜。

本章小结

1. 资源环境与产业结构关系的理论研究内容丰富、体系庞大,其脉络可以从两个方向把握。一条是资源消耗、污染排放对产业结构形成和演变的影响,另一条则是产业结构变动对资源消耗或污染排放的影响。第一条脉络的研究中,大多数是通过考察资源环境对经济增长的影响,比如纳入资源环境因素的增长理论,从而刻画资源环境对产业结构的作用;第二条脉络是针对产业结构变化对资源环境的影响展开研究。本书主要沿着第二条脉络进行研究,即着重研究产业结构变动对资源环境的影响。从研究的结论来看,由于产业结构的层次性、产业结构衡量、自然资源价值和污染排放核算自身的复杂性,以及研究时段和研究方法等的不同,多数假说或理论的合理性、通用性及应用性,都存在着广泛争论。

2. 资源环境与产业结构的双向互动关系表现为,一方面,资源环境对产业结构的形成和演变产生影响,资源环境是产业结构形成的重要物质基础,资源供给的数量质量、环境的质量影响着产业结构的形成演变,可能对经济增长、产业结构发展带来约束；另一方面，不同的产业因为有着不同的资源路线和不同的环境影响属性，因而产业结构的变动反过来对资源环境产生重要影响。纵向来看，经济发展或工业化不同阶段，产业结构对资源环境的影响方向和程度不一样，正如环境库兹涅茨曲线所揭示的一样；横向来看，产业结构内部，即产业间的比例和组合关系对资源消耗和环境保护有着直接影响。因此，调整优化产业结构可能降低能源消费、污染物和二氧化碳排放强度。

3. 从产业或部门角度考察污染排放或能源消费影响因素的研究有很多，其中比较成熟并具有广泛影响力的莫过于格罗斯曼和克鲁格（1993）提出的"三大效应"理论框架。与一般的相关性分析计量模型不同，该理论将产业结构、产出增长、技术进步以及污染排放纳入同一逻辑分析框架，因而成为能源环境经济学刻画和阐释产业结构变化影响节能减排最常用的理论框架。

4. 产业结构变化对资源环境的影响，具有复杂性、层次性、差异性。本章基于百余篇文献分析发现，关于产业结构变化对资源环境的影响，不能笼统地下结论。行业细分程度、观察时段的不同，产业结构变化对资源环境的影响方向、作用程度等都不一样。在产业结构变化中工业内部结构变动对资源环境的影响方向最为复杂，实证研究关于能源消费或二氧化碳排放的决定性因素是技术的还是结构的，存在较大争议。总的来看，大多数研究认为，"退二进三""去重就轻"的产业结构调整能够在一定程度上改善能源效率、促进节能降碳，但这是一个较长时期作用的结果，在这个过程中，不能忽视技术进步、能源消费结构以及资本深化等因素的影响，甚至在短期，这些因素的作用更为明显。可见，"结构效应"发挥作用，是一个相当漫长的历史过程，不可能一蹴而就。因此，要正确认识"结构效应"。

5. 产业结构调整优化要区分三种方向：一是"一般方向"，即经典工业化理论中的产业结构高级化方向，表现为工业化、服务化以及工业内部的重化工业化、高加工度化和技术集约化等，这是经济学家们通过对发达国家工业化经验总结得出的趋势性判断，我们将这种纯经济学意义上结构变动方向称为"一般方向"或产业结构高级化"一般趋势"，产业结构调整优化的"一般方向"，其目的主要是使产业结构与资源、技术以及需求等结构呈现一种相适应的状态，而并没有考虑资源环境承载力对产业结构的约束关系。二是"理想方向"，指资源环境约束下产业结构向着清洁、低碳、绿色方向发展。根据环境库兹涅茨曲线假说，在工业化初期，产业结构对环境的影响表现为环境污染加重，到了工业化后期，随着第三产业的发展，环境污染向减轻的方向发展。

从国际社会看，进入工业化后期，通过服务化和轻型化的结构优化实现节能降碳，主要是那些经济发展已经摆脱对化石能源依赖的少数发达国家或地区，对大多数国家或地区，这个条件尚不具备，所以我们称之为"理想方向"。三是"现实方向"，指特定区域产业结构变化方向，这是产业结构演进"一般方向"和区际分工客观现实以及特定区域资源环境承载能力共同作用的结果，是区域发挥比较优势和实现特定区域目标的现实选择，因此，我们称之为产业结构调整优化的"现实方向"。长远来看，产业结构本身就是朝着更节约、更有效利用资源和更有利于环境保护的方向在演进，"一般方向"与"理想方向"具有一致性，当然，这是一个漫长的历史过程。

第四章

产业结构变动的资源环境效应研究方法述评

产业结构与资源环境是一个复杂的有机体。自 20 世纪 70 年代以来,人们不断寻求从产业结构角度对能源消费和污染物、二氧化碳排放的影响因素进行量化的方法,经过近 50 年的发展,已形成了比较成熟的方法体系和技术路线。本章专门对研究方法展开研究,梳理和比较产业结构变动对资源消耗和污染物、二氧化碳排放影响的研究方法(简称"结构效应"研究方法),旨在为本书实证分析提供方法。

第一节 "结构效应"研究方法及其文献概览

一、"结构效应"研究方法概述

从国际上看,20 世纪 70 年代石油危机爆发,引发了人们对能源消费增长因素的密切关注,能源经济、环境经济研究开始从产业或部门层面寻找对能源消费、污染排放影响因素进行量化的方法。经过几十年的发展,能源消费和二氧化碳排放影响因素分解的方法和技术日渐成熟。目前,对能源消费和二氧化碳排放的影响因素进行分解的方法主要有两种:指数分解法(IDA)和结构分解法(SDA)。其基本思想都是通过对能源消费和二氧化碳排放进行因素分解,在多种因素中找出产业结构影响的方向和程度。

从国内来看，关于产业结构对能源消费和污染物、二氧化碳排放影响的定量研究，最早主要是运用相关性分析方法，进入21世纪后，随着国家对节能减排的日益重视，特别是"十一五"我国首次把资源环境约束性指标纳入考核后，利用指数分解法和结构分解法对我国进行实证研究的文献大量涌现。目前，"结构效应"研究方法主要有三大类：相关性分析方法、指数分解方法和结构分解方法。

二、基于研究方法的文献概览

以"研究方法"为主线、以"产业划分层次"为副线，将产业结构变动对能源消费和二氧化碳排放影响的文献汇总如下（见表4-1）。从研究方法看，目前定量研究的方法有三类：相关性分析、指数分解和结构分解；从研究的对象——产业划分的层次来看，主要有三次产业或"三部门"（包括将第二产业再细分为工业和建筑业的"四部门"）、"六部门"（农业、工业、建筑业、交通运输仓储和邮电通信业、批发和零售贸易餐饮业以及非物质生产部门）、多部门、轻重工业以及制造业内部四位数产业。此外，从研究的空间范围看，大多数文献考察的是国家或国家内部的行政区，只有极少数是以跨国（如欧盟）和跨行政区（如我国的东北地区、西部地区）为研究范围的。

表4-1　产业结构变动对能源消费或二氧化碳排放影响的相关文献

方法 层次	相关性分析法	指数分解法		结构分解法	其他
		拉氏指数分解法	迪氏指数分解法		
三部门	路正南（1999） 史丹（2003） 张丽峰（2005） Zhang（2011） 于左等（2011） 王玉燕（2011） Liu等（2011） 李健等（2012） 吴振信等（2012） 邱新国等（2015）	齐志新等（2006） 吴巧生等（2006b）	Ang（1997） Liu L C等（2007） Fan（2007） 韩智勇等（2004） 李国璋等（2008） 林伯强等（2014） 张宏艳等（2016） 黄勤等（2017）	Leontief（1972） Miller等（1985） Chang等（1998） Alcontara（2004） 李景华（2004） 郭广涛等（2008） Minihan（2011）	张雷等（2008） 张雷等（2011）
五部门	—	—	顾阿伦和何崇恺等（2016）	—	—

续表

方法\层次	相关性分析法	指数分解法		结构分解法	其他
		拉氏指数分解法	迪氏指数分解法		
六部门	史丹（1999）	吴巧生等（2006a）	欧育辉等（2007） 高振宇等（2007） 王群伟等（2008） 陈诗一等（2010）	王文举等（2014）	—
多部门	—	Zhang Z X（2003）	Greening（2004） Wang 等（2005） 郭朝先（2010） 郭朝先（2012） 施凤丹（2008） 韩颖等（2010） 顾阿伦、何崇恺等（2016）	Liaskas 等（2000） 王玉潜（2003） 梁进社等（2007） 李艳梅等（2008） 焦翠红等（2015） 张捷等（2015） 顾阿伦、吕志强（2016） 叶彬等（2017） 张恪渝等（2017）	刘卫东等（2010） 朱永彬等（2013） 吴常艳等（2015）
轻重工业	—	齐志新等（2007）	顾阿伦等（2016）	—	
制造业	唐晓华等（2016）	—	刘小丽等（2022）		郭朝先（2014） 史丹（2017）
四位数行业	黄亮雄等（2012）	—	—	—	潘毅凡（2020）
其他	吴巧生等（2005） 李斌等（2017） 张晨露等（2022）	—	周鸿等（2005） 宋德勇等（2009） 袁伟彦等（2022）		

注：①产业结构变动对能源消费和二氧化碳排放影响的文献非常之多，本表主要从研究方法的角度选取了部分文献；②因篇幅所限，本表只列出了署名第一的作者姓名，署名第二及之后的作者姓名未列出，敬请谅解；③"四部门"研究的文献一并统计在"三部门"研究的文献中，没有专门列出。

资料来源：作者自制。

第二节 相关性分析方法

在我国，早期关于产业结构对能源消费和二氧化碳排放影响的研究，主要采用的是相关性分析方法。即采用常规统计分析方法，包括回归分析、灰色关联度分析模型以及格兰杰因果检验模型等，以能源消费或二氧化碳排放为被解释变量，以产业结构变动、经济增长、技术进步等为解释变量，分析能源消费或二氧化碳排放与这些因素的关联性，找出主要的解释原因（史丹，1999；路正南，1999；Talukdar 和 Meisner，2001）。近年来，随着研究视野的拓展和计量方法的进步，相关性分析方法在数据处理、变量选取、模型构建等方面取得了新的进展。在数据处理方面，对产业结构变动的幅度、维度等进行了更细致的测量。在传统产业结构分析基础上，魏楚、沈满洪（2008）的研究将结构调整划分为行业结构、工业结构、产权结构、要素结构和能源结构五种；黄亮雄等（2012）通过构建工业四位数产业结构调整指数用来描述产业结构调整幅度；唐晓华和刘相锋（2016）构建了产业结构合理化指数和产业结构高级化指数；于斌斌（2017）从产业结构调整的幅度与质量两个维度进行实证考察。在计量方法上，一些研究采用动态空间面板模型实证考察产业结构调整对节能减排的影响，如黄亮雄等（2012）、于左和孔宪丽（2011）、王玉燕（2011）以及邱新国和谭靖磊（2015），等等。吴振信、谢晓晶、王书平（2012）基于东、中、西部地区 30 个省（区、市）1997—2009 年的面板数据，对中国二氧化碳排放和产业结构的关联关系进行了分析，还有一些研究将空间因素纳入相关性分析，利用空间计量模型，不仅从全国层面，而且从区域层面对产业结构升级的节能减排效应进行实证分析，如于斌斌（2017）、李斌和张晓冬（2017）等。在模型构建上，李健和周慧（2012）强调，二氧化碳排放强度和产业结构的关联度数字本身并不是关键，不同产业与二氧化碳排放量关联度大小的排序才是重点，因而，灰色关联分析方法更能满足这样的分析目的。相关性分析只能对长期因果关系进行描述和预测，难以从内在机理上刻画变量的因果联系。

第三节　指数分解方法

一、指数分解方法的基本原理和技术

指数分解方法（IDA）的基本原理是，通过构造链式乘积形式的恒等式，建立起能源消费、二氧化碳排放以及经济产出、人口、政策等因子的联系，把

能源消费（或二氧化碳排放）变化（或强度或弹性）拆分成几种效应——一般有规模效应、结构效应、技术效应等，然后运用特定的分解技术，从中找出产业结构变化对节能减排的影响方向和影响程度。

上述过程中，有两个关键环节。一是构建一个包含经济、能源消费和二氧化碳排放的恒等式；二是寻求一个最优的分解技术。

首先，构建一个包含经济、能源、二氧化碳排放的恒等式。这个既是 IDA 方法的关键环节之首，也是其存在和应用的理论基础。在近半个世纪的研究中，埃利希等（Ehrlich 等，1971）、加野洋一（Kaya，1989）、格罗斯曼和克鲁格（Grossman 和 Krueger，1993）等学者对此作出了开创性贡献，奠定了指数分解方法的理论基础。早在 20 世纪 70 年代，埃利希等（1971）在分析人类经济活动对环境的影响时首次提出了 IPAT 方程，之后，日本学者加野洋一（1989）提出的著名的 Kaya 恒等式，为二氧化碳排放影响因素研究所广泛采纳，具体公式如下：

$$C = \frac{C}{E} \times \frac{E}{GDP} \times \frac{GDP}{P} \times P \qquad (4-1)$$

其中，C 表示二氧化碳排放量，E 表示能源消费总量，GDP 为国内生产总值，P 为人口数量。

同时，格罗斯曼和克鲁格（1993）研究贸易对环境带来的"三种效应"成为构建能源消费（污染排放）恒等式的经典依据之一。还有学者把能源消费变动分解为经济产出、结构变动和能源强度三种效应（Sun，1998；Ang 和 Lee，1994，1996；Greening 等，1997）。经济产出效应，又称为经济规模效应，指由于经济产出增长引起的能源消费变化，结构效应包括产业结构效应和能源结构效应，产业结构效应指各个产业产出在总产出占比变化所引起的能源强度变化，能源结构效应是指不同能源消费量占比变化所引起的能源强度变化；强度效应是指部门由于技术进步提高了能源使用效率和污染控制能力而对能源消费的影响，也称为技术效应。

参考高振宇等（2007）的研究，构建恒等式的具体思路如下：

先假设能源消费等于不同产业能源消费之和，然后设定公式如下：

E = 全部能源消费；

E_i = 第 i 个部门或产业的能源消费；

Y = 总产出水平；

Y_i = 第 i 个部门或产业的产业增加值；

S_i = 第 i 个部门或产业的产业增加值占总产出水平的比重（$= Y_i/Y$）；

I = 总能源消费强度（$= E/Y$）；

I_i = 第 i 个部门或产业能源消费强度。

则有：

$$E = \sum_i E_i = \sum_i Y \times \frac{Y_i}{Y} \times \frac{E_i}{Y_i} = \sum_i Y \times S_i \times I_i \quad (4-2)$$

$$I = E/Y = \sum_i S_i \times I_i \quad (4-3)$$

能源消费从第 0 期到第 T 期的变动，用"加和分解"和"乘法分解"两种方法分解，即：

$$\Delta E_{tot} = E^T - E^0 = \Delta E_{act} + \Delta E_{str} + \Delta E_{int} + \Delta E_{res} \quad (4-4)$$

$$D_{tot} = E^T/E^0 = D_{act} \times D_{str} \times D_{int} \times D_{res} \quad (4-5)$$

式（4-4）为加和分解法。将能源消费变动分解成四个部分相加的总和。ΔE_{act}、ΔE_{str}、ΔE_{int}、ΔE_{res} 分别表示加和分解下的产出效应、结构效应、效率效应和分解余项。其中，ΔE_{act} 为经济产出效应或经济规模效应，ΔE_{str} 代表结构效应，ΔE_{int} 为强度效应，ΔE_{res} 为无法用以上三种效应分解的部分。

式（4-5）是乘法分解法。将能源消费变动分成四个部分相乘的结果。其中，ΔD_{act}、ΔD_{str}、ΔD_{int} 和 ΔD_{res} 分别表示乘法分解下的产出效应、结构效应、强度效应和分解余项，含义同加和分解的 ΔE_{act}、ΔE_{str}、ΔE_{int}、ΔE_{res}。

其次，是具体的分解技术。对式（4-4）和式（4-5）右侧每一项乘子权重选择的差别决定了不同分解技术，具体有拉氏指数分解法（Laspeyres Index Decomposition Analysis）与迪氏指数分解法（Divisia Index Decomposition Analysis），拉氏指数分解法和迪氏指数分解法各又分为"加和分解"和"乘法分解"两类，由此，迪氏指数分解法包括算术平均迪氏指数法（Arithmetic Mean Divisia Index，AMDI）与对数平均迪氏指数法（Log Mean Divisia Index，LMDI）。根据 Ang（2004），指数分解方法的具体技术方法如图 4-1 所示。拉氏指数分解法主要应用于 20 世纪 70 年代末、80 年代初，但由于乘法分解关系很难割裂，分解不完全，现在已经很少被使用。而迪氏指数分解法经过 Ang 等能源经济学家的努力，已经形成了一个比较完善的分解框架，应用更为广泛，特别是 LMDI 由于具有时间可逆、因素可逆、聚合性和零值稳健等良好性质，成为目前最为广泛应用的一种分解方法。

在指数分解技术的设计和改进方面，Ang 和 Choi（1997）最早提出了完全分解的方法，此后，经过 Ang 与 Liu 和 Zhang 等人合作研究，加和分解和乘法

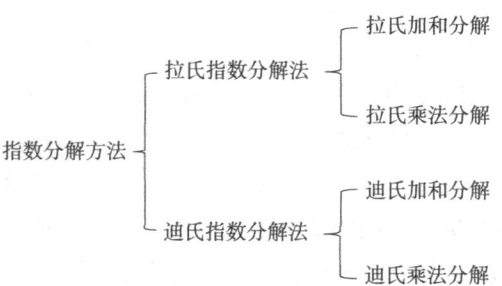

图 4-1　指数分解方法的具体技术

分解的方法逐渐得到完善，具体参考 Ang（1998，2001）。

二、指数分解方法的应用

许多学者利用指数分解方法对能源消费和二氧化碳排放的影响因素进行了研究。Ang 等（1997）最早运用 LMDI 模型对中国大陆、中国台湾和韩国的制造业二氧化碳排放进行了实证分析，张忠祥（Zhang Z X，2003）基于改进的拉氏加和分解方法，计算了我国 1990—1997 年工业能源消费情况，格林宁等（Greening 等，2004）运用 LMDI 模型分析了 10 个 OECD 国家主要产业二氧化碳排放强度，王志强等（Wang 等，2005）运用 LMDI 模型对中国 1957—2000 年二氧化碳排放变化的因素进行实证分析，陈诗一（2010）运用 LMDI 法分析了 1995—2007 年六部门结构变化对二氧化碳排放的影响，吴巧生、成金华（2006a）基于 1980—2004 年数据，运用拉氏指数分解法，研究了六部门结构变化对能源消费强度的影响，郭朝先（2010，2012）分别对中国 1995—2007 年、1996—2009 年的二氧化碳排放进行分解，分析 44 个行业结构变动对二氧化碳排放变动的影响，并估算了未来中国产业结构变动对二氧化碳减排的贡献，唐晓华和刘相锋（2016）采用 1993—2013 年数据，对制造业结构优化对能源利用效率的影响进行了分析，顾阿伦、何崇恺、吕志强（2016）利用 LMDI 方法，采用 1980—2010 年数据，分析了 33 个细分行业的结构变动对二氧化碳排放及排放强度的影响。林伯强和杜克锐（2014）结合指数分解法和生产理论分解法的优点，提出了一个综合分解框架，并以中国 2003—2010 年各地区数据为样本，运用该框架对能源强度变化的驱动因素进行了实证分析。后来考虑到现有指数分解法的局限性，例如因素之间存在着形式上的相互依赖性以及至多只能考察一个绝对量因素等，Vaninsky（2014）提出采用广义迪氏指数分解法（Generalized Divisia Index Method，GDIM）来研究影响二氧化碳排放因素问题，近几年得到应用。邵帅等（2017）采用 GDIM 模型考察了 1995—2014 年制造业碳排放演变的驱动因素；闫庆友等（2017）基于京津冀地区 2006—2015 年相关碳排放数据，利用 GDIM 模型研究了京津冀地区碳排放的主要影响因素并量化其贡献率；马晓君等（2019）利用 GDIM 方法分析了 2000—2016 年中国工业碳排放的驱动因素；李治国等（2019）考察了山东省 2000—2016 年制造业碳排放的驱动因素，等等。总体来看，目前采用 LMDI 模型研究产业结构影响能源消费或二氧化碳排放的文献较多。

第四节　结构分解方法

一、结构分解方法的基本原理和技术

结构分解方法（SDA）是基于投入产出技术发展起来的一种分析方法。该方法以投入产出表为基础，推导出分行业的能源使用结构及二氧化碳排放结构，将能源消费和二氧化碳排放变化分解为结构效应（Structure Effect）、强度效应（Intensity Effect）和生产效应（Production Effect），该方法往往将投入产出技术与线性规划、多目标规划等方法相结合，通过建立多目标投入产出线性优化模型，分析未来产业结构调整最优方案与最大碳减排潜力，在投入产出平衡经济系统内寻求节能减排与经济增长双赢的产业优化路径。从其理论渊源和技术演进来看，列昂惕夫（Leontief，1941，1953）、钱纳里（Chenery，1962）、钱纳里和赛尔昆（Chenery 和 Syrquin，1975）以及迪岑巴赫和洛斯（Dietzenbacher 和 Los，1998，2000）等都作出了许多有价值的贡献。

结构分解方法的基本原理是，将影响能源消费变化的因素分解为中间需求调整、技术进步和最终需求变动之和，即假设：能源消费变化 = 最终需求效应 + 中间需求效应 + 技术效应（梁进社等，2007）。

推导过程如下：

设定：Q 代表能源消费量，A 代表直接消耗系数矩阵，I 为单位矩阵，Y 代表国内最终需求列向量，E 为净输出列向量，R 为单位总产出能耗列向量，则有：

$$Q = R^T(I - A)^{-1}(Y + E) \qquad (4-6)$$

式（4-6）表明能源消费总量依赖于产业能源单耗、产品中间需求和最

终需求。以 0 代表基期，以 t 表示目标期，则能源消费增长为：

$$\Delta Q = Q_t - Q_0 = R_t^T(I - A_t)^{-1}(Y_t + E_t) - R_0^T(I - A_0)^{-1}(Y_0 + E_0)$$
(4-7)

上式的分解可以有两种形式，其一为：

$$\Delta Q = R_t^T[((I - A_t)^{-1} - (I - A_0)^{-1})(Y_t + E_t) + (R_t^T - R_0^T)(I - A_0)^{-1}$$
$$(Y_t + E_t) + R_0^T(I - A_0)^{-1}((Y_t + E_t) - (Y_0 + E_0))]$$ (4-8)

其二为：

$$\Delta Q = R_0^T[(I - A_t)^{-1} - (I - A_0)^{-1}](Y_t + E_t) + (R_t^T - R_0^T)(I - A_t)^{-1}$$
$$(Y_t + E_t) + R_0^T(I - A_0)^{-1}[(Y_t + E_t) - (Y_0 + E_0)]$$ (4-9)

结合之，得：

$$\Delta Q = 0.5(R_t^T + R_0^T)[(I - A_t)^{-1} - (I - A_0)^{-1}](Y_t + E_t)$$
$$+ 0.5(R_0^T - R_t^T)[(I - A_t)^{-1} + (I - A_0)^{-1}](Y_t + E_t)$$
$$+ R_0^T(I - A_0)^{-1}[(Y_t + E_t) - (Y_0 + E_0)]$$ (4-10)

由于式（4-8）和式（4-9）发生的可能性均为 0.5，因此，式（4-10）表示的是一种平均状况，它的右边的第一项又可以写成：

$$0.5(R_t^T + R_0^T)\{[(I - A_t)^{-1} - I] - [(I - A_0)^{-1} - I]\}(Y_t + E_t)$$
(4-11)

式（4-10）说明能源消费变化为最终需求、中间需求和技术进步的变化引起的。

基于节能降碳的产业结构调整优化，本质上是在保证一定经济增长的情况下尽量将能源消费与二氧化碳排放控制在一定的范围。因此，可以运用传统的多目标线性规划模型的范式，对不同目标和约束条件下产业结构调整的空间和潜力进行模拟、测算。

二、结构分解方法的应用

列昂惕夫和福特（Leontief 和 Ford，1972）最先采用投入产出分析技术，测算了美国能源消费和污染排放，并提出能源控制政策建议。米勒和布莱尔（Miller 和 Blair，1985）利用投入产出分析技术对产业活动中能源投入和污染排放进行了分析，利亚斯卡斯等（Liaskas 等，2000）运用 SDA 方法研究了欧盟产业结构对二氧化碳排放的影响，还有学者运用 SDA 分析了欧盟国家之间能源利用效率差异的主要原因（Alcontara 和 Duarte，2004）。王玉潜（2003）运用投入产出分析技术，建立能源消费强度的投入产出和因素分析模型，将影响能源消费的因素分解为最终需求变动因素和技术进步因素，并分析了中国能源消费强度 1987—1997 年十年间变动的原因，郭广涛等（2008）通过自行编制的西部地区能源投入占用产出表，以节能降耗、劳动者收入增长和经济增长为目标，以生产能力、劳动力和投入产出基本关系作为约束，构建了西部地区能源投入—产出多目标优化模型；焦翠红和李秀敏（2015）以东北地区为对象，基于 2007 年区域投入产出表，构建了多目标投入产出优化模型，模拟和估计经济增长和节能减排双重目标下的最优产业结构；张捷和赵秀娟（2015）运用投入产出模型和多目标规划技术，模拟分析了为实现碳减排目标，广东省产业结构优化的方向和路径；张恪渝、廖明球、杨军（2017）基于最新的投入产出表，构建了行业的能源结构消耗矩阵和二氧化碳排放结构矩阵以及产业结构优化模型，探究了节能减排约束下中国 2020 年产业结构调整方案。刘云枫等（2018）基于 EORA 数据库，利用结构分解方法，分析了碳排放强度等 4 项驱动因素对 1980—2013 年中国每年二氧化碳排放变化的影响。林伯强等（2020）通过构建全球能源投入产出数据库，采用结构分解法对 2000—2014 年间全球能源效率变动进行了研究。潘晨等（2022）基于 Kaya 恒等式和多区域投入产出表，利用结构分解分析方法，研究了 1997—2017 年中国各省份二氧化碳排放的主要驱动因素。

第五节　指数分解法和结构分解法的比较

指数分解法（IDA）和结构分解法（SDA），都是把产业结构作为影响能源消费和二氧化碳排放的因素之一，通过对能源消费和二氧化碳排放进行分解，从而了解产业结构变动对能源消费和二氧化碳排放的影响和贡献，是目前最常用的两种方法，但指数分解法从产业结构角度出发，结构分解法则更侧重于需求结构的角度，其基本原理和理论基础各不相同，因此两种方法的适用范围、应用难易有所差异，也都各有利弊。

SDA 的优点是，依托投入产出分析技术，用矩阵形式揭示了经济系统各部分（中间消耗、最终需求、原始投入）之间的数量依存关系，经济学含义明确，数量关系清晰，对影响要素如最终需求、国际贸易等也有更细的分析，因此，成为行业间能源消费计算的有效框架，而且，该方法基于投入产出分析，还可以进一步建立多目标投入产出线性优化模型，分析产业结构调整最优方案与最大碳减排潜力，所以不仅可作历史分析，还可以提出未来优化方向和路径。但是其缺点是，数据要求严格，适用范围受限。SDA 方法需要投入产出表数据作为支撑，而投入产出表都是基于行政区编制的，因此，SDA 方法一般限于以行政区为对象的研究，目前运用 SDA 方法分析能源消费或二氧化碳排放影响因素的文献，大多是以一个国家或一个省（区、市）为对象，研究跨行政区问题面临着没有投入产出表的困难[①]。从具体技术看，SDA 模型在测算结果的唯一性、因素权重的可比性、交互影响的分解方法等方面存在问题（李景华，2004）。

相比之下，IDA 方法的优点是，数据可获得性好、分解过程简单，易于应用，适用范围广。IDA 只需使用部门加总数据，数据可获得性较高，特别适合分解含有较少因素、包含时间序列数据的模型，在能源—环境经济研究中得到广泛使用。从具体分解技术看，由于 LMDI 在分解过程中可将交互项完全分解，结果唯一，满足因素可逆，并且可以在加和分解和乘法分解之间建立一定的关系，使两者可以实现互相换算，还可以比较恰当地处理非正数值，在指数分析法中应用最广。当然，IDA 方法的缺点是，只考虑直接需求变化，未考虑到产业之间复杂的关联（张洛渝，2015），忽略了部门间消耗数量或消耗结构变化对能源消费的影响，因此，难以对经济现象提供合理解释（林伯强，2014），不能对未来进行预测分析，因而不能回答如何对产业结构进行调整的问题。

指数分解法（IDA）和结构分解法（SDA）的比较见表 4-2。

表 4-2　　　　　　指数分解法 IDA 和结构分解法 SDA 的比较

	指数分解法（IDA）	结构分解法（SDA）
出发点	侧重于产业结构的角度	侧重于需求结构的角度
基本原理	通过构造恒等式和链式乘积的形式，分解多个影响因素，建立起二氧化碳排放与能源消费以及产出规模、人口、政策等因子的联系，由此分析产业结构变化对能源消费和二氧化碳排放的影响	以投入产出表为基础，推导出各行业能源消费结构及二氧化碳排放结构，由此分析产业结构对节能减排的影响，并结合线性规划方法，构建"经济—能源—二氧化碳排放"结构优化模型，由此预测未来产业结构调整最优方案与最大碳减排潜力

[①] 虽然国内也有研究团队通过自行编制投入产业表来研究跨行政区的能源消费，如郭广涛等（2008）曾设计编制中国西部 2004 年能源投入占用产出表，并以此为基础构建了西部能源投入占用产出多目标优化模型，但由于多方面的制约，该表基本上是专表专用，难以推广应用，况且，该表采用的是 2004 年数据，对本书也失去了借鉴意义。

续表

	指数分解法（IDA）	结构分解法（SDA）
理论基础	IPAT 方程，Kaya 恒等式，Grossman 和 Krueger（1993）	Leontief（1941，1953），Chenery（1962），Dietzenbacher 和 Los（1998；2000）
技术模型	算术平均拉式指数法 AMLI 对数平均拉式指数法 LMLI 算术平均迪氏指数法 AMDI 对数平均迪氏指数法 LMDI	环境投入产出模型，多目标投入产出线性优化模型
优点	适用范围广，特别适合分解含有较少因素、包含时间序列数据的模型，数据可获得性高	经济学含义明确，数量关系清晰；既可作历史分析，又可以对未来进行预测
缺点	难以对经济现象提供合理解释，主要用于历史经验分析，不能做预测分析	适用范围相对窄，对跨行政区研究不适用；测算结果的唯一性、因素权重的可比性、交互影响的分解方法等存在问题

资料来源：作者自制。

基于上述比较分析，本书采用指数分解方法中的对数平均迪氏指数法即 LMDI 模型进行实证研究。

本章小结

通过学习和梳理大量文献，本章分析了"结构效应"假说量化分析方法的原理、过程和应用。研究发现：经过几十年的发展，把产业结构、能源消费与二氧化碳排放纳入一个分析框架进行定量分析的方法日渐成熟。目前对能源消费和二氧化碳排放的影响因素进行分解的方法主要有两种：指数分解法（IDA）和结构分解法（SDA）。两者都是通过对能源消费和二氧化碳排放各种影响因素进行分解，在多种因素中找出产业结构影响的方向和程度。但两者的基本原理和理论基础各不相同，前者从产业结构角度出发，后者则更侧重于需求结构的角度，而且两种方法的适用范围、应用难易等也存在不同，两种方法各有利弊。结构分解法（SDA）的优点是，依托投入产出分析技术，经济学含义明确，数量关系清晰，不仅可作历史分析，还可以提出未来优化方向和路径，但缺点是数据要求严格，适用范围受限，一般限于行政区研究。相比之下，指数分解法（IDA）具有数据获得性好、分解过程简单的优点，特别适合分解含有较少因素、包含时间序列数据的模型，适用范围广，但缺点是未考虑到产业之间复杂的关联，因此，难以对经济现象提供合理解释，不能对未来进行预测分析。综合比较的结果是，指数分解法（IDA）中的对数平均迪氏指数法（LMDI）是目前环境经济、能源经济研究中最广为应用的一种方法。

第五章

西部地区产业结构演变历程和现状特征

基于上述产业结构调整优化理论分析,本章构建了包括传统产业结构和现代化产业体系"三层—四化"分析框架,"三层"指产业结构分析的层次,包括三次产业之间、工业内部行业之间、实体经济与虚拟经济之间三个层次,"四化"指产业结构分析的内容,即产业结构高级化、专门化、特色化和体系化。运用"三层—四化"分析框架考察西部大开发以来西部地区产业结构演变轨迹及现状特征,比较分析西部地区内部"四化"水平的空间差异性。

第一节 研究对象和框架

一、研究对象

根据2000年颁布的《国务院关于实施西部大开发若干政策措施的通知》规定的西部大开发政策的适用范围,我国西部地区包括重庆市、四川省、贵州省、云南省、广西壮族自治区、西藏自治区、陕西省、甘肃省、宁夏回族自治区、青海省、内蒙古自治区和新疆维吾尔自治区12个省(区、市),国土面积约686.7万平方千米,占全国国土面积的71.5%,2020年西部地区总人口

38284万人，占全国总人口的27.1%，GDP实现213291.9亿元，占全国GDP的21%，人均GDP约55713元。为凸显西部地区在全国的地位特征，做好区域对比，本章选取全国31个省市和除西部地区外其他三大板块作为比较对象，其中东部地区包括北京市、天津市、河北省、上海市、江苏省、浙江省、福建省、山东省、广东省、海南省10省（市），中部地区包括山西省、河南省、安徽省、湖北省、江西省、湖南省6省，东北地区包括黑龙江省、吉林省和辽宁省3省。

1999年9月党的十五届四中全会明确提出，国家要实施西部大开发战略，要求通过优先安排基础设施建设、增加财政转移支付等措施，支持中西部地区和少数民族地区加快发展。2000年10月党的十五届五中全会更是强调，要把实施西部大开发、促进地区协调发展作为一项战略任务，对此作了进一步部署，标志着西部大开发战略的实施全面启动。为与我国五年规划期相衔接，本章分析时段主要为西部大开发战略实施以来至今（2000—2020年），考虑数据可得性，部分内容的研究时段为2000—2015年。

二、"三层—四化"分析框架

根据前面的理论分析，传统产业结构包括三次产业之间和工业内部行业之间的关系，分析方法主要是经典工业化理论的结构分析方法。构建现代化产业体系要求处理好实体经济与虚拟经济的关系，所以本章构建起了分析西部地区产业结构的框架，即"三层—四化"分析框架，如表5-1所示。"三层"是指三个层面，是指从三次产业之间、工业内部不同行业之间以及实体经济与虚拟经济之间展开研究。"四化"是指高级化、专门化、特色化、体系化，其中高级化，指三次产业结构高级化和工业结构"三化"，包括三次产业结构比例、工业化水平以及重化工业化、高加工度化和技术集约化；专门化，指区域产业在全国或更高一级区域分工体系中的地位和作用，一定程度上揭示区域优势产业或主导产业发展水平；特色化，指具有区域特色或彰显区域比较优势的产业，在产业政策中也常常称为特色优势产业；体系化，特指党的十九大报告提出的"四位协同"产业体系，考察实体经济与虚拟经济的关系以及科技创新、现代金融以及人力资源等高端要素供给情况。所以本章主要分析是西部地区三次产业结构高级化，工业内部结构高级化、专门化和特色化，以及"四位协同"产业体系构建等内容。

表 5-1　　　　　西部地区产业结构"三层—四化"分析框架

	三次产业之间	工业内部行业之间	实体经济与虚拟经济之间
高级化	三次产业结构高级化水平，工业化水平	重化工业化，高加工度化，技术集约化水平	—
专门化	—	区域专门化水平	—
特色化	—	传统优势产业分析	—
体系化	—	—	"四位协同"产业体系

表 5-2 梳理总结了产业结构"四化"的研究方法和刻画指标，其中三次产业结构高级化、工业内部行业结构高加工度化、技术集约化、区域专门化等指标的计算方法和公式见第一章。工业化水平采用人均 GDP、城镇化率、工业增加值占 GDP 比重、第二产业占 GDP 比重。为体现空间特征，这里提出"区域实体经济指数"来表示区域现代化产业体系。所谓区域实体经济指数，指特定区域实体经济发展水平相对于全国的水平，即区域实体经济占该区域 GDP 的比例与全国实体经济占全国 GDP 的比例的比值。区域实体经济指数大于1，可以认为该区域实体经济发展相较全国平均水平更高；区域实体经济指数小于或等于1，则可以认为该区域实体经济发展比全国平均水平差或相当。根据实体经济三个层次，区域实体经济指数在理论上也可以用三个指标来衡量。

最广义的：

$$区域实体经济指数 = \frac{区域实体经济(R_2)增加值 / 区域 GDP}{全国实体经济(R_2)增加值 / 全国 GDP} \quad (5-1)$$

传统意义的：

$$区域实体经济指数 = \frac{区域制造业、农业、建筑业和其他工业增加值(R_1) / 区域 GDP}{全国制造业、农业、建筑业和其他工业增加值 / 全国 GDP} \quad (5-2)$$

最狭义的：

$$区域实体经济指数 = \frac{区域制造业增加值(R_0) / 区域 GDP}{全国制造业增加值 / 全国 GDP} \quad (5-3)$$

表 5-2　　　　　西部地区产业结构"四化"分析方法和指标

	刻画指标	计算方法	数据来源
高级化	三次产业结构高级化	三次产业增加值占 GDP 比重	直接来源于《统计年鉴》

续表

	刻画指标	计算方法	数据来源
高级化	工业化	人均 GDP、城镇化率、工业增加值占 GDP 比重、第二产业增加值占 GDP 比重	直接来源于《统计年鉴》
	重化工业化	轻重工业产值比例	需要做行业界定和整理
	高加工度化	粗加工和深加工行业产值比例	需要做行业界定和整理
	技术集约化	资本密集型产业产值与劳动密集型产业产值比例、高新技术产业产值与非高新技术产业产值比例	需要做行业界定和整理
专门化	区域专门化	区位熵	直接来源于《统计年鉴》
特色化	传统优势产业	产值	需要做行业界定和整理
体系化	"四位协同"产业体系	区域实体经济指数；科技创新、现代金融以及人力资源等指标	来源于《统计年鉴》和其他研究成果

因此，本章研究结构如下：第二节、第三节分别研究三次产业结构和工业内部结构现状特征问题，第四节研究产业结构专门化问题，第五节研究产业结构特色化问题，第六节研究产业结构体系化问题。

第二节 西部地区三次产业结构演变趋势和现状特征

一、西部地区三次产业结构变迁

西部大开发以来，西部地区经济快速发展，地区生产总值由 2000 年的 17326.44 亿元增加到 2020 年的 213292.3 亿元，年均增速 13.37%。伴随着经济规模的扩张，三次产业结构发生巨大变化。2000—2020 年，西部地区第一产业比重持续下降，由 2000 年的 21.3% 下降到 2020 年的 11.9%；第二产业比重由 2000 年的 38.7% 上升到 2011 年的 45.4%，达到最高点，之后持续下降，2020 年第二产业比重为 36.8%；第三产业比重持续上升，由 2000 年的 40% 上升为 2020 年的 51.3%，并于 2014 年超过第二产业（见图 5-1）。数据表明，西部地区产业结构层次大幅提升，三次产业结构符合产业结构高级化方向。

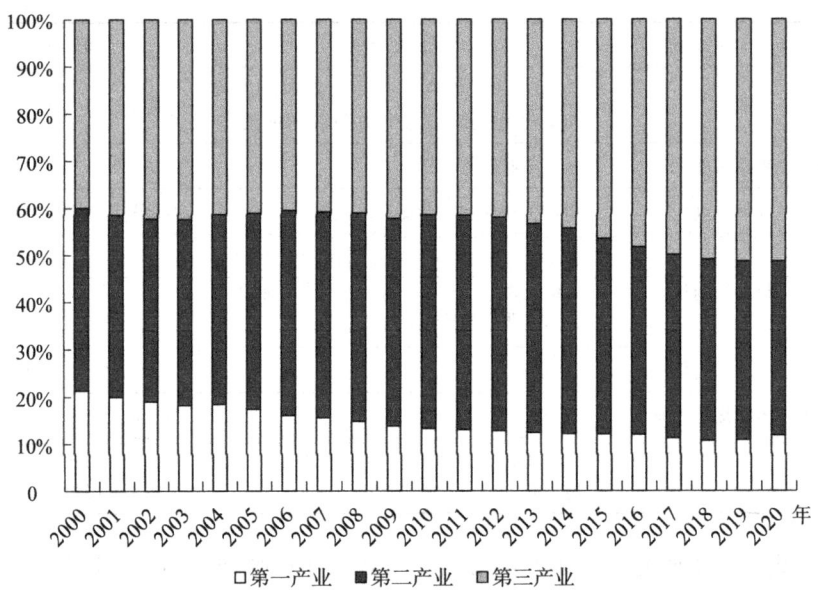

图 5-1 2000—2020 年西部地区三次产业结构演变轨迹

资料来源：根据西部地区 12 省（区、市）《统计年鉴》及 2020 年国民经济与社会发展统计公报整理得到。

从西部大开发以来的四个五年规划期来看（见表 5-3），"十三五"期末相对"十五"期初，西部地区第一产业比重减少了 8.13 个百分点，第二产业比重也减少近 2 个百分点，第三产业比重增加了 9.85 个百分点。分时期来看，"十五"时期第一产业比重从 20.01% 下降到 17.48%，下降了 2.53 个百分点；第二产业比重从 38.55% 上升到 41.45%，上升近 3 个百分点，第三产业比重有微幅下降。"十一五"时期西部地区第一产业占比持续下跌，下降了 2.73 个百分点，第二产业的上升幅度变小，上升了 1.84 个百分点，第三产业比重开始上升，变化了 0.9 个百分点。"十二五"时期西部地区第一产业比重下降变缓，第二产业比重由上升趋势变为下降趋势，下降了 4.11 个百分点，第三产业比重大幅上升，变化了近 5 个百分点。"十三五"时期西部地区第一产业比重略有下降，第二产业比重仍保持下降趋势，下降幅度变小，为 2.84 个百分点，第三产业占比持续上升，上涨了 3.02 个百分点。综上所述，西部地区三次产业结构最剧烈的变动发生在"十二五"和"十三五"时期，主要表现为第二产业和第三产业的此消彼长。

表5-3　　"十五"至"十三五"时期西部地区三次产业结构变化

		第一产业	第二产业	第三产业
"十五"时期	2001年	20.01	38.55	41.44
	2005年	17.48	41.45	41.07
	变化幅度	-2.53	2.90	-0.37
"十一五"时期	2006年	16.08	43.39	40.53
	2010年	13.35	45.22	41.43
	变化幅度	-2.73	1.84	0.90
"十二五"时期	2011年	13.06	45.41	41.53
	2015年	12.18	41.30	46.53
	变化幅度	-0.89	-4.11	4.99
"十三五"时期	2016年	12.06	39.67	48.27
	2020年	11.88	36.83	51.29
	变化幅度	-0.18	-2.84	3.02
2001—2020年	变化幅度	-8.13	-1.72	9.85

二、西部地区三次产业结构特征

如表5-4所示，2000年西部地区三次产业结构为21.3∶38.7∶40，全国为14.7∶45.5∶39.8，和全国相比，西部地区第二产业比重低，工业化水平落后。2014年，西部地区三次产业比重为12.3∶43.5∶44.3，第三产业比重首次超过第二产业比重，三次产业结构格局由"二三一"转变为"三二一"，虽然比全国转变的时间（2012年）晚了两年，但从数据上看，西部地区也实现了经济发展从第二产业主导到服务业主导的结构性转变，工业化进入新的阶段。2020年西部地区三次产业结构为11.9∶36.8∶51.3，与全国三次产业结构7.7∶37.8∶54.5的差距在不断缩小。

表5-4　　2000—2020年西部地区和全国的三次产业结构比较

年份	西部地区三次产业结构	全国三次产业结构
2000	21.3∶38.7∶40.0	14.7∶45.5∶39.8
2001	20.0∶38.5∶41.4	14.0∶44.8∶41.2
2002	19.0∶38.6∶42.3	13.3∶44.5∶42.2

续表

年份	西部地区三次产业结构	全国三次产业结构
2003	18.3:39.3:42.4	12.3:45.6:42.0
2004	18.5:40.2:41.3	12.9:45.9:41.2
2005	17.5:41.4:41.1	11.7:47.0:41.3
2006	16.1:43.4:40.5	10.6:47.6:41.8
2007	15.6:43.6:40.8	10.2:46.9:42.9
2008	14.9:44.1:41.0	10.2:47.0:42.9
2009	13.9:43.8:42.3	9.6:46.0:44.4
2010	13.9:45.2:41.4	9.3:46.5:44.2
2011	13.1:45.4:41.5	9.2:46.5:44.3
2012	12.8:45.1:42.0	**9.1:45.4:45.5**
2013	12.5:44.2:43.3	8.9:44.2:46.9
2014	**12.3:43.5:44.3**	8.6:43.1:48.3
2015	12.2:41.3:46.5	8.4:40.8:50.8
2016	12.1:39.7:48.3	8.1:39.6:52.4
2017	11.3:38.8:49.9	7.5:39.7:52.7
2018	10.8:38.3:50.9	7.0:39.7:53.3
2019	11.0:37.8:51.3	7.1:38.6:54.3
2020	11.9:36.8:51.3	7.7:37.8:54.5

资料来源：根据西部地区12省（区、市）及中国2021年《统计年鉴》及国民经济与社会发展统计公报整理得到。

2020年西部地区12省（区、市）三次产业结构均呈现"三二一"的结构层次（见表5-5）。虽然从数据上看都为"三二一"类型，但是12个省（区、市）工业化水平并不在一个层次。其中，四川省、甘肃省在2000—2020年产业结构经历了两次转变，四川省和甘肃省产业结构第一次转变节点都是在2004年，是从"三二一"转向"二三一"，甘肃省第二次转变节点是在2013年，四川省是在2015年，产业结构是从"二三一"转向"三二一"，虽然四川省、甘肃省起始点的产业结构都是"三二一"，但是意义不同，2000年第三产业占比高于第二产业占比，是四川省和甘肃省工业规模尚未形成、工业化水平较低所导致的，而2020年的第三产业占比高于第二产业占比，意味着四川省、甘肃省工业化达到了较高水平，进入了工业化中后期。除此之外的西藏自治区、青海省、内蒙古自治区、新疆维吾尔自治区、云南省、贵州省、广西壮族自治区、陕西省,从数据上看,到 2020 年第三产业占 GDP 比重均已高于第二产业占比,第三产业居于产业结构的主导地位,但是,这不能以此说明其工业化水平较高、已经实现了工业化,原因主要是第二产业发展不足,特别是工业规模小,所以这不是进入了工业化后期的表现,而是工业化水平较低的表现,尤其是西藏自治区、青海省和内蒙古自治区,从数量比例关系来看,其产业结构并没有经历从"二三一"到"三二一"的转变。其中西藏自治区 2000年第三产业比重高第二产业近 24 个百分点,2020 年还高 8 个百分点左右,21年间第三产业比重一直最高的;同样地,青海省 2000 年第三产业比重高第二产业超 23 个百分点,2020 年还高近 13 个百分点,2000—2020 年第三产业比重也一直是最高的;和青海省、西藏自治区一样地是,除 2012 年外,内蒙古自治区的第三产业比重也一直是最高的。

表 5-5　西部地区 12 省(区、市)三次产业结构类型及转变情况

省份	2020 年三次产业结构情况	"二三一"向"三二一"转变的时间
甘肃省	13.3:31.6:55.1	2013 年(2004 年)
重庆市	7.2:40.0:52.8	2008 年
四川省	11.4:36.2:52.4	2015 年(2004 年)
广西壮族自治区	16.0:32.1:51.9	2012 年
云南省	14.7:33.8:51.5	2005 年
新疆维吾尔自治区	14.4:34.4:51.3	2013 年
贵州省	14.2:34.8:50.9	2007 年
青海省	11.1:38.0:50.8	—
宁夏回族自治区	8.6:41.0:50.3	2014 年
西藏自治区	7.9:42.0:50.1	—
内蒙古自治区	11.7:39.6:48.8	—
陕西省	8.7:43.4:47.9	2019 年

注:括号里面的年份是"三二一"向"二三一"转变的时间,意味着该省份在 2000—2020 年经历了两次转变。

资料来源:根据西部地区 12 省(区、市)2021 年《统计年鉴》和国民经济与社会发展统计公报整理得到。

三、西部地区工业化水平分析

工业化水平和阶段是分析资源环境问题和产业结构调整优化需要考虑的一

个重要条件。因此，在三次产业结构分析的基础上，我们进一步对西部地区工业化水平及其内部差异进行研判。

关于我国工业化阶段和水平，黄群慧和李芳芳等（2017）运用工业化水平综合指数对我国和东中西工业化水平进行评价，结果表明，整体上看，我国2011年进入工业化后期，2015年后的工业化水平达到了工业化后期的后半阶段。更有综合测评表明，我国2020年已基本实现了工业化，但是工业化发展不平衡、不充分问题还很突出，主要体现在区域差异上。分区域看，东部地区工业化水平综合指数一直处于领先地位，其中，北京市和上海市已完成工业化，步入了后工业化阶段；中部地区2015年进入了工业化后期的前半阶段，而西部地区大多处于工业高速增长的工业化中期阶段，工业化水平低于全国水平。

本节借鉴钱纳里划分工业化阶段的指标（见表1-4），选择人均GDP、城镇化率、工业增加值占GDP比重、第二产业增加值占GDP比重4个指标，对全国31个省（区、市）、西部地区以及全国工业化水平进行评价，结果见表5-6、图5-2、图5-3和图5-4。

数据表明，2020年，西部地区人均GDP、城镇化率、工业增加值占GDP比重和第二产业增加值占GDP比重4个指标均低于全国水平，可见西部地区工业化水平远低于全国平均水平。

表5-6　　　　　　　2020年西部地区与全国工业化水平比较

	人均GDP（元）	城镇化率（%）	工业占GDP比重（%）	第二产业占GDP比重（%）
西部地区	55713	57.3	27.3	36.8
全国	72447	63.9	30.8	37.8

资料来源：根据西部地区12省（区、市）和中国2021年《统计年鉴》及国民经济与社会发展统计公报整理得到。

从西部地区内部看，12个省（区、市）之间工业化水平差距十分明显，其中4个指标均高于西部地区平均水平的省区有：重庆市、内蒙古自治区、陕西省3个省（区、市）；都低于西部地区平均水平的有云南省、贵州省、广西壮族自治区、新疆维吾尔自治区、甘肃省5个省（区）；四川省人均GDP、工业增加值占GDP比重高于西部地区平均水平，但城镇化率和第二产业增加值占GDP比重低于西部地区平均水平；青海省城镇化率和第二产业增加值占

第五章 西部地区产业结构演变历程和现状特征 113

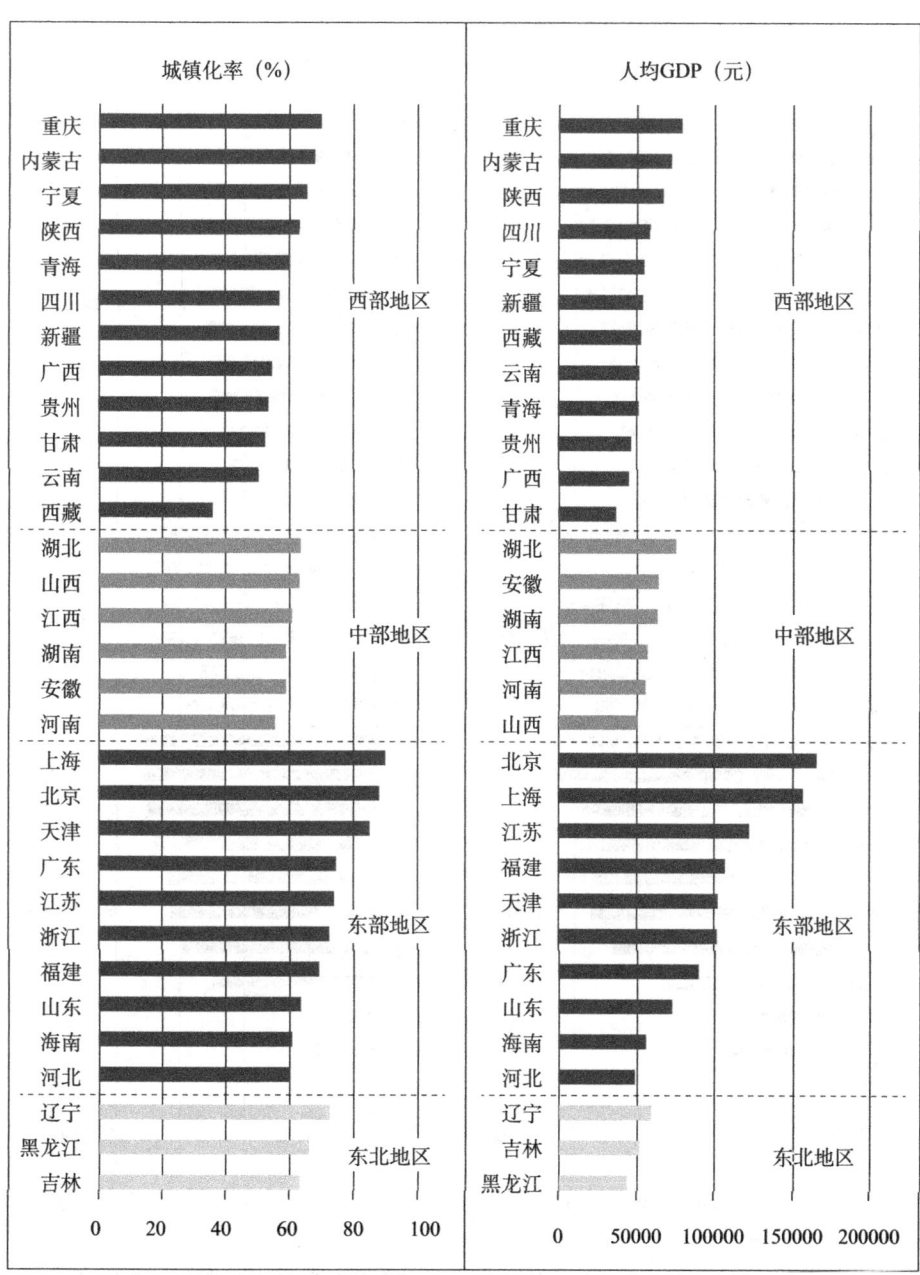

图 5-2 2020 年我国四大板块城镇化率和人均 GDP 比较

资料来源：根据 2021 年《中国统计年鉴》整理得到。

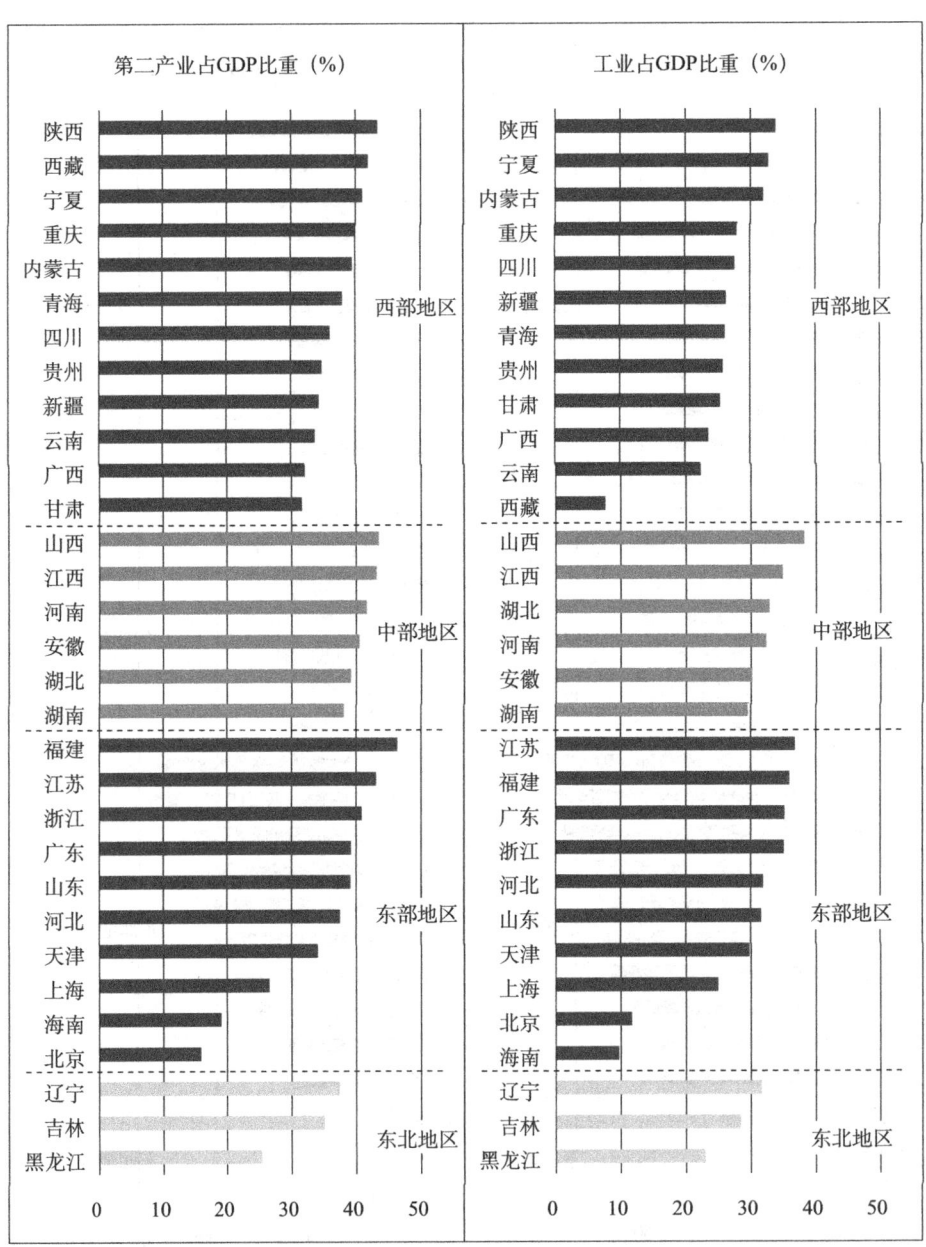

图 5-3　2020 年我国四大板块第二产业占 GDP 比重和工业占 GDP 比重比较

资料来源：根据 2021 年《中国统计年鉴》整理得到。

图 5-4　2000—2020 年西部地区 12 省（区、市）第二产业占 GDP 比重

资料来源：根据西部地区 12 省（区、市）2001—2021 年《统计年鉴》整理得到。

GDP 比重高于西部地区平均水平，但人均 GDP 和工业增加值占 GDP 比重低于西部地区平均水平；西藏自治区除第二产业增加值占 GDP 比重外，其余指标均低于西部地区平均水平。

为进一步了解西部地区 12 省（区、市）工业化水平，我们再对工业化水平变化趋势进行分析。本部分以 2000—2020 年西部地区 12 省（区、市）第二产业增加值占 GDP 比重变化趋势为主要依据（见图 5-4），再结合 2020 年人均 GDP、城镇化率以及 20 年间第二产业增加值占 GDP 比重的峰值，将西部 12 个省（区、市）的工业化水平由高到低划分为 4 个梯队。重庆市、陕西省、四川省为第一梯队，工业化水平是西部地区较高的，2000—2020 年，这些省份第二产业增加值占 GDP 比重经历"先增后降"的过程，且峰值都超过 45%，第二产业经历了较为充分的发展，与产业结构演进的一般规律一致，在西部地区 12 个省（区、市）中，人均 GDP、城镇化率水平较高，基本上进入了工业化后期。第二梯队包括甘肃省、新疆维吾尔自治区、宁夏回族自治区。20 年来，这些省份第二产业增加值占 GDP 比重呈现"先升后降"特征，且峰值均超过 45%，符合产业结构演变一般规律，但与第一梯队的省份相比，人均 GDP、城镇化率相对较低，目前处于工业化中期向工业化后期迈进的阶段。贵州省、广西壮族自治区、云南省属于第三梯队，其中贵州省和广西壮族自治区第二产业增加值占 GDP 比重经历"先增后降"，云南省第二产业增加值占 GDP 比重一直呈下降趋势，且最高值均未突破 45%，人均 GDP、城镇化率水平比较低，可以说，这些省份还处于工业化中期阶段。西藏自治区、青海省、内蒙古自治区属于第四梯队，西藏自治区和青海省第二产业增加值占 GDP 比重呈上升趋势，内蒙古自治区保持基本稳定，但 20 年间 3 省（区）产业结构一直处于"三二一"状态，第三产业占比始终高于第二产业，表明 3 省（区）第二产业发展滞后，工业化水平较低，尚处于工业化初期或初期向中期过渡的阶段。

综上所述，得到以下结论：第一，整体上看，我国已进入工业化后期并处于工业化深化阶段。第二，广大的西部地区是我国工业化深化的短板。西部地区工业化水平整体落后于全国平均水平，工业化水平还比较低，完成工业化尚需一个较长时间。这是认识西部地区资源环境问题和产业结构优化升级路径选择必须正视的区情。第三，西部地区内部发展不均衡，工业化水平差距较大。第一梯队省份第二产业发展比较充分，且人均 GDP、城镇化率水平较高，工业化水平远高于其他省份，基本上进入了工业化后期；第二梯队省份虽然第二产业发展比较充分，但是和第一梯队相比，人均 GDP、城镇化率水平相对较低，还处于工业化中期向后期迈进阶段；第三梯队和第四梯队的省份基本上还处于工业化初期或初期向中期过渡阶段。可见，西部地区大部分省份还处于工业化中期阶段。

第三节 西部地区工业结构特征

工业内部结构划分有多种方式,例如按轻重工业进行划分,按加工程度进行划分,还有基于要素密集程度进行划分的,等等。但是不管使用何种划分方式,在研究工业内部结构时,我们首先要做的工作是收集整理工业内部细分行业数据。考虑到这些行业数据来自《统计年鉴》,且在研究时段内《统计年鉴》统计口径不统一,所以还需要对不同时段的行业及其数据进行归并。因此,在分析工业内部行业结构之前,本节先用较大篇幅交代这些数据整理及归并的基础工作。

一、数据说明

(一) 行业定义

对工业内部结构进行分析,需要工业内部细分行业,即《统计年鉴》中两位数行业的数据(主要为工业增加值和工业总产值)。《中国工业统计年鉴》统计了工业两位数行业数据,但要获得所有两位数行业2000—2015年逐年的连续数据,就会遇到问题,原因是这一时期国家统计部门发布的工业两位数行业的统计口径不一致,从2000—2015年就有4个版本、4种口径。因此,需要对不同版本的细分行业进行归并、筛选,确定一个跨越16年的统一数据样本。

基本思路是:首先,列举和比较2000—2015年《统计年鉴》4个版本的两位数行业;其次,根据交集最大化原则和数据可获得性原则,对4个版本涉及的行业进行筛选,筛选结果作为研究对象。

表5-7列举和比较了2000—2015年《统计年鉴》4个版本的工业两位数行业分类。2000年及之前的《中国工业统计年鉴》工业两位数行业有24个(称为"2000版"),2001—2003年的《中国工业统计年鉴》有25个(称为"2001版"),2005—2011年有27个(称为"2005版"),2012年之后有41个(称为"2012版")。其中"2005版"较"2000版"和"2001版"少了普通机械制造业,增添了食品制造业、通用设备制造业、专用设备制造业、非金属矿采选业4个行业,2012年我国按照国际标准对工业行业进行了更详细的划

分，两位数行业个数增加为 41 个，"2012 版"年比"2005 版"增加了 13 个细分行业，其中大部分是新增加的细分行业，比如"16. 家具制造业""18. 印刷和记录媒介复制业""19. 文教、工美、体育和娱乐用品制造业"和"41. 水的生产和供应业"等，少部分是对 2005 年版本行业的进一步细分，如之前的交通运输设备制造业被细分为汽车制造业与铁路、船舶、航空航天和其他运输设备制造两个行业，纺织服装、鞋、帽制造业也被分成了纺织服装、服饰业与皮革、毛皮、羽毛及其制品和制鞋业两个行业。

表 5–7　2000—2015 年《统计年鉴》工业两位数行业分类的"4 个版本"

2000 版：24 个行业 （2000 年及之前）	2001 版：25 个行业 （2001—2003 年）	2005 版：27 个行业 （2005—2011 年）	2012 版：41 个行业 （2012—2015 年）
1. 煤炭开采和洗选业	1. 煤炭开采和洗选业	1. 煤炭开采和洗选业	1. 煤炭开采和洗选业
2. 石油和天然气开采业	2. 石油和天然气开采业	2. 石油和天然气开采业	2. 石油和天然气开采业
3. 黑色金属矿采选业	3. 黑色金属矿采选业	3. 黑色金属矿采选业	3. 黑色金属矿采选业
4. 有色金属矿采选业	4. 有色金属矿采选业	4. 有色金属矿采选业	4. 有色金属矿采选业
5. 农副食品加工业	5. 农副食品加工业	5. 非金属矿采选业	5. 非金属矿采选业
6. 酒、饮料和精制茶制造业	6. 食品制造业	6. 农副食品加工业	6. 开采辅助活动
7. 烟草制品业	7. 酒、饮料和精制茶制造业	7. 食品制造业	7. 其他采矿业
8. 纺织业	8. 烟草制品业	8. 酒、饮料和精制茶制造业	8. 农副食品加工业
9. 造纸和纸制品业	9. 纺织业	9. 烟草制品业	9. 食品制造业
10. 石油加工、炼焦和核燃料加工业	10. 造纸和纸制品业	10. 纺织业	10. 酒、饮料和精制茶制造业
11. 化学原料和化学制品制造业	11. 石油加工、炼焦和核燃料加工业	11. 纺织服装、鞋、帽制造业	11. 烟草制品业
12. 医药制造业	12. 化学原料和化学制品制造业	12. 造纸和纸制品业	12. 纺织业
13. 化学纤维制造业	13. 医药制造业	13. 石油加工、炼焦和核燃料加工业	13. 纺织服装、服饰业
14. 非金属矿物制品业	14. 化学纤维制造业	14. 化学原料和化学制品制造业	14. 皮革、毛皮、羽毛及其制品和制鞋业
15. 黑色金属冶炼和压延加工业	15. 非金属矿物制品业	15. 医药制造业	15. 木材加工和木、竹、藤、棕、草制品业
16. 有色金属冶炼和压延加工业	16. 黑色金属冶炼和压延加工业	16. 化学纤维制造业	16. 家具制造业
17. 金属制品业	17. 有色金属冶炼和压延加工业	17. 非金属矿物制品业	17. 造纸和纸制品业
18. 普通机械制造业	18. 金属制品业	18. 黑色金属冶炼和压延加工业	18. 印刷和记录媒介复制业
19. 专用设备制造业	19. 普通机械制造业	19. 有色金属冶炼和压延加工业	19. 文教、工美、体育和娱乐用品制造业
20. 交通运输设备制造业	20. 专用设备制造业	20. 金属制品业	20. 石油加工、炼焦和核燃料加工业
21. 电气机械及器材制造业	21. 交通运输设备制造业	21. 通用设备制造业	21. 化学原料和化学制品制造业
22. 计算机、通信和其他电子设备制造业	22. 电气机械及器材制造业	22. 专用设备制造业	22. 医药制造业
		23. 交通运输设备制造业	23. 化学纤维制造业
			24. 橡胶和塑料制品业
			25. 非金属矿物制品业
			26. 黑色金属冶炼和压延加工业
			27. 有色金属冶炼和压延加工业
			28. 金属制品业

续表

2000 版：24 个行业 （2000 年及之前）	2001 版：25 个行业 （2001—2003 年）	2005 版：27 个行业 （2005—2011 年）	2012 版：41 个行业 （2012—2015 年）
23. 仪器仪表制造业 24. 电力、热力生产和供应业	23. 计算机、通信和其他电子设备制造业 24. 仪器仪表制造业 25. 电力、热力生产和供应业	24. 计算机、通信和其他电子设备制造业 25. 电气机械和器材制造业 26. 仪器仪表制造业 27. 电力、热力生产和供应业	29. 通用设备制造业 30. 专用设备制造业 31. 汽车制造业 32. 铁路、船舶、航空航天和其他运输设备制造业 33. 电气机械和器材制造业 34. 计算机、通信和其他电子设备制造业 35. 仪器仪表制造业 36. 其他制造业 37. 废弃资源综合利用业 38. 金属制品、机械和设备修理业 39. 电力、热力生产和供应业 40. 燃气生产和供应业 41. 水的生产和供应业

资料来源：2000—2015 年《中国统计年鉴》。

根据以上 4 个版本的交集，并尽可能最大化利用数据，本书采用"2005版"的 27 个行业。理由是：其一，本节研究时段为 2000—2015 年，在该时段中 2005—2011 年间都是使用的"2005 版"，时间最长，这意味着，"2005 版"的 27 个两位数行业 2005—2011 年的数据可以直接在《统计年鉴》中获得，而 2000—2004 年和 2012—2015 年两个时间段的数据也可以通过加工处理间接得到，实现了数据采集和利用的最优化。其二，"2005 版"虽然比"2012 版"的行业少，但"2005 版"选取的 27 个行业具有较好的代表性。

（二）数据来源和处理

西部地区 27 个两位数行业工业总产值。直接来自 2001—2012 年《中国工业统计年鉴》和 2013—2016 年西部地区 12 个省（区、市）《统计年鉴》。

西部地区 27 个两位数行业工业增加值。西部地区 12 个省（区、市）《统计年鉴》中大多年份都没有工业增加值的数据，采用以下公式进行估算：

$$\text{西部地区某行业工业增加值} = \frac{\text{西部地区某行业工业总产值}}{\text{西部地区所有工业总产值}} \times \text{西部地区所有工业增加值} \quad (5-4)$$

全国 27 个两位数行业工业总产值。直接来自 2001—2016 年《中国工业统计年鉴》，由于 2005 年《中国工业统计年鉴》没有公布，所以 2004 年工业总产值数据采用《中国经济普查年鉴（2004）》公布的统计数据。此外，由于统计指标的调整，2011年后，国家不再统计工业总产值指标，只统计工业销售产值，所以2011年后工业总产值数据用工业销售产值数据代表。

全国27个两位数行业工业增加值。2011年之前用以下公式折算：

$$全国某行业工业增加值 = \frac{全国某行业工业总产值}{全国所有工业总产值} \times 全国所有工业增加值$$

(5-5)

2011年后采用以下公式估算：

$$全国某行业工业增加值 = \frac{全国某行业工业销售产值}{全国所有工业销售产值} \times 全国所有工业增加值$$

(5-6)

最后，对上述数据进行平减处理，消除物价因素引起的产值增长，平减指数采用以1978年为基期的CPI指数。

二、西部地区轻重工业结构分析

轻重工业界定。本书按照2012年国家统计局对轻重工业的划分标准和口径，以"2005版"的27个行业为样本，对轻重工业界定如表5-8所示。

表5-8　　　　　　　　西部地区轻重工业行业划分

轻重工业划分	两位数行业
轻工业 （9个）	1. 农副食品加工业；2. 食品制造业；3. 酒、饮料和精制茶制造业；4. 烟草制品业；5. 纺织业；6. 纺织服装、鞋、帽制造业；7. 造纸和纸制品业；8. 医药制造业；9. 化学纤维制造业
重工业 （18个）	1. 煤炭开采和洗选业；2. 石油和天然气开采业；3. 黑色金属矿采选业；4. 有色金属矿采选业；5. 非金属矿采选业；6. 石油加工、炼焦和核燃料加工业；7. 化学原料和化学制品制造业；8. 非金属矿物制品业；9. 黑色金属冶炼和压延加工业；10. 有色金属冶炼和压延加工业；11. 金属制品业；12. 通用设备制造业；13. 专用设备制造业；14. 交通运输设备制造业；15. 电气机械和器材制造业；16. 计算机、通信和其他电子设备制造业；17. 仪器仪表制造业；18. 电力、热力生产和供应业

资料来源：作者自制。

根据西部地区和全国工业总产值数据，计算得到西部地区和全国轻重工业比重，如图5-5、图5-6所示。总体来看，西部地区的重工业占比高，重型化程度高于全国平均水平。2015年，西部地区轻重工业比重为22.4∶77.6，全国为23.6∶76.4。

第五章　西部地区产业结构演变历程和现状特征　*121*

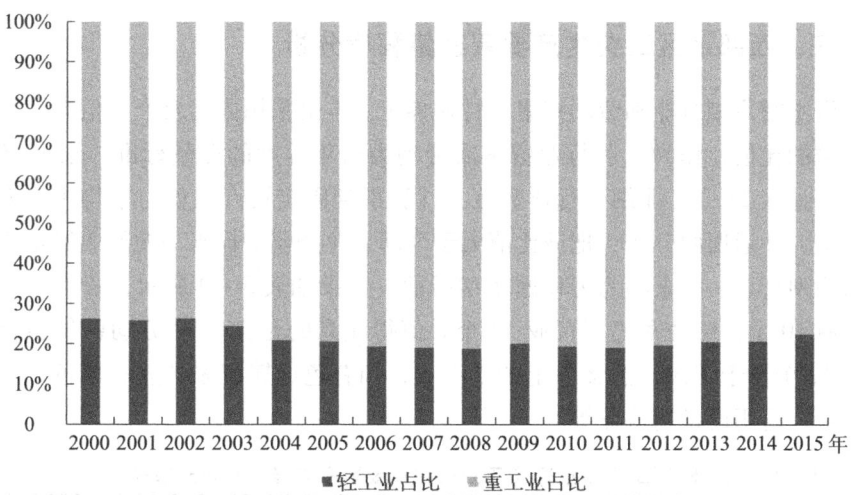

图 5-5　2000—2015 年西部地区轻重工业比重变化趋势

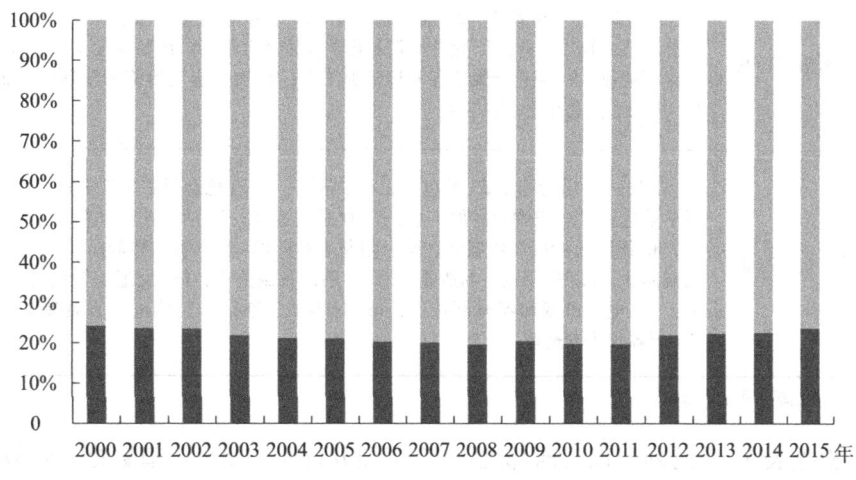

图 5-6　2000—2015 年全国轻重工业比重变化趋势

从变化趋势来看，2000—2015 年，西部地区轻重工业结构保持比较稳定态势。具体来看，轻工业占比呈现"先降后升"趋势，重工业占比呈现"先升后降"趋势，和全国变化趋势一致。但西部地区重工业占比一直较高，从 2000 年的 73.7% 上升到 2008 年的 81.2%，增长了 7.5 个百分点，且 2003 年以后，重工业占比一直高于全国平均水平，西部地区工业结构呈现重型化趋势。

三、西部地区工业生产要素密集程度分析

资本密集型行业和劳动密集型行业界定。本书采用固定资产原值与平均用工人数的比值，作为工业行业资本或劳动力密集程度的衡量标准。根据2015年西部地区27个工业细分行业数据，计算得到固定资产原值与平均用工人数的比值，并运用两分法，把该比值大于全部工业企业平均水平的行业界定为资本密集型行业，其余的为劳动密集型行业，结果如表5-9所示，资本密集型行业有10个，劳动密集型行业17个。值得注意的是，17个劳动密集型行业中有12个属于"统计意义"上的重工业，如有色金属矿采选业、黑色金属矿采选业、通用设备制造业等。

表5-9　2015年西部地区27个工业行业按要素密集程度的划分情况

行业类型	两位数行业
资本密集型行业	1. 石油和天然气开采业；2. 烟草制品业；3. 造纸和纸制品业；4. 石油加工、炼焦和核燃料加工业；5. 化学原料和化学制品制造业；6. 医药制造业；7. 化学纤维制造业；8. 黑色金属冶炼和压延加工业；9. 有色金属冶炼和压延加工业；10. 电力、热力生产和供应业
劳动密集型行业	1. 煤炭开采和洗选业；2. 黑色金属矿采选业；3. 有色金属矿采选业；4. 非金属矿采选业；5. 农副食品加工业；6. 食品制造业；7. 酒、饮料和精制茶制造业；8. 纺织业；9. 纺织服装、鞋、帽制造业；10. 非金属矿物制品业；11. 金属制品业；12. 通用设备制造业；13. 专用设备制造业；14. 交通运输设备制造业；15. 电气机械和器材制造业；16. 计算机、通信和其他电子设备制造业；17. 仪器仪表制造业

资料来源：作者自制。

根据表5-9的划分以及西部地区27个细分行业工业总产值数据，计算得到2000—2015年资本密集型行业和劳动密集型行业占比情况，结果如图5-7所示。2015年西部地区劳动密集型行业总产值占27个工业行业总产值的比重达59.6%，而资本密集型行业占比为40.4%，可见，劳动密集型行业是西部地区工业的主体。从变化趋势来看，2005年资本密集型行业占比开始呈下降趋势，劳动密集型行业呈上升趋势。2009年，资本密集型行业比重大幅下降，劳动密集型行业占比超过资本密集型行业，2015年，资本密集型行业产值比重较2000年下降了近16个百分点。工业要素结构的变化表明，西部地区工业发展还比较依赖劳动力要素。

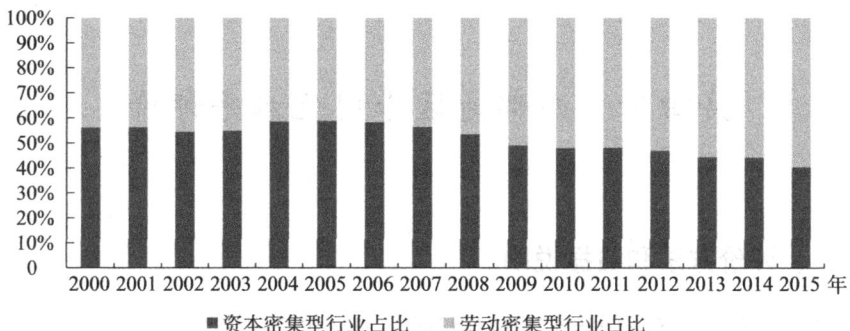

图 5-7　2000—2015 年西部地区资本密集型和劳动密集型行业比例变化趋势

四、西部地区工业结构高级化分析

高新技术产业界定。本书采用《中国高技术产业统计年鉴》的划分方法，即将医药制造业、专用设备制造业、通信设备、计算机及其他电子设备制造业以及仪器仪表制造业等四大行业作为高新技术制造业，其余为非高新技术产业。样本数据采用前文工业结构调整中 2000—2015 年西部地区和全国 27 个工业细分行业的工业总产值数据，具体说明参见前文。本书采用工业结构高级化指数来表征工业内部高级化水平，计算公式如下：

$$\text{工业结构高级化指数} = \frac{\text{高新技术产业产值}}{\text{非高新技术产业产值}} \quad (5-7)$$

图 5-8 是经计算得到的西部地区和全国 2000—2015 年工业结构高级化指数，可以看出，2000—2015 年西部地区工业结构高级化水平远低于全国平均水平，变化趋势基本上与全国同步，呈现"增长—下降—增长"特征。

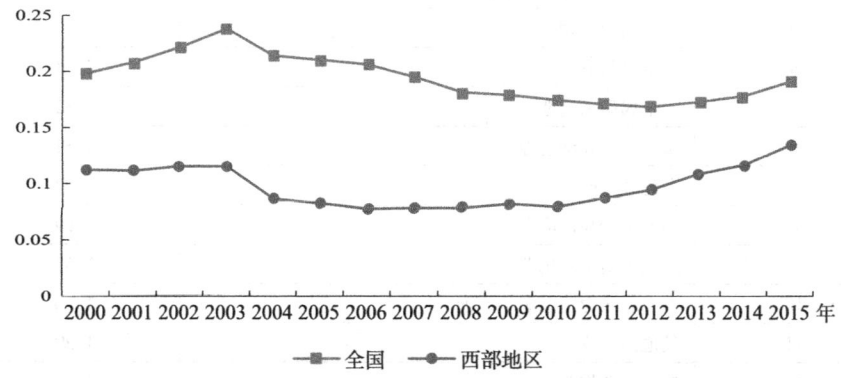

图 5-8　2000—2015 年全国和西部地区工业结构高级化指数

第四节　西部地区专门化水平评价

一、评价方法和数据说明

评价方法。地区专门化水平是衡量某区域在全国或更高一级区域分工地位的重要指标，一般用"区位熵"来表示，"区位熵"计算公式见第一章。

数据来源与处理。为了消除各省份工业行业统计分类差异，保证数据可比性，本节采用《中国统计年鉴》全国工业行业分类作为标准（共41行业），对某些省份无统计数据的行业做了零值处理，同时考虑到其他采矿业仅有3个省份有统计数据且该行业占整个工业总产值比重较低，最终选取了西部地区12省（区、市）2015年除其他采矿业外的40个工业细分行业的工业总产值数据，并分别计算了西部地区的行业区位熵和西部地区12省（区、市）的行业区位熵。

二、西部地区及其12省（区、市）区位熵分析

根据上述计算方法和数据，计算得到西部地区各行业区位熵，其中有23个行业的区位熵大于1，如表5-10所示。

表5-10　　　　2015年西部地区区位熵大于1的行业

序号	行业	区位熵
1	石油和天然气开采业	3.00
2	酒、饮料和精制茶制造业	2.92
3	开采辅助活动	2.72
4	烟草制品业	2.11
5	非金属矿采选业	1.82
6	煤炭开采和洗选业	1.81
7	有色金属矿采选业	1.74
8	燃气生产和供应业	1.69
9	黑色金属矿采选业	1.52
10	电力、热力生产和供应业	1.36
11	其他制造业	1.29
12	非金属矿物制品业	1.24

续表

序号	行业	区位熵
13	水的生产和供应业	1.24
14	废弃资源综合利用业	1.19
15	医药制造业	1.17
16	石油加工、炼焦和核燃料加工业	1.15
17	有色金属冶炼和压延加工业	1.14
18	汽车制造业	1.11
19	农副食品加工业	1.09
20	食品制造业	1.08
21	黑色金属冶炼和压延加工业	1.06
22	铁路、船舶、航空航天和其他运输设备制造业	1.05
23	印刷和记录媒介复制业	1.04

资料来源：根据西部地区12省（区、市）2016年《统计年鉴》计算得到。

在区位熵大于1的23个行业中，区位熵排名前10位的产业分别为石油和天然气开采业，酒、饮料和精制茶制造业，开采辅助活动，烟草制品业，非金属矿采选业，煤炭开采和洗选业，有色金属矿采选业，燃气生产和供应业，黑色金属矿采选业，电力、热力生产和供应业。按照前文对"高耗能产业""资源型产业"的界定，这10个行业中8个为资源型产业，矿产资源开采和洗选业就有6个，加工制造类产业中仅有烟草制品业和酒、饮料和精制茶制造业进入前10。西部地区产业结构的初级性、资源依赖性由此可见一斑。

通过计算整理得到西部地区12省（区、市）区位熵排名前6位的产业，如表5-11所示。西部地区12省（区、市）中区位熵排名前6位的行业一共涉及26个，几乎涵盖了表5-7的27个两位数行业，由此可见西部地区的产业阵容比较齐全，产业门类比较完整。

表5-11　　　　　　2015年西部地区各省区位熵排名前6位的行业

区位熵排名	第一	第二	第三	第四	第五	第六
四川省	酒、饮料和精制茶制造业（4.48）	开采辅助活动（3.41）	燃气生产和供应业（2.48）	黑色金属矿采选业（2.03）	非金属矿采选业（1.91）	石油和天然气开采业（1.87）
陕西省	石油和天然气开采业（9.72）	煤炭开采和洗选业（5.10）	开采辅助活动（4.62）	有色金属矿采选业（3.78）	石油加工、炼焦和核燃料加工业（2.26）	酒、饮料和精制茶制造业（1.82）

续表

区位熵排名	第一	第二	第三	第四	第五	第六
内蒙古自治区	酒、饮料和精制茶制造业(4.48)	开采辅助活动(3.41)	燃气生产和供应业(2.48)	黑色金属矿采选业(2.03)	非金属矿采选业(1.91)	石油和天然气开采业(1.87)
广西壮族自治区	其他采矿业(4.95)	废弃资源综合利用业(3.77)	木材加工和木、竹、藤、棕、草制品业(3.69)	有色金属矿采选业(2.60)	非金属矿采选业(2.23)	黑色金属冶炼和压延加工业(1.91)
重庆市	铁路、船舶、航空航天和其他运输设备制造业(3.97)	汽车制造业(3.36)	计算机、通信和其他电子设备制造业(1.88)	燃气生产和供应业(1.48)	其他制造业(1.38)	非金属矿采选业(1.37)
云南省	烟草制品业(18.95)	有色金属矿采选业(4.32)	有色金属冶炼和压延加工业(2.91)	电力、热力生产和供应业(2.62)	黑色金属矿采选业(2.30)	非金属矿采选业(2.07)
贵州省	煤炭开采和洗选业(7.08)	酒、饮料和精制茶制造业(5.21)	烟草制品业(4.04)	非金属矿采选业(3.97)	电力、热力生产和供应业(2.51)	其他制造业(2.16)
新疆维吾尔自治区	石油和天然气开采业(15.47)	开采辅助活动(14.92)	石油加工、炼焦和核燃料加工业(4.80)	电力、热力生产和供应业(2.26)	有色金属冶炼和压延加工业(2.23)	燃气生产和供应业(2.07)
甘肃省	石油和天然气开采业(7.07)	有色金属冶炼和压延加工业(4.55)	石油加工、炼焦和核燃料加工业(3.63)	其他制造业(3.02)	金属制品、机械和设备修理业(2.77)	烟草制品业(2.67)
宁夏回族自治区	煤炭开采和洗选业(6.12)	石油加工、炼焦和核燃料加工业(4.33)	电力、热力生产和供应业(3.17)	燃气生产和供应业(2.49)	食品制造业(2.10)	有色金属冶炼和压延加工业(1.81)
青海省	石油和天然气开采业(10.75)	有色金属冶炼和压延加工业(5.53)	有色金属矿采选业(3.49)	电力、热力生产和供应业(2.67)	化学原料和化学制品制造业(1.80)	非金属矿采选业(1.64)
西藏自治区	有色金属矿采选业(35.02)	酒、饮料和精制茶制造业(11.10)	水的生产和供应业(5.47)	医药制造业(3.90)	非金属矿物制品业(3.85)	电力、热力生产和供应业(2.80)

资料来源：根据全国和西部地区 12 省（区、市）2016 年《统计年鉴》计算所得。

表 5-12 是西部地区 26 个行业的区域分布情况，在 12 个省（区、市）分布最多的行业是：非金属矿采选业，石油和天然气开采业，电力、热力生产和供应业，有色金属矿采选业，有色金属冶炼和压延加工业，酒、饮料和精制茶制造业，燃气生产和供应业，都是典型的"两高一资"产业，这些行业至少

在5个省份的专门化水平都较高。相比之下,西部地区加工制造业发展滞后,专门化水平较高的制造业仅有酒、饮料和精制茶制造业和有色金属冶炼和压延加工业2个行业。从专门化生产水平看,各省份之间产业结构相似度高的问题较为突出,7个省份的专门化生产部门都有非金属矿采选业,6个省份集中发展石油和天然气开采业和电力、热力生产和供应业,四川省和内蒙古自治区有6个行业全部重叠,云南省和青海省有4个行业一样。

表5-12　　　　西部地区26个行业的主要区域分布情况

序号	行业	省(区、市)
1	非金属矿采选业	四川省、内蒙古自治区、重庆市、广西壮族自治区、贵州省、云南省、青海省
2	石油和天然气开采业	四川省、内蒙古自治区、陕西省、甘肃省、青海省、新疆维吾尔自治区
3	电力、热力生产和供应业	贵州省、云南省、西藏自治区、青海省、宁夏回族自治区、新疆维吾尔自治区
4	有色金属矿采选业	广西壮族自治区、云南省、西藏自治区、陕西省、青海省
5	有色金属冶炼和压延加工业	云南省、甘肃省、青海省、宁夏回族自治区、新疆维吾尔自治区
6	酒、饮料和精制茶制造业	四川省、内蒙古自治区、贵州省、西藏自治区、陕西省
7	燃气生产和供应业	四川省、内蒙古自治区、重庆市、宁夏回族自治区、新疆维吾尔自治区
8	开采辅助活动	内蒙古自治区、四川省、陕西省、新疆维吾尔自治区
9	石油加工、炼焦和核燃料加工业	陕西省、甘肃省、宁夏回族自治区、新疆维吾尔自治区
10	黑色金属矿采选业	内蒙古自治区、四川省、云南省
11	煤炭开采和洗选业	贵州省、陕西省、宁夏回族自治区
12	烟草制品业	贵州省、云南省、甘肃省
13	其他制造业	重庆市、贵州省、甘肃省
14	其他采矿业	广西壮族自治区
15	废弃资源综合利用业	广西壮族自治区
16	木材加工和木、竹、藤、棕、草制品业	广西壮族自治区
17	黑色金属冶炼和压延加工业	广西壮族自治区
18	铁路、船舶、航空航天和其他运输设备制造业	重庆市
19	汽车制造业	重庆市

续表

序号	行业	省（区、市）
20	计算机、通信和其他电子设备制造业	重庆市
21	水的生产和供应业	西藏自治区
22	医药制造业	西藏自治区
23	非金属矿物制品业	西藏自治区
24	金属制品、机械和设备修理业	甘肃省
25	化学原料和化学制品制造业	青海省
26	食品制造业	宁夏回族自治区

资料来源：作者自制。

第五节 西部地区传统优势产业分析
——基于西部大开发四个五年规划的梳理

提升改造传统优势产业是西部地区产业结构调整优化的重要途径之一，也是西部地区产业结构研究和政策制定不能回避的议题。为此，本书专门对西部地区传统优势产业的含义、内容和发展态势进行分析。

一、行业定义

首先，明确西部地区传统优势产业的范围，即产业的含义、边界等问题；其次，梳理西部地区传统优势产业包括的具体行业；最后，把这些行业落实在可统计、可计算的两位数行业上。为完成前两步工作，我们梳理了西部大开发以来，"十五"到"十三五"四个西部大开发五年规划对西部地区传统优势产业的提法和界定。

第一步：明确西部地区传统优势产业的范围。

表5-13汇总梳理自西部大开发以来的四个五年规划关于产业结构调整的表述，可以看出，四个五年规划中并没有"传统优势产业"的提法，只有"传统产业""优势资源"，以及"特色优势产业"等概念。不同时期"西部大开发规划"对上述概念的定义有所不同，总体来看，有两个口径：一是"宽口径"，即把发展特色优势产业等同于西部地区产业结构调整，特色优势

产业几乎成了西部地区产业的代名词,如《西部大开发"十一五"规划》和《西部大开发"十二五"规划》;二是"窄口径",即传统产业或传统优势产业仅仅作为西部地区产业结构调整的内容之一,比如《西部大开发"十五"规划》《西部大开发"十三五"规划》。从表述的详细程度看,《西部大开发"十五"规划》和《西部大开发"十三五"规划》对西部地区传统优势产业的内容表述笼统,而《西部大开发"十一五"规划》和《西部大开发"十二五"规划》对西部地区特色优势产业有比较明确的指向,特别是《西部大开发"十一五"规划》。

表5-13 西部大开发四个五年规划对产业结构调整的表述和要求

	西部大开发"十五"规划	西部大开发"十一五"规划	西部大开发"十二五"规划	西部大开发"十三五"规划
对产业结构调整的总体表述	积极调整产业结构	大力发展特色优势产业	特色优势产业	培育现代产业体系
产业结构调整的内容	传统产业调整改造,优势资源开发和利用,高新技术产业发展,旅游等服务业发展	优化发展能源及化学工业,集约发展重要矿产资源开采及加工业,大力发展特色农牧产品加工业,着力振兴装备制造业,积极发展高技术产业,加快发展旅游产业	加快发展现代能源产业,优化调整资源加工产业,改造提升装备制造业,积极培育战略性新兴产业,大力发展现代服务业,有序承接产业转移	增强产业发展的要素支撑,推动传统产业转型升级,促进战略性新兴产业突破发展,引导现代服务业有序发展
"传统""特色"及"优势"相关产业的地位	"传统产业调整改造"和"优势资源开发和利用"作为西部地区产业结构调整的重要内容	"特色优势产业"作为西部地区产业的简称	"特色优势产业"作为西部地区产业简称	"传统产业"作为西部地区现代产业的构成之一

资料来源:根据《西部大开发"十五"规划》《西部大开发"十一五"规划》《西部大开发"十二五"规划》和《西部大开发"十三五"规划》整理所得。

根据《西部大开发"十一五"规划》和《西部大开发"十二五"规划》对特色优势产业的界定,以及汇总整理四个规划文本,本节梳理出西部地区四大传统优势产业:特色农牧产品加工业、能源及化学工业、矿产资源深加工业和装备制造业。

第二步:对四大传统优势产业在西部大开发四个五年规划中的具体行业进行汇总梳理,如表5-14所示。

其次,把具体行业落实在可统计、可计算的两位数行业上。

对照本章前面定义的27个两位数行业,即"2005版"的27个行业,把

表 5-14 列举的行业落实两位数行业上，如表 5-15 所示。

表 5-14　四大传统产业在西部大开发四个五年规划中的具体行业

四大传统优势产业	西部大开发"十五"规划	西部大开发"十一五"规划	西部大开发"十二五"规划	西部大开发"十三五"规划
能源及化学工业	优势资源开发和利用：盐湖钾肥，磷肥，铅锌，镍，铝，铜，钒钛，稀土等产品的生产、开发与加工利用；石油天然气生产及石油化工	水能、煤炭、石油天然气等能源工业，重要能源化工产品加工业（比如煤化工）	煤炭开发与转化、石油天然气开发及加工、水电开发、风电	清洁高效煤电，煤制油、煤制气、煤制烯烃等升级，油气资源开发，页岩气、煤层气开发，可再生能源开发利用，能源化工
矿产资源深加工业		有色金属、稀土、钢铁等优势矿产资源开采加工	钢铁、有色金属、非金属、稀土、纺织服装业、食品加工业	有色金属、战略性新兴矿产、盐湖等资源的勘探开发、冶炼分离、精深加工和综合利用
特色农牧产品加工业	传统产业：医药制造和民族药材加工、交通运输及零部件制造、电子科研和生产，烟草、饮料、棉纺、麻纺、食品等农副产品深加工，植物纤维生产和加工	畜产品工业、制糖工业、烟草工业、酿酒工业、纺织工业、茶叶加工业、中（民族）医药工业、果蔬加工业、林（竹）纸一体化工业、木本粮油精深加工业、淀粉加工业		未涉及具体产业
装备制造业		核电装备制造、重型燃机、大型冶金化工成套设备、重型机械和大型工程施工成套设备、汽车、摩托车、内燃机、环保成套设备、输变电成套设备、大型数控机床、数字智能型仪器仪表、轨道交通设备、工程机械、农业机械、水力及风力发电成套设备	发电、输变电成套装备，大型机械及轨道交通装备，石化成套装备、汽车及汽车零部件、数控机床、航空航天	未涉及具体产业

资料来源：根据《西部大开发"十五"规划》《西部大开发"十一五"规划》《西部大开发"十二五"规划》和《西部大开发"十三五"规划》整理所得。

表5-15　　　　　　西部地区四大传统优势产业的两位数行业

传统优势产业分类	两位数行业
特色农牧产品加工业	1. 农副食品加工业；2. 酒、饮料和精制茶制造业；3. 烟草制品业；4. 纺织业；5. 纺织服装、鞋、帽制造业
能源及化学工业	1. 煤炭开采和洗选业；2. 石油和天然气开采业；3. 石油加工、炼焦和核燃料加工业；4. 化学原料和化学制品制造业
矿产资源深加工业	1. 黑色金属矿采选业；2. 有色金属矿采选业；3. 非金属矿采选业；4. 非金属矿物制品业；5. 黑色金属冶炼和压延加工业；6. 有色金属冶炼和压延加工业；7. 金属制品业
装备制造业	1. 通用设备制造业；2. 专用设备制造业；3. 交通运输设备制造业；4. 电气机械和器材制造业

资料来源：作者自制。

二、西部地区传统优势产业演变趋势

根据表5-15对传统优势产业的分类，以及2000—2015年分行业工业总产值数据，计算得到西部地区四大传统优势产业——能源及化学工业、矿产资源深加工业、特色农牧产品加工业和装备制造业的产值数据。从整体来看，西部地区四大传统优势产业占西部地区工业总产值比重一直是较高的，2000—2015年，一直在保持50%以上。从变化趋势来看，四大产业总产值占比呈现"先上升后下降"趋势，2011年比重达到峰值后，便不断下降，到2015年，四大产业总产值占比仅为53.9%，比2000年下降了5个百分点左右（见图5-9）。

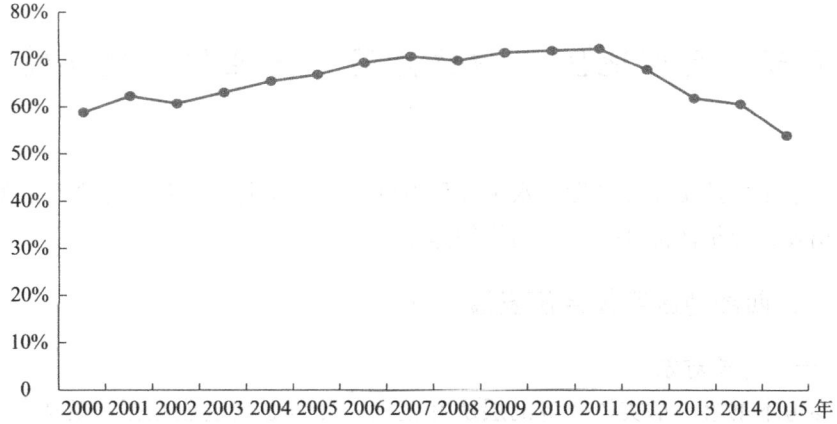

图5-9　2000—2015年西部地区四大传统优势产业总产值占工业总产值比重

从图 5-10 可知，在西部大开发初期，四大产业产值占比相差不大，但自 2003 以后，四大产业产值比重差距不断拉大，主要是 2003—2011 年西部地区大力发展能源及化学工业和矿产资源深加工业，其占工业总产值比重不断增加所导致的。虽然 2011—2015 年西部地区能源及化学工业、矿产资源深加工业占比呈下降趋势，但能源及化学工业、矿产资源深加工业产值占比远高于特色农牧产品加工业和装备制造业，仍是西部地区传统优势产业中的主要产业。

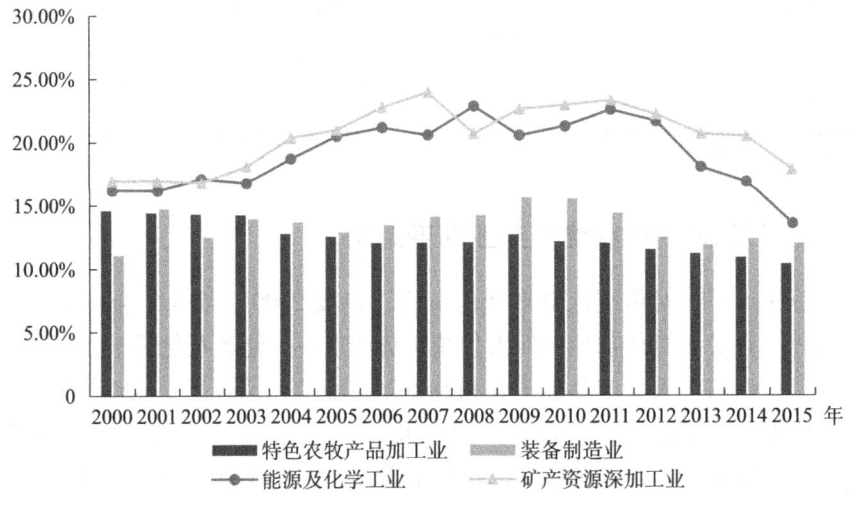

图 5-10　2000—2015 年西部地区四大传统优势产业比重变化趋势

第六节　西部地区"四位协同"产业体系现状特征

本节主要从实体经济发展水平和科技创新、现代金融、人力资源三个关键要素出发，分析西部地区产业结构的体系化。

一、西部地区实体经济发展现状

（一）分析对象

参考本书第一章实体经济的层次和范围，并考虑制造业数据缺乏等问题，本部分从传统意义 R_1 和最广义 R_2 两个层面分析和评价实体经济发展现状，其中：

$$R_1 = GDP \qquad (5-8)$$
$$R_2 = R_1 - 金融和房地产业 \qquad (5-9)$$

区域实体经济指数计算公式见本章第一节式（5-1），为了进一步考察实体经济，本节选取区域实体经济中工业占比指标进行分析，计算公式如下：

$$区域实体经济中工业占比 = \frac{区域工业增加值}{区域实体经济增加值(R_2)} \qquad (5-10)$$

考虑西藏自治区产业不具备自主性，新疆维吾尔自治区产业与兵团建设紧密相关，具有高度的计划指导性，所以本节选取的是2010—2019年我国29个省（区、市）的数据进行分析。所有统计数据均来源于国家统计局官网。

（二）西部地区实体经济发展现状及演变趋势

根据数据和公式计算得到2019年我国29个省（区、市）实体经济指数，如图5-11所示。2019年，我国有19个省（区、市）的实体经济指数超过100%，除重庆市、甘肃省和广西壮族自治区外，西部地区其余省份实体经济指数超过100%，而东部地区仅有3个省份超过100%，可以看出，我国西部地区实体经济占经济总量的比重远远高于全国平均水平，也高于东部地区，也可以说，实体经济在西部地区发展的集中度较高。

根据表5-16展示的2010—2019年各省（区、市）实体经济指数和实体经济中工业增加值占比变化趋势，可将其划分为两大类九小类。

第一大类是"同向变动"型，即实体经济指数和实体经济中工业增加值占比变化方向相同，主要有"双递减"型和"双平稳"型两小类。

"双递减"型。西部地区的四川省、甘肃省，中部地区的山西省，以及东北地区的辽宁省和东部地区的上海市属于该类型。2010—2019年，该类型省份实体经济指数整体呈下降趋势，同时工业增加值占实体经济比重减少，可以反映出这几个省份发展更倾向于发展非实体经济，逐步进入去工业化阶段。第二产业占比的递减趋势也验证了工业发展的相对滞后。

"双平稳"型。西部地区的广西壮族自治区在2010—2019年这十年间，实体经济指数与实体经济中工业增加值占比变化相对平稳，与全国水平变化基本保持一致。

第二大类是"趋势相异"型，即实体经济指数和实体经济中工业增加值占比变化方向相异，具体有以下七小类：

实体经济发展水平下降，工业化程度提高。西部地区的青海省、中部地区的湖北省和东北地区的吉林省属于该类型。2010—2019年，该类型省份实体

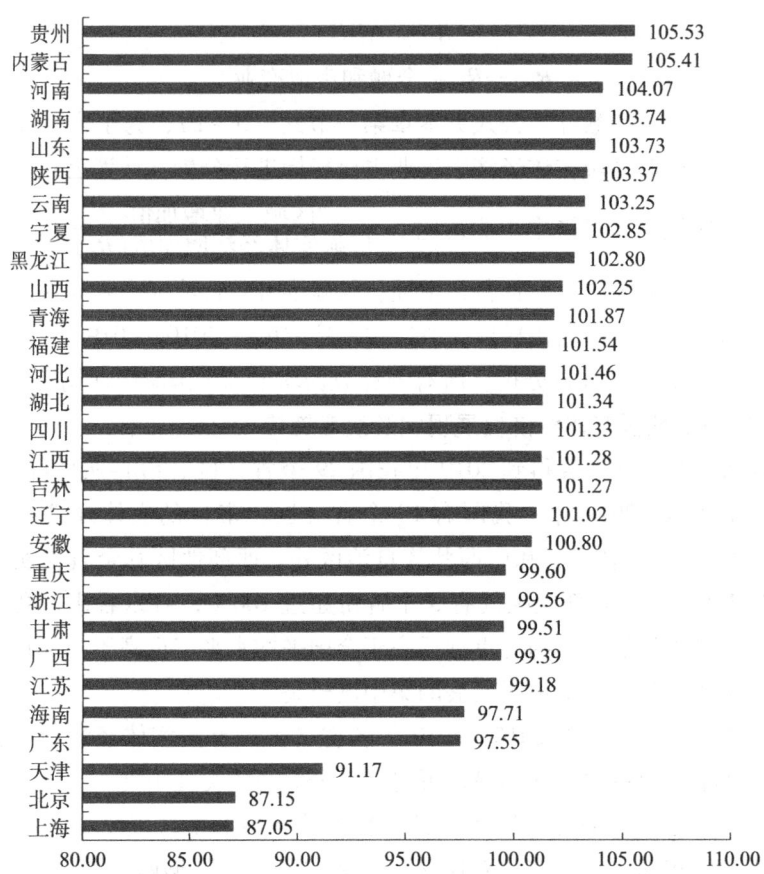

图 5-11 2019 年我国 29 个省（区、市）实体经济指数比较

经济指数整体呈下降趋势，但是实体经济中工业占比却呈递增趋势。

实体经济发展水平下降，工业化程度先增后减。东部地区的天津市、中部地区的安徽省和江西省属于该类型。2010—2019 年，该类型省份实体经济指数整体呈下降趋势，但是实体经济中工业增加值占比以 2015 年为节点，呈先增后减趋势。

实体经济发展水平上升，工业化程度先增后减。西部地区的贵州省在 2010—2019 年，实体经济指数呈递增趋势，也是全国 29 个省（区、市）中唯一一个实体经济指数得到提升的省份，但是工业增加值占比在 2016 年后由增加趋势向下降趋势转变。

实体经济发展水平平稳，工业化程度下降。西部地区的云南省，东部地区的北京市、山东省、海南省，中部地区的河南省和东北地区的黑龙江省属于该类型。2010—2019 年，该类型省份实体经济指数变化基本保持平稳，工业增加值占比呈递减趋势，由此反映出这些省份的实体经济发展水平与全国水平基本保持一致，但工业化水平呈下降趋势。

实体经济发展水平平稳，工业化程度提高。西部地区的内蒙古自治区、宁夏回族自治区、陕西省和东部地区的江苏省、福建省属于该类型。2010—2019 年，该类省份实体经济指数基本保持平稳状态，工业增加值占比呈现递增趋势，这反映出这几个省份的实体经济发展水平与全国水平基本保持一致，且工业化水平呈上升趋势。

实体经济发展水平平稳，工业化程度先增后减。西部地区的重庆市、东部地区的广东省和中部地区的河北省、湖南省属于该类型。2010—2019 年，该类型省份实体经济指数变化基本保持平稳状态，这反映出这几个省份的实体经济发展水平与全国水平基本保持一致，其中工业增加值占比在 2015—2016 年出现转折，呈先增后减趋势。

实体经济发展水平波动，工业化程度平稳。东部地区的浙江省实体经济指数在 2010—2015 年呈上升趋势，2016—2019 年呈下降趋势，2019 年实体经济指数水平下滑至 2010 年的水平，也是 29 个省（区、市）中唯一一个在实体经济发展水平中有剧烈波动而不是呈单调变化的省份，但其工业增加值占比基本保持平稳状态。

表 5-16　　2010—2019 年我国省（区、市）实体经济指数与实体经济中工业占比变化趋势

省份	区域实体经济指数	区域实体经济中工业占比	第一产业占比	第二产业占比	第三产业占比
山西省	递减	递减	平稳	递减	递增
辽宁省	递减	递减	递减	递减	递增
上海市	递减	递减	平稳	递减	递增
四川省	递减	递减	递减	递减	递增
甘肃省	递减	递减	平稳	递减	递增
吉林省	递减	递增	递减	平稳	递增
湖北省	递减	递增	递减	平稳	递增
青海省	递减	递增	平稳	递增	平稳
天津市	递减	先增后减	平稳	递减	递增
安徽省	递减	先增后减	递减	递减	递增

续表

省份	区域实体经济指数	区域实体经济中工业占比	第一产业占比	第二产业占比	第三产业占比
江西省	递减	先增后减	递减	递减	递增
贵州省	递增	先增后减	平稳	平稳	平稳
北京市	平稳	递减	平稳	递减	递增
黑龙江省	平稳	递减	递增	递减	递增
山东省	平稳	递减	递减	递减	递增
河南省	平稳	递减	递减	递减	递增
海南省	平稳	递减	递减	递减	递增
云南省	平稳	递减	平稳	递减	递增
内蒙古自治区	平稳	递增	递减	平稳	递增
江苏省	平稳	递增	平稳	递减	递增
福建省	平稳	递增	平稳	平稳	平稳
陕西省	平稳	递增	递减	递减	递增
宁夏回族自治区	平稳	递增	平稳	平稳	平稳
广西壮族自治区	平稳	平稳	递减	递减	递增
河北省	平稳	先增后减	递减	递减	递增
湖南省	平稳	先增后减	递减	平稳	递增
广东省	平稳	先增后减	平稳	递减	递增
重庆市	平稳	先增后减	递减	平稳	平稳
浙江省	先增后减	平稳	递减	递减	递增

二、西部地区"四位协同"产业体系的要素现状特征

科技创新、现代金融、人力资源是构建"四位协同"产业体系的三大要素，具体评价指标见表5–17。

表5–17　"四位协同"产业体系的三大要素评价指标

指标层	评价指标	单位
科技创新	万人专利授权量	件
	规模以上工业企业R&D经费投入占工业增加值比重	%
	每百家企业拥有网站数	个

续表

指标层	评价指标	单位
现代金融	年末金融机构本外币各项存款余额占 GDP 比重	%
	保费收入占 GDP 比重	%
人力资源	地方财政教育支出占 GDP 比重	%
	人均教育经费	元
	全员劳动生产率（GDP/全部就业人员）	元/人
	研发人员占总人口的比重	%

如表 5-18 所示，除个别省份外，2019 年西部地区科技创新要素投入低于全国平均水平。从万人专利授权量指标来看，2019 年全国万人专利授权量为 17.67 件，西部地区所有省份万人专利授权量均低于全国平均水平，而且和其他地区相比，西部地区仅重庆市进入前 10，排位第 9，云南省、广西壮族自治区、内蒙古自治区等省（区）排位最末，可见，西部地区自主创新能力和科研产出质量与其他地区还有不小差距，亟待提升。从规模以上工业企业 R&D 经费投入占工业增加值比重指标来看，2019 年全国规模以上工业企业 R&D 经费投入占工业增加值比重为 4.41%，而西部地区中除重庆市外，其余省份规模以上工业企业 R&D 经费投入占工业增加值比重均低于全国平均水平，贵州省、广西壮族自治区、青海省等省（区）在 29 个省份中排位最低，可见，西部地区 R&D 投入强度仍明显低于全国平均水平，且与东部地区还存在较大差距。从每百家企业拥有网站数指标来看，全国每百家企业拥有 51 个网站，西部地区除四川省外，其余省份每百家企业拥有网站数均低于全国平均水平，而且西部地区云南省、内蒙古自治区、广西壮族自治区等省（区）排位靠后，可见西部地区新一代信息技术与传统经济社会融合水平低于全国平均水平，且与东部地区存在较大差距。

表 5-18　　　　　　　2019 年西部地区科技创新要素投入情况

	万人专利授权量（件）	规模以上工业企业 R&D 经费投入占工业增加值比重（%）	每百家企业拥有网站数（个）
四川省	9.80	2.90	58
	第 14 位	第 18 位	第 7 位
陕西省	11.38	2.51	48
	第 13 位	第 19 位	第 14 位

续表

	万人专利授权量（件）	规模以上工业企业R&D经费投入占工业增加值比重（%）	每百家企业拥有网站数（个）
重庆市	14.04	5.05	47
	第9位	第8位	第16位
云南省	4.60	2.45	40
	第26位	第20位	第25位
广西壮族自治区	5.57	1.98	25
	第27位	第27位	第29位
内蒙古自治区	4.35	2.15	38
	第29位	第23位	第27位
贵州省	6.83	2.00	42
	第20位	第26位	第22位
甘肃省	5.63	2.18	43
	第22位	第21位	第21位
宁夏回族自治区	7.99	3.27	44
	第17位	第17位	第19位
青海省	5.01	1.15	44
	第24位	第29位	第18位
全国	17.67	4.41	51

如表5-19所示，除个别省份外，2019年西部地区现代金融要素投入低于全国平均水平。从年末金融机构本外币各项存款余额占GDP比重来看，全国年末金融机构本外币各项存款余额占GDP比重为200.46%，甘肃省为226.75%，在29个省（区、市）中位列第4位，也是西部地区唯一一个高于全国平均水平的省份，而其余9个省份比重均低于全国平均水平，且云南省和内蒙古自治区排位靠后，可见，西部地区各省份资金吸附能力有待提升。从原保险保费收入占GDP比重来看，全国为4.31%，西部地区的宁夏回族自治区、甘肃省、四川省原保险保费收入占GDP比重分别为5.27%、5.10%和4.61%，均高于全国平均水平，在29个省份中排名分别为第5名、第6名和第7名，而其余7个省份均低于全国平均水平，其中，青海省、云南省、广西

壮族自治区、贵州省4个省份排位靠后,可见西部地区保险深度不够,保险业在国民经济中的地位还需提升。

表5-19　　　　　2019年西部地区现代金融要素投入情况

	年末金融机构本外币各项存款余额占GDP比重（%）	原保险保费收入占GDP比重（%）
四川省	178.31	4.61
	第14位	第7位
陕西省	172.67	4.01
	第15位	第12位
重庆市	167.26	3.88
	第17位	第13位
云南省	142.03	3.20
	第24位	第25位
广西壮族自治区	149.01	3.13
	第21位	第26位
内蒙古自治区	137.94	4.24
	第25位	第11位
贵州省	162.33	2.92
	第18位	第27位
甘肃省	226.75	5.10
	第4位	第6位
宁夏回族自治区	172.35	5.27
	第16位	第5位
青海省	197.53	3.32
	第12位	第24位
全国	200.46	4.31

如表5-20所示,西部地区高度重视人力资源要素投入,但是投入产出效率不高。从地方财政教育支出占GDP比重指标来看,2019年全国为3.33%,西部地区除重庆市外,其余省份地方财政教育支出占GDP比重均高于全国平均水平,且青海省、甘肃省、贵州省3个省份分别排位第1位、第2位和第3位,其余省份排名也较为靠前。从人均教育经费指标来看,2019年我国人均

教育经费为3584.02元,虽然西部地区仅有青海省和贵州省高于全国平均水平,但从29个省(区、市)来看,西部地区的省份排位还是比较靠前,尤其是位列第3位的青海省和第8位的贵州省。从地方财政教育支出占GDP比重和人均教育经费两个指标来看,西部地区重视教育投入,注重人力资源培育和素质提升。从全员劳动生产率指标来看,2019年我国全员劳动生产率为127599.86元/人,西部地区仅重庆市和内蒙古自治区全员劳动生产率略高于全国平均水平,分别为138487.63元/人和129320.29元/人,分别在29个省(区、市)中排名为第8位和第9位,陕西省、宁夏回族自治区、青海省、四川省4个省份排位适中,贵州省、云南省、广西壮族自治区、甘肃省排位靠后,尤其是甘肃省全员劳动力不足全国平均水平一半,仅为56265.25元/人,可见西部地区劳动力要素的投入产出效率普遍低于全国平均水平。从研发人员占总人口的比重指标来看,2019年全国研发人员占总人口的比重为0.51%,西部地区所有省份研发人员占总人口的比重均低于全国平均水平,而且10个省份中排位前十的仅有重庆市,云南省、贵州省、甘肃省、广西壮族自治区、青海省和内蒙古自治区6个省份排位靠后,可见西部地区研发能力远落后全国平均水平,与东部地区存在较大差距。

表5-20   2019年西部地区人力资源要素投入情况

	地方财政教育支出占GDP比重(%)	人均教育经费(元)	全员劳动生产率(元/人)	研发人员占总人口的比重(%)
四川省	3.39	2479.76	95348.37	0.32
	第15位	第22位	第16位	第16位
陕西省	3.69	2934.75	124544.52	0.43
	第14位	第15位	第11位	第11位
重庆市	3.09	3270.25	138487.63	0.51
	第21位	第11位	第8位	第8位
云南省	4.61	2993.78	77661.53	0.19
	第8位	第14位	第26位	第22位
广西壮族自治区	4.78	2588.03	74432.71	0.17
	第6位	第19位	第28位	第26位
内蒙古自治区	3.54	3054.73	129320.29	0.16
	第14位	第13位	第9位	第28位

续表

	地方财政教育支出占GDP比重（%）	人均教育经费（元）	全员劳动生产率（元/人）	研发人员占总人口的比重（%）
贵州省	6.37	3514.43	81825.61	0.19
	第3位	第8位	第24位	第23位
甘肃省	7.30	2797.47	56265.25	0.17
	第2位	第17位	第29位	第25位
宁夏回族自治区	4.78	3376.95	97287.31	0.3
	第5位	第10位	第15位	第18位
青海省	7.46	4342.61	89822.83	0.16
	第1位	第3位	第19位	第27位
全国	3.33	3584.02	127599.86	0.51

本章小结

1. 本章是第一章产业结构理论的应用，也是分析西部地区资源环境与产业结构关系的基础。构建了包括传统产业结构和现代化产业体系的产业结构"三层—四化"分析框架。"三层"指产业分析的层次，包括三次产业之间、工业内部行业之间、实体经济与虚拟经济之间三个层次，"四化"指产业分析的内容，即产业结构高级化、专门化、特色化和体系化。

2. 西部地区整体上处于工业化中期，但内部差距较大。西部大开发以来，西部地区产业结构层次大幅提升，三次产业结构总体趋势变化符合产业结构高级化的一般规律。从数量比例看，西部地区三次产业结构已从"二三一"转向"三二一"，实现了经济发展从工业主导到服务业主导的结构性转变。整体来看，西部地区工业化水平落后于全国工业化水平，大部分省份还处于工业化中期。从西部地区各省（区、市）来看，工业化水平的区域差距较大，发展不平衡，因此西部地区完成工业化还需较长时间，将长期处于工业化中期。

3. 西部地区产业门类齐全，但产业结构高级化程度不高，产业的初级性、资源型、重型化特征十分明显。16年间西部地区工业结构高级化指数远低于全国平均水平，呈现"增长—下降—增长"特征。西部地区产业门类齐全，区位熵排名前 10 的产业为石油和天然气开采业，酒、饮料和精制茶制造业，开采辅助活动，烟草制品业，非金属矿采选业，煤炭开采和洗选业，有色金属矿采选业，燃气生产和供应业，黑色金属矿采选业，电力、热力生产和供应业，属于比较典型的"两高一资"产业；加工制造类产业进入前 10 的仅有烟草制品业和酒、饮料和精制茶制造业，而且还只是初级加工制造业。各省（区、市）之间产业结构相似度高的问题较为突出。自西部大开发以来，西部地区轻工业占比呈现"先降后升"趋势，重工业比重呈现"先升后降"趋势，和全国变化趋势一致，但西部地区重工业占比始终处于绝对主导地位，工业重型化特征明显。2009 年之前，西部地区资本密集型行业比重高于劳动密集型行业比重，2009 年，情况发生逆转，劳动密集型行业开始超过资本密集型行业，成为工业主体。能源及化学工业、矿产资源深加工业、特色农牧产品加工业和装备制造业是西部地区四大传统优势产业，且能源及化学工业、矿产资源深加工比重高于特色农牧产品加工业和装备制造业，是西部地区的主要产业。

4. 对重化工业的新认识。按要素构成计算出来的劳动密集型产业大多数属于"统计意义"上的重化工业。可见，我国重化工业的内涵与发达国家当前的重工业有很大不同。这也意味着，发展这些重化工业实际上有利于发挥西部地区劳动力丰富的比较优势。

5. 西部地区实体经济发展较好，但高端要素投入不足。西部地区实体经济发展较好，除重庆市、甘肃省和广西壮族自治区外，2019 年西部地区其余省份的实体经济指数均超过 100%，且在 2010—2019 年 10 年间，西部地区的广西壮族自治区、云南省、重庆市、宁夏回族自治区、内蒙古自治区、陕西省实体经济变化平稳，贵州省实体经济指数呈上升趋势，四川省、甘肃省和青海省实体经济呈下降趋势，整体来看实体经济变化是相对平稳的。基于 2019 年数据的分析表明，除个别省份外，西部地区科技创新和现代金融等均低于全国平均水平，且部分省份排位靠后，西部地区高度重视人力资源要素投入，但是投入产出效率较低。

第六章

西部地区能源消费和二氧化碳排放趋势及其空间特征

本章基于能源消费和二氧化碳排放的总量、强度、弹性等指标，运用描述性统计分析方法，分析西部大开发以来西部地区能源消费和二氧化碳排放的变化趋势、产业构成和区域特征，并与同期全国平均水平进行比较。

第一节 指标说明、数据处理和研究范围

一、指标说明

本章从总量、强度和弹性等多个方面对西部地区能源消费和二氧化碳排放进行分析。相关指标说明及计算方法见表6-1。

表6-1　　　能源消费和二氧化碳排放相关指标说明及计算方法

指标	指标说明	指标计算方法
能源消费总量	生产性耗能	详见本节"能源种类和折算方法"
能源消费强度	万元GDP能源消费量	能源消费量/GDP
	万元工业增加值能源消费量	能源消费量/工业增加值
能源消费弹性	能源消费弹性系数	能源消费年均增速/GDP年均增速

续表

指标	指标说明	指标计算方法
二氧化碳排放总量	生产性二氧化碳排放	详见本节"二氧化碳排放量估算方法"
二氧化碳排放强度	万元 GDP 二氧化碳排放量	二氧化碳排放量/地区 GDP
	万元工业增加值二氧化碳排放量	二氧化碳排放量/工业增加值
二氧化碳排放弹性	二氧化碳排放弹性系数	二氧化碳排放年均增速/GDP 年均增速

资料来源：作者自制。

能源消费强度（也称"能源强度"），是评价一个国家或地区能源综合利用效率的常用指标之一，体现了经济发展过程中所付出的资源代价。能源消费弹性系数体现了一个国家和地区特定时期能源消耗和经济产出的相对关系，能源消费弹性系数小于1，表明能源消费增速小于经济产出的增速，较少的能源消费带来了较高的经济增长；反之，能源消费弹性系数大于1，表明能源消费增速大于经济产出的增速，经济增长具有"高能耗"特征。同样地，二氧化碳排放强度体现了经济发展过程中所付出的环境代价。二氧化碳排放弹性系数是一个国家或地区特定时期排放与经济增长的相对关系，二氧化碳排放弹性系数小于1，表明二氧化碳排放增速小于经济产出的增速，较高的经济增长伴随着较少的二氧化碳排放；反之，二氧化碳排放弹性系数大于1，表明二氧化碳排放增速大于经济产出的增速，经济增长"高排放"特征明显。

二、数据处理

由于能源种类较多，统计数据繁杂，为便于分析，需要对繁杂数据进行折算、整合。为考察西部地区能源消费和二氧化碳排放问题，本节先对数据整合及估算方法进行说明。

能源种类和折算方法。本书研究的能源消耗主要是指煤、焦炭、油品、天然气四种化石能源。各产业终端能源消耗原始数据来自《中国能源统计年鉴》"地区能源平衡表"，但原始数据为"实物量"，为便于研究，需对四种能源消费实物量统一为标准煤消费量。本书采纳《中国能源统计年鉴》附录的"各种能源折标准煤参考系数"进行折算（见表6-2），将产业的能源实物消费量折算为标准煤消费量。

表 6-2　　　　　　　　　　四种能源的标准煤折算系数

	煤	焦炭	油品	天然气
标准煤折算系数（kgce/kg、m³）	0.7143	0.9714	1.4286	1.33

资料来源：《中国能源统计年鉴》中的"地区能源平衡表"。

根据能源消费数据和能源标准煤折算系数，可计算出各省（区、市）的能源消费量。

二氧化碳排放量估算方法。我国尚无二氧化碳排放量的直接监测数据，关于二氧化碳排放量大都通过估算得到。目前普遍采用的方法是，用能源消费量和能源的碳排放系数通过一定的计算方法进行估算。计算公式如下：

$$C = \sum_{i=1,j=1}^{4} E_{ij} \cdot CE_j \cdot e_j \cdot \frac{44}{12} \qquad (6-1)$$

其中，C 表示二氧化碳排放总量，E_{ij} 表示第 i 部门能源 j 的实物消费量，CE_j 表示能源 j 的标准煤折算系数，e_j 表示能源 j 的碳排放系数。能源指煤、焦炭、油品、天然气四种化石能源。

关于碳排放系数，目前各国采用的数值并不完全相同，考虑我国国情，本书选取国家发展和改革委员会能源研究所公布的数值（见表 6-3）。

表 6-3　　　　　　　各种能源的碳排放系数　　　　　　单位：千克碳/千克标煤

数据来源	煤	油品	天然气	焦炭
DOE/EIA	0.702	0.478	0.389	—
日本能源经济研究	0.756	0.586	0.449	—
国家发展和改革委员会能源研究所	0.7476	0.5825	0.4435	0.7578

资料来源：国家发展和改革委员会能源研究所. 中国可持续发展能源暨碳排放情景分析综合报告 [R]. 2003：37；汪刚，冯霄. 基于能量集成的 CO_2 减排量的确定 [J]. 化工进展，2006，25（12）：1467-1470.

经济数据的来源及处理。生产性能源消耗来自第一、二、三产业的能源消耗，第二产业又包括工业和建筑业。西部地区 12 个省（区、市）第一产业、工业、建筑业和第三产业的增加值来源于各省（区、市）历年的《统计年鉴》。为剔除价格因素的影响，各省（区、市）各部门的增加值都以 1978 年为可比价格进行折算，最后将 12 个省（区、市）的数据汇总，得到西部地区各部门的增加值。

三、研究范围和时段

研究时段：本章研究时段为西部大开发以来至 2015 年（2000—2015 年）。

研究范围：为揭示西部地区能源消费和二氧化碳排放在全国的地位，本书计算了西部地区 2000—2015 年的能源消费和二氧化碳排放量以及强度和弹性指标，还计算了东部地区①和中部地区②的部分指标，以便进行区域比较。

第二节　西部大开发以来西部地区能源消费演变与空间特征

一、西部地区能源消费演变趋势

西部大开发以来，西部地区能源消费量占全国比重不断增加，但能源利用效率有所提升，能源消费弹性系数也低于全国平均水平。

（一）西部地区能源消费总量快速增长，近年来在全国的份额有所下降

通过计算得到西部地区能源消费量，如图 6-1 所示。西部大开发以来，西部地区经济快速增长，同时能源消费量也呈现快速增长态势。2000—2015 年，西部地区能源消费量从 1.57 亿吨标准煤上升到 5.46 亿吨标准煤，16 年间增长了 247.37%，年均增速为 8.66%。同期全国能源消费量从 2000 年的 6.61 亿吨标准煤上升到 2015 年的 19.34 亿吨标准煤，16 年间增长了 192.49%，年均增速为 7.42%。两者对比可见，西部地区的能源消费总量的增长幅度和增长速度都高于全国水平。同时，2012 年之前，全国能源消费总量呈持续上升，2012 年之后出现了下降，而西部地区能源消费总量则保持上升趋势。

由图 6-2 可知，西部地区能源消费量占全国比重从 2000 年的 23.76% 上升到 2015 年的 28.22%，增加 4.46 个百分点，总体呈上升趋势。同期，西部地区经济产出对全国的贡献由 19.97% 上升到 29.75%，增加了 9.78 个百分点，总体上也呈上升态势。对比二者的变化，可以发现：（1）西部地区能源

---

① 本章的东部地区包括北京市、天津市、河北省、辽宁省、上海市、江苏省、浙江省、福建省、山东省、广东省、海南省。
② 本章的中部地区包括山西省、吉林省、黑龙江省、安徽省、江西省、河南省、湖北省、湖南省。

第六章　西部地区能源消费和二氧化碳排放趋势及其空间特征　**147**

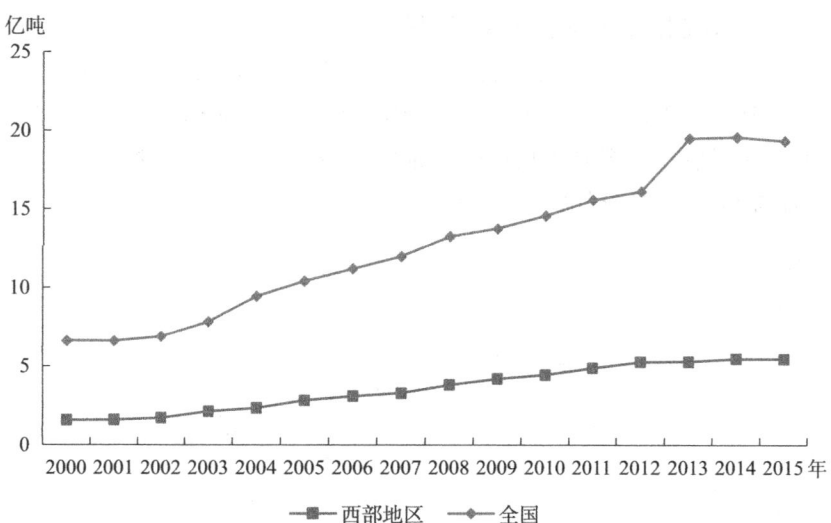

图 6-1　2000—2015 年西部地区及全国能源消费总量

消耗占比上升幅度低于经济贡献增加的幅度；（2）西部地区经济贡献的变化表现为持续、稳定的上升曲线，但西部地区能源消耗占比在 2012 年之后出现了大幅下降；（3）2012 年之前，西部地区能源消费在全国的占比高于经济贡献，而 2012 年之后出现逆转，西部地区的经济贡献大于能源消费贡献。可见，在全国经济增速放缓、经济进入"新常态"的最初三年，西部地区受影响不大，并且对支撑全国经济发展发挥了重要作用。

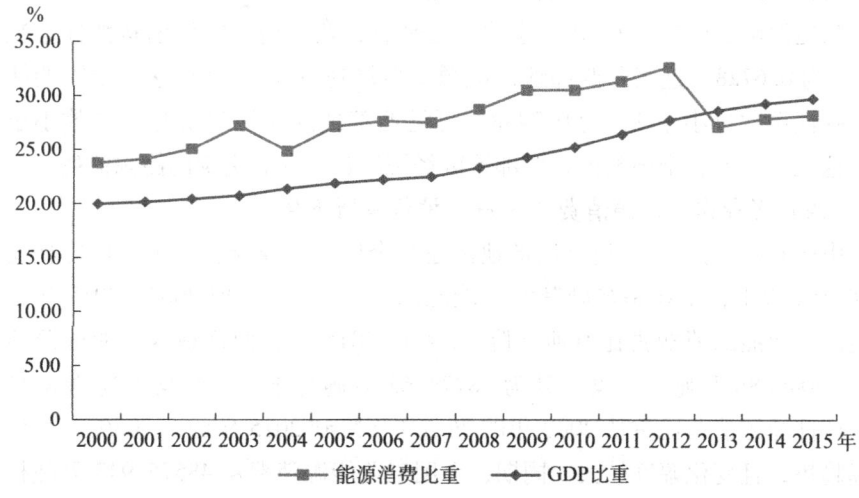

图 6-2　2000—2015 年西部地区能源消费量和 GDP 占全国的比重

(二) 西部地区能源利用效率不断提升

西部大开发以来,西部地区能源强度呈不断下降趋势,万元 GDP 能源消费量从 2000 年的 2.57 吨标准煤下降为 2015 年的 1.45 吨标准煤(见图 6-3)。而且 2013 年以后,西部地区万元 GDP 能源消费量低于全国平均水平,说明西部地区能源利用效率向提高的方向变化。

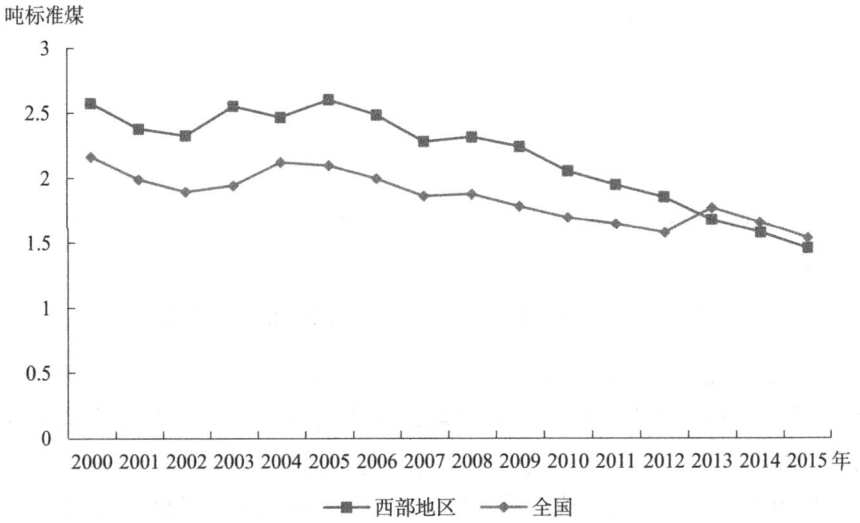

图 6-3　2000—2015 年西部地区和全国万元 GDP 能源消费变化

(三) 西部地区能源消费弹性小于全国水平

从能源消费增速与 GDP 增速的对比来看,西部地区能源消费弹性系数小于 1,为 0.6728,这表明西部地区能源消费增速低于 GDP 增速。全国的能源消费弹性系数也小于 1,为 0.7488,可见西部地区能源消费弹性系数小于全国,这也意味着和全国相比,西部地区经济增长伴随着更少的能源消耗。

(四) 工业作为能源消费"大户"地位有所下降

由图 6-4 可知,无论是西部地区还是全国,工业能耗占生产性能耗比重都在 70% 以上,工业是名副其实的能源消费"大户",但 2000—2015 年,西部地区工业能源消费占比有所下降。2000—2015 年,西部地区工业能源消费量从 12046.86 万吨标准煤上升为 38774.63 万吨标准煤,年均增速为 8.1%,占生产性能源消费比重从 2000 年的 76.7% 下降到 2015 年的 71.06%,总体呈下降趋势,且变化幅度较大。同期,全国工业能源消费从 48575.943 万吨标准煤上升到 137897.17 万吨标准煤,年均增速为 7.20%,工业能源消费占比

2007年之前比较平稳，之后经历了"升—降—升—降"的多次起伏。此外，对比二者还可以发现，2000—2006年西部地区工业能耗占比高于全国水平，2007—2015年则低于全国水平。这表明，工业作为能耗"大户"的地位，全国比西部地区更为突出。

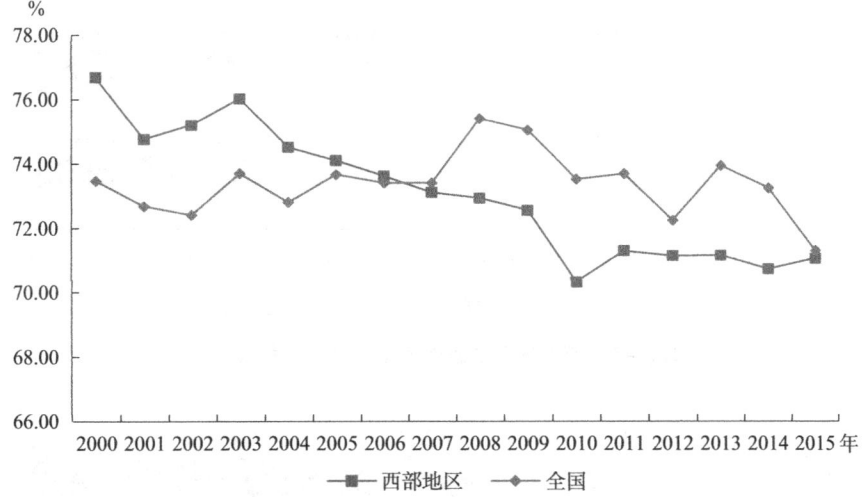

图6-4　2000—2015年西部地区和全国工业能源消费占生产性能源消费的比重

（五）西部地区能源消费结构中煤的主导地位更为突出

如图6-5所示，2000—2015年，西部地区能源消费结构稳定，一直表现为"煤合计＞油品合计＞焦炭＞天然气"。其中，煤合计消费从9039.65万吨标准煤上升为25987.68万吨标准煤，年均增速为7.29%，消费占比有所下降，从57.55%下降为47.63%，但主导地位没有变；焦炭消费从2009.88万吨标准煤上升为8659.16万吨标准煤，年均增速为10.23%，消费占比从12.80%上升为15.87%；油品合计消费从3312.78万吨标准煤上升为13691.99万吨标准煤，年均增速为9.92%，消费占比从21.09%上升为25.09%；天然气消费从1345.43万吨标准煤上升为6225.73万吨标准煤，年均增速为10.75%，消费占比从8.57%上升为11.41%。

同西部地区一样，16年来全国能源消费结构基本呈现为"煤合计＞油品合计＞焦炭＞天然气"，但部分年份油品合计消费高于煤合计消费（见图6-6）。其中，煤合计消费从2000年的27271.85万吨标准煤增长到2015年的73464.48万吨标准煤，年均增速为6.83%，消费占比有所下降，占比从41.25%下降为37.99%，但主导地位没有变；焦炭消费从9869.37万吨标准煤

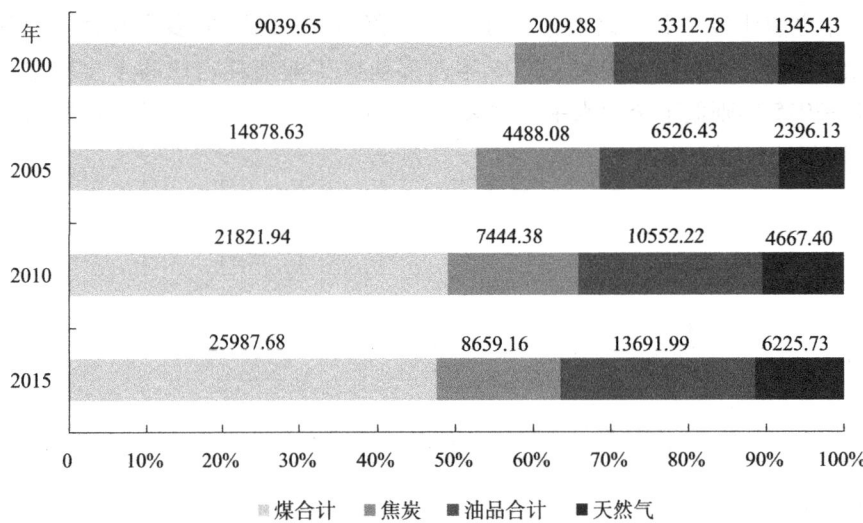

图 6-5 西部地区能源消费结构（万吨标准煤）

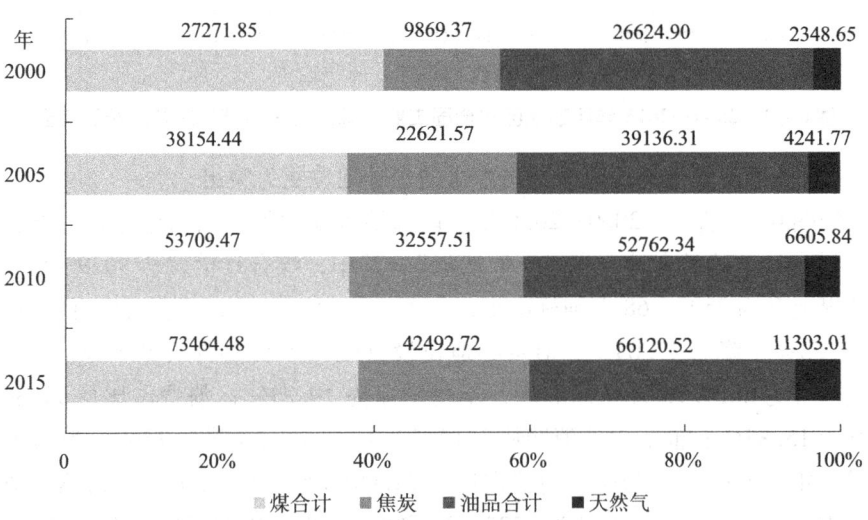

图 6-6 全国能源消费结构（万吨标准煤）

上升为 42492.72 万吨标准煤，年均增速为 10.22%，消费占比从 14.93% 上升为 21.97%；油品合计消费从 26624.90 万吨标准煤上升为 66120.52 万吨标准煤，年均增速为 6.25%，消费占比从 40.27% 上升为 34.19%；天然气消费从 2348.65 万吨标准煤上升为 11303.01 万吨标准煤，年均增速为 11.04%，消费占比从 3.55% 上升为 5.84%。

二、西部地区能源消费的区域差异

(一) 西部地区能源消费总量的区域构成

从能源消费累计占比来看,2000—2015 年,四川省能源消费累计占比为 17.92%,是西部地区最高的省份,内蒙古自治区的能源消费累计占比也超过了 10%,其次是新疆维吾尔自治区 (9.85%)、陕西省 (9.72%)、云南省 (9.67%)、贵州省 (9.38%)、重庆市 (8.62%)、甘肃省 (5.76%)。其中,宁夏回族自治区 (3.38%) 和青海省 (2.18%) 占比较小 (见图 6-7)。能源消费贡献与经济贡献占比基本一致。

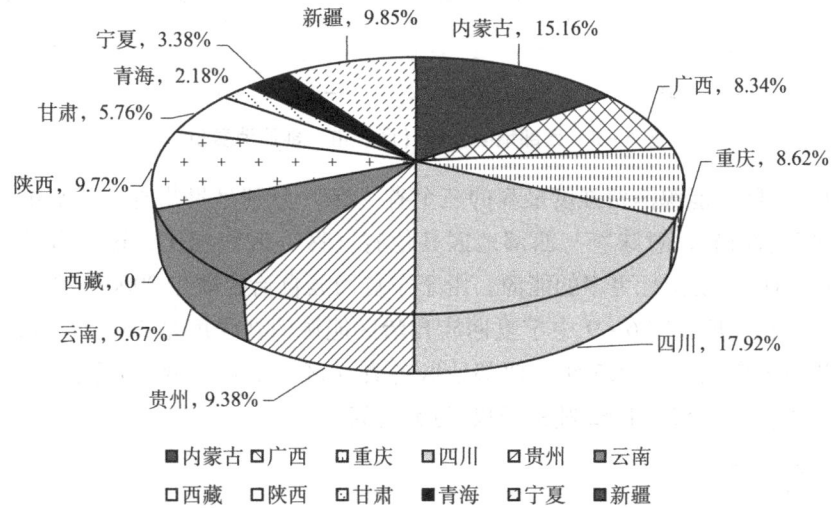

图 6-7 2000—2015 年西部地区各省 (区、市) 能源消费累计占比

(二) 西部地区各省 (区、市) 能源消费总量纵向变化

如图 6-8 所示,西部地区各省 (区、市) 能源消费整体呈上升趋势,其中青海省能源消费增幅最大,从 2000 年的 295.2803 万吨标准煤到 2015 年的 1527.2617 万吨标准煤,16 年间增长了 417.22%,其次,陕西省、内蒙古自治区、新疆维吾尔自治区、云南省和四川省的能源消费增幅也较大,分别达到了 347.21%、322.40%、283.35%、280.45% 和 253.57%。

(三) 西部地区各省 (区、市) 能源消费强度

西部地区 2000 年和 2015 年各省 (区、市) 能源消费强度如图 6-9 和图 6-10 所示,考虑西藏自治区缺乏能源消费数据,故在此没有计算其能源消费强度。2000 年,西部地区各省 (区、市) 能源消费强度在 1.29—5.09 吨标准

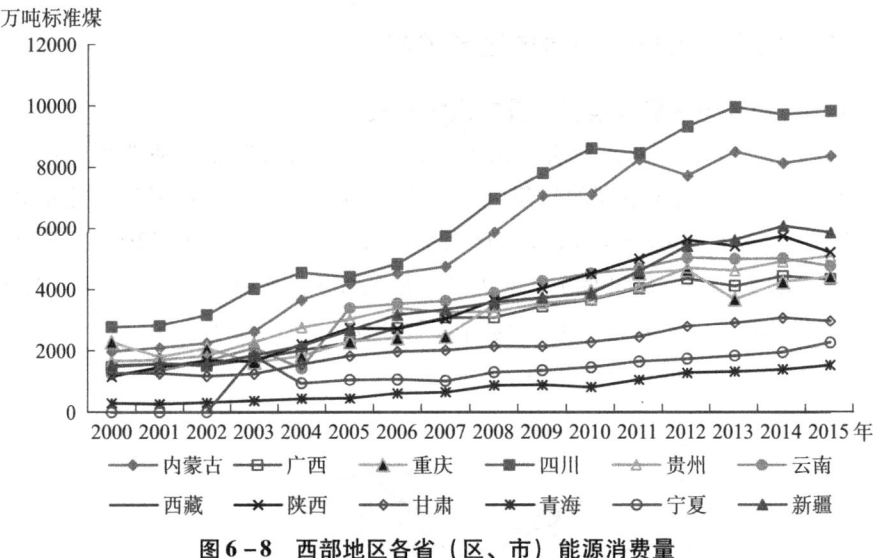

图6-8 西部地区各省（区、市）能源消费量

煤/万元之间，能源消费强度最高的三个省（区）分别是贵州省、新疆维吾尔自治区和青海省，意味着与西部地区其他省（区、市）相比，这些省份创造同样的GDP需要消耗更多的能源。由于宁夏回族自治区缺少2000—2002年能源消费数据，所以图6-9中宁夏回族自治区能源消费强度是2003年的数据，故不进行横向比较。2015年，西部地区各省（区、市）能源消费强度均有所下降，强度在0.85—4.62吨标准煤/万元之间。

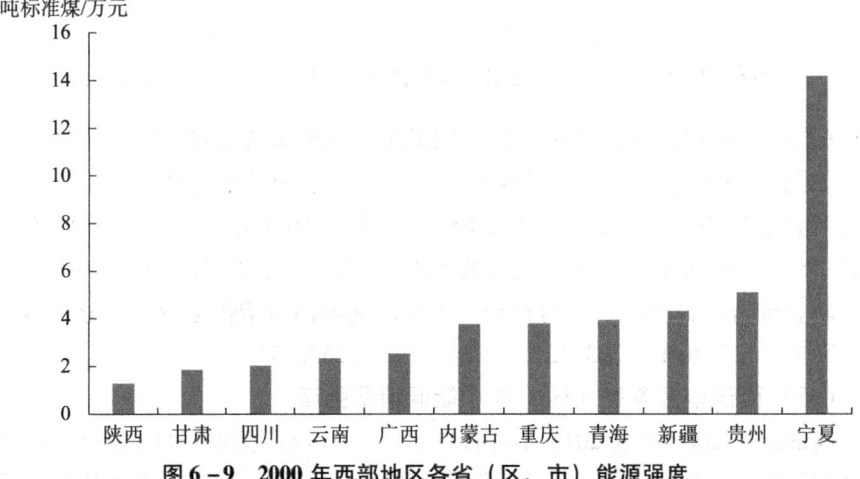

图6-9 2000年西部地区各省（区、市）能源强度

注：由于缺失2003年以前宁夏回族自治区能源消费数据，故图中宁夏回族自治区数据为2003年数据。

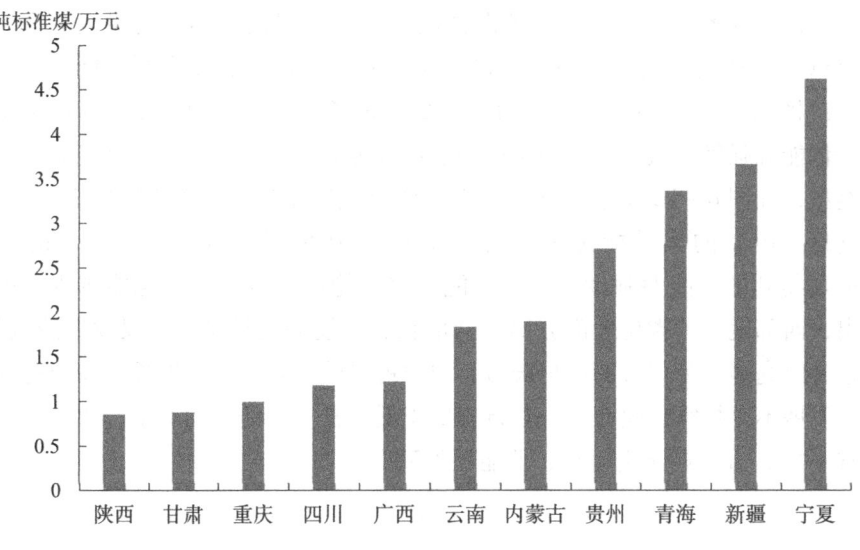

图 6-10 2015 年西部地区各省（区、市）能源强度

（四）西部地区各省（区、市）的能源消费弹性

如图 6-11 所示，2000—2015 年，西部地区各省（区、市）能源消费弹性均小于 1，表明单位能源消费量带动了更多的国民经济产出。西部地区能源消费弹性的内部差异较大，其中青海省能源消费弹性最大，为 0.9074，宁夏回族自治区能源消费弹性最小，仅为 0.1549。

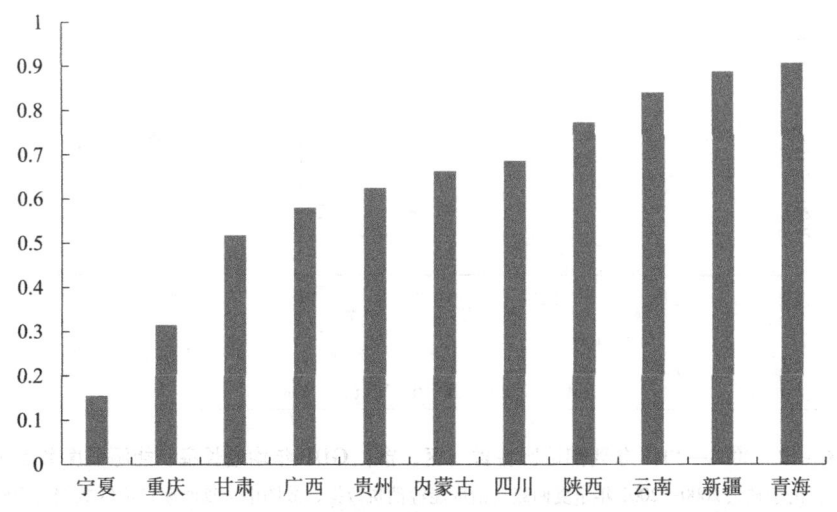

图 6-11 2000—2015 年西部地区各省（区、市）能源消费弹性

注：由于缺失 2003 年以前宁夏回族自治区能源消费数据，故图中宁夏回族自治区数据为 2003—2015 年。

西部地区各省（区、市）能源强度与经济发展具有不同的对应关系，依据 2000—2015 年西部地区各省（区、市）年均经济增长率和累计能源强度的关系，将 11 个省（区、市）划分为高经济增长率—高能源强度、高经济增长率—低能源强度、低经济增长率—高能源强度和低经济增长率—低能源强度四个类型，如图 6-12 所示。其中，累计能源强度是通过计算 2000—2015 年各省（区、市）的累计能源消费总量/2000—2015 年各省（区、市）的累计GDP 所得到的。能源强度越大，耗能越多；能源强度越小，耗能越少。可以看出，西部地区的省份大部分属于低增长、高能耗的类型，不仅发展速度慢，而且是以高能耗为代价的；重庆市、内蒙古自治区则属于高增长、高能耗的类型，发展不可持续；陕西省、甘肃省属于低增长、低能耗的类型，西部地区没有省（区、市）属于高增长、低能耗类型。

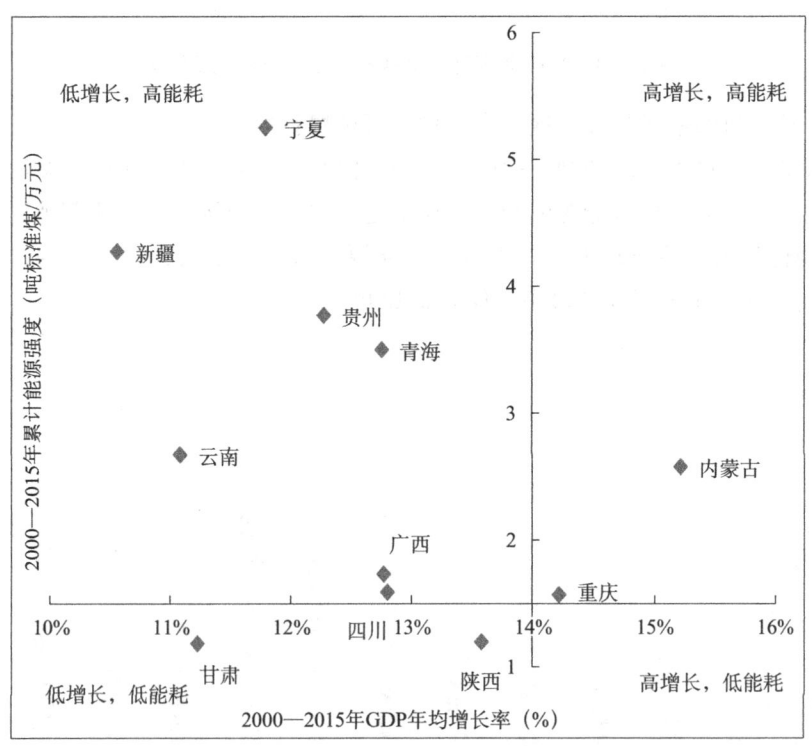

图 6-12　2000—2015 年西部地区各省（区、市）GDP 年均增长率和能源强度散点图

注：由于缺失 2000—2002 年宁夏回族自治区能源消费数据，故图中宁夏回族自治区数据为 2003—2015 年计算所得。

第三节 西部大开发以来西部地区二氧化碳排放变化趋势与产业构成特征

一、西部地区二氧化碳排放总量增幅较大，占全国比重逐年上升

通过二氧化碳排放量估算方式计算得到西部地区二氧化碳排放总量，如图6-13所示。西部大开发战略实施以来，西部地区二氧化碳排放总量呈逐年上升的态势，从2000年的3.96亿吨增加到2015年的13.47亿吨，16年来增长了239.83%。同时，西部地区二氧化碳排放占全国的比重呈不断上升趋势，由2000年的24.33%增长至2015年的28.11%。

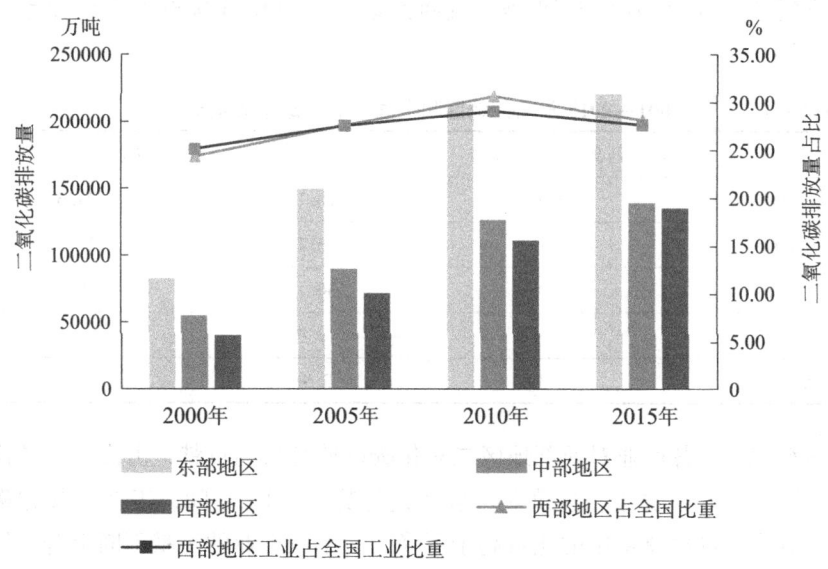

图6-13 地区二氧化碳排放总量

资料来源：根据2001—2016年《中国能源统计年鉴》估算所得。

从四个时点数据来看，二氧化碳排放量在空间上均呈现"东部地区＞中部地区＞西部地区"的格局，与经济发展水平梯度一致。从发展态势看，16

年来,东中西三大地区二氧化碳排放量都呈上升态势,但西部地区上升最快,年均增速为8.50%,东部地区年均增速为6.81%,中部地区增长最慢,年均增速为6.47%。但西部地区工业二氧化碳排放占全国的比重呈上升趋势,从2000年的25.1%到2015年的27.62%,共上升了2.52个百分点,原因是西部大开发以来,西部地区迈入了工业化快速推进的阶段,但由于发展阶段、技术水平、体制机制、国际分工等多种因素制约,西部地区工业化难以摆脱"高投入、高消耗、高排放"的特点,所以工业化呈现"高碳化"趋势。

二、二氧化碳排放总量变化趋势及其产业构成特征

如表6-4所示,2001—2015年,全国二氧化碳排放总量从16.19亿吨增长到47.91亿吨,增加了31.7亿吨,增长了195.9%,2015年的排放量是2001年的2.96倍。同期西部地区二氧化碳排放总量从2001年的3.99亿吨增加到2015年的13.47亿吨,15年来增加了9.48亿吨,增长了237.9%,2015年的排放量是2001年的3.38倍,且西部地区二氧化碳排放占全国比重呈现"先增后减"趋势。

表6-4　　　2001—2015年西部地区和全国二氧化碳排放量比较

年份	西部地区（亿吨）	全国（亿吨）	占全国比重（%）
2001	3.99	16.19	24.6
2005	7.11	25.79	27.6
2010	11.06	36.11	30.6
2015	13.47	47.91	28.1
增长倍数	3.38	2.96	—

图6-14是各产业对西部地区二氧化碳排放总量的贡献,由高到低依次为工业、第三产业、农业和建筑业。从变化趋势看,16年间,工业二氧化碳排放在二氧化碳排放总量中的比重趋于下降,而第三产业的贡献不断上升,第一产业和建筑业的二氧化碳排放占比都保持着较为稳定的状态。

和西部地区一样,全国各产业二氧化碳排放贡献由高到低依次为工业、第三产业、农业和建筑业（见图6-15）。从变化趋势看,16年间,第一产业在二氧化碳排放中比重趋于下降,建筑业、第三产业的贡献有着上升的趋向,而工业二氧化碳排放占比始终保持着较为稳定的状态。

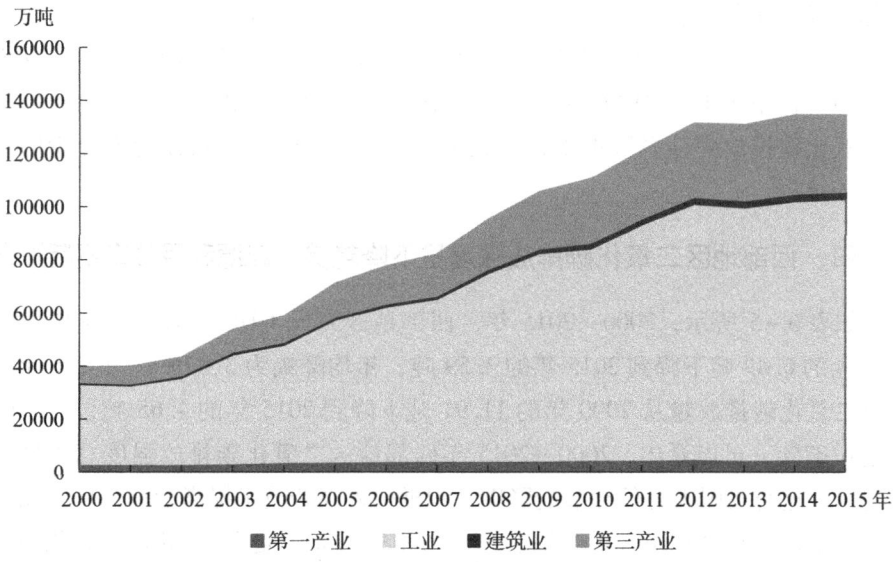

图 6-14　西部地区四大部门对二氧化碳排放的贡献

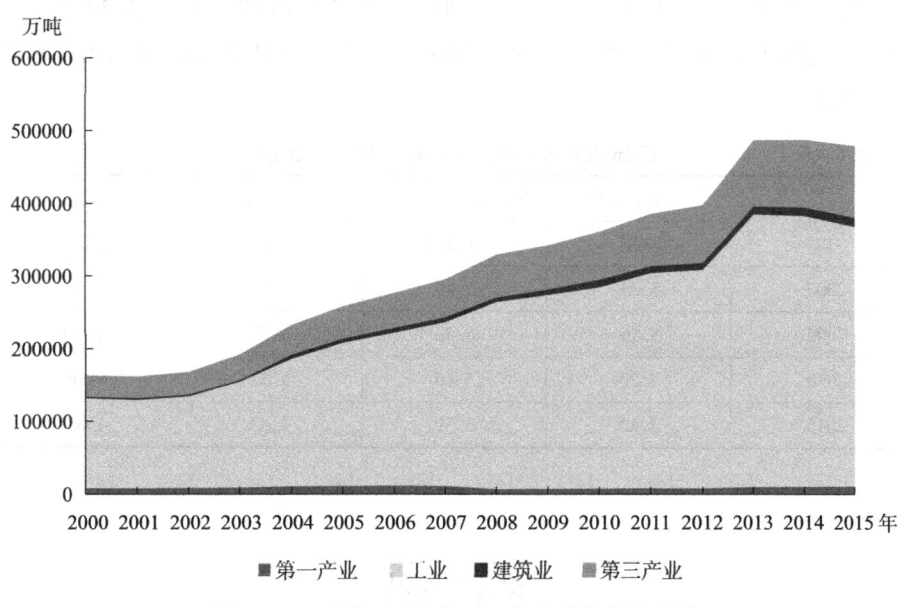

图 6-15　全国四大部门对二氧化碳排放的贡献

三、西部地区二氧化碳排放弹性

从西部地区二氧化碳排放增速与 GDP 增速的对比来看，2000—2015 年西部地区二氧化碳排放弹性系数为 0.6728，小于 1，西部地区 GDP 增速稍快于二氧化碳排放增速；2000—2015 年全国的二氧化碳排放弹性系数为 0.7529，也小于 1，GDP 增速快于二氧化碳排放增速。和全国相比，西部地区二氧化碳排放弹性系数更小，这意味着西部地区经济增长伴随着更少的二氧化碳排放。

四、西部地区二氧化碳排放强度呈下降趋势，能源利用效率不断提升

如表 6-5 所示，2000—2015 年，西部地区万元 GDP 二氧化碳排放量从 2000 年的 6.49 吨下降到 2015 年的 3.59 吨，年均降幅为 3.87%，万元工业增加值二氧化碳排放量从 2000 年的 11.91 吨下降到 2015 年的 4.65 吨，年均降幅达 6.07%，可以看出，2000—2015 年西部地区二氧化碳排放强度总体呈下降趋势，这与我国大力倡导节能降碳，积极引入高新技术提高劳动效率与物质能源使用效率有着密切联系。虽然和全国相比，无论是万元 GDP 二氧化碳排放量还是万元工业增加值二氧化碳排放量，西部地区都高于全国平均水平，但是差距在不断缩小，例如万元工业增加值二氧化碳排放量差值从 2000 年的 5.06 吨，到 2015 年的 0.05 吨，说明 2000—2015 年西部地区能源利用效率得到显著提升。

表 6-5　　　　　　西部地区与全国二氧化碳排放强度比较　　　　　　单位：吨

年份	万元 GDP 二氧化碳排放量		万元工业增加值二氧化碳排放量	
	全国	西部地区	全国	西部地区
2000	5.33	6.49	6.85	11.91
2005	5.19	6.53	6.52	10.53
2010	4.20	5.10	5.22	6.86
2015	3.80	3.59	4.60	4.65

本章小结

1. 2000—2015 年，西部地区能源消费总量快速增长，且 16 年间能源消费总量占全国比重的增长幅度高于其经济总量占全国比重的增长幅度，但 2012

年后发生逆转,西部地区经济增长对全国的贡献高于能源消费贡献,说明在全国经济增速放缓、经济进入"新常态"的最初三年,西部地区经济受影响不大,并且在支撑全国经济发展发挥了重要作用。2000—2015 年西部地区能源消费强度呈下降趋势,万元 GDP 能源消费量从最初的 2.57 亿吨标准煤下降到 2015 年的 1.45 亿吨标准煤,且 16 年间西部地区能源消费弹性为 0.6728,小于 1,说明能源利用效率不断提升。

2. 2000—2015 年,西部地区工业能源消费占比一直在 70% 以上,但从 2000 年的 76.7% 下降到 2015 年的 71.06%,这表明工业仍是能源消费的"大户",但地位有所下降。2000—2015 年,西部地区能源消费结构稳定,始终维持"煤合计 > 油品合计 > 焦炭 > 天然气"的结构,虽然煤合计消费占比从 2000 年的 57.55% 下降到 2015 年的 47.63%,但煤的主导地位没有变,而且和全国相比,西部地区能源消费结构中煤的主导地位更为突出。

3. 从能源消费区域差异来看,2000—2015 年,四川省能源累计消费占比为 17.92%,是西部地区最高的省份,其次是内蒙古自治区(15.16%);然后是新疆维吾尔自治区(9.85%)、陕西省(9.72%)、云南省(9.67%)、贵州省(9.38%)、重庆市(8.62%)、甘肃省(5.76%)、宁夏回族自治区(3.38%)和青海省(2.18%),能源消费贡献与经济贡献基本一致。从各地能源消费总量纵向变化来看,西部地区 12 省(区、市)能源消费总量整体呈上升趋势,其中青海省增幅最大,16 年间增长了 417.22%。

4. 西部地区各省(区、市)2000 年能源消费强度处于 1.29—5.09 吨标准煤/万元之间,2015 年处于 0.85—4.62 吨标准煤/万元之间,西部地区各(区、市)能源消费强度均有所下降。2000—2015 年西部地区各省(区、市)能源消费弹性均小于 1,且省份间差异较大。西部地区各省(区、市)能源强度与经济发展具有不同的对应关系,其中,重庆市、内蒙古自治区属于高增长、高消耗类型,陕西省、甘肃省属于低增长、低消耗类型,剩余省份属于低增长、高消耗类型,没有高增长、低能耗类型。

5. 2000—2015 年,西部地区二氧化碳排放量从最初的 3.96 亿吨增加到 2015 年的 13.47 亿吨,16 年间增长了 240.15%,而且占全国的比重也在逐年上升。从各产业对二氧化碳排放量的贡献来看,贡献量由高到低依次为工业、第三产业、农业和建筑业,但 2000—2015 年工业二氧化碳排放量在总排放量中的比重趋于下降,第三产业的比重不断上升,第一产业和建筑业占比都保持着较为稳定的状态。从二氧化碳排放弹性来看,西部地区二氧化碳排放弹性系数为 0.6728，小于 1，表明 GDP 增速快于二氧化碳排放增速。从二氧化碳排放强度来看，2000—2015 年西部地区万元 GDP 二氧化碳排放量和万元工业增加值二氧化碳排放量均呈下降趋势，虽然始终高于全国平均水平，但差距在不断缩小。

第七章

西部地区产业结构变化对二氧化碳排放影响的实证分析:基于"四部门"和"五部门"

本章基于"四部门"和"五部门"的产业划分层次,运用 LMDI 模型,对西部大开发以来西部地区产业结构变化的资源环境效应进行实证分析,并与同期全国的情况进行对比分析,旨在验证"结构效应"假说,并揭示西部地区产业结构变化对资源环境影响的方向、程度及特点。

第一节 研究方法和数据说明

一、研究方法

产业结构变动的资源环境效应量化研究方法主要有三大类:相关性分析方法、指数分解方法和结构分解方法,本书采用指数分解法中的对数平均迪氏指数法,即 LMDI 模型,理由见本书第四章。

根据指数分解法原理,推导如下:

二氧化碳排放恒等式:

$$C = \sum_{ij} C_{ij} = \sum_{ij} Q \frac{Q_i}{Q} \frac{E_i}{Q_i} \frac{E_{ij}}{E_i} \frac{C_{ij}}{E_{ij}} = \sum_{ij} Q S_i I_i M_{ij} U_{ij} \qquad (7-1)$$

其中,i 表示产业,j 表示能源种类;C 为二氧化碳排放总量,C_{ij} 为第 i 产

业第 j 种能源产生的二氧化碳排放量；Q 为经济产出规模（用 GDP 代表），Q_i 为第 i 产业的增加值；E_i 为第 i 产业的能源消费量，E_{ij} 为第 i 产业第 j 种能源的消费量；S_i（$=Q_i/Q$）为第 i 产业增加值占 GDP 比重；I（$=E/Q$）为总的能源强度，I_i 为第 i 产业的能源强度；M_{ij}（$=E_{ij}/E_i$）表示第 i 产业的能源结构；U_{ij}（$=C_{ij}/E_{ij}$）表示第 j 种能源碳排放系数。

分别运用"加和分解法"和"乘法分解法"，二氧化碳排放增量从基期 0 到 T 期分别为：

$$\Delta C_{tot} = C^T - C^0 = \Delta C_{act} + \Delta C_{str} + \Delta C_{int} + \Delta C_{mix} + \Delta C_{emf}$$
$$= \sum_{ij} [w_{ij} \cdot \ln(Q^T/Q^0) + w_{ij} \cdot \ln(S_i^T/S_i^0) + w_{ij} \cdot \ln(I_i^T/I_i^0) + w_{ij} \cdot \ln(M_{ij}^T/M_{ij}^0) + w_{ij} \cdot \ln(U_{ij}^T/U_{ij}^0)] \quad (7-2)$$

$$D_{tot} = \frac{C^T}{C^0} = D_{act} \cdot D_{str} \cdot D_{int} \cdot D_{mix} \cdot D_{emf}$$
$$= \exp[\sum_{ij} w_{ij} \ln(Q^T/Q^0)] \cdot \exp[\sum_{ij} w_{ij} \ln(S_i^T/S_i^0)] \cdot$$
$$\exp[\sum_{ij} w_{ij} \ln(I_i^T/I_i^0)] \cdot \exp[\sum_{ij} w_{ij} \ln(M_{ij}^T/M_{ij}^0)] \cdot \quad (7-3)$$
$$\exp[\sum_{ij} w_{ij} \ln(U_{ij}^T/U_{ij}^0)]$$

其中：$w_{ij} = \dfrac{C_{ij}^T - C_{ij}^0}{\ln C_{ij}^T - \ln C_{ij}^0}, w_{ij} = \dfrac{(C_{ij}^T - C_{ij}^0)/(\ln C_{ij}^T - \ln C_{ij}^0)}{(C^T - C^0)/(\ln C^T - \ln C^0)}$

定义 $L(a,b) = \begin{cases} \dfrac{a-b}{\ln a - \ln b}, & a \neq b \\ a, & a = b \end{cases}$

角标 tot 的表示二氧化碳排放增量，角标 act、str、int、mix 和 emf 分别表示总产出、产业结构、能源强度、能源结构和碳排放系数变化对二氧化碳排放的影响，分别对应经济规模效应、产业结构效应、能源强度效应、能源结构效应和碳排放效应。一般来讲，能源的碳排放系数在一段时期内保持不变，不会对二氧化碳排放造成影响，因此可假定 $\Delta E_{emf} = 0$，$D_{emf} = 1$。"加和分解法"下效应大于 0 或"乘法分解法"下效应大于 1，则表示该效应促进二氧化碳排放的增加，反之则表示该效应会抑制二氧化碳排放的增加。LMDI 可实现完全分解，分解公式中无其他残余项。

而且，

$$\frac{\Delta C_{act}}{\ln D_{act}} = \frac{\Delta C_{str}}{\ln D_{str}} = \frac{\Delta C_{int}}{\ln D_{int}} = \frac{\Delta C_{mix}}{\ln D_{mix}} = \frac{C^T - C^0}{\ln C^T - \ln C^0} \qquad (7-4)$$

故"加和分解法"与"乘法分解法"具有同等解释效力，本书采用"加和分解法"计算。

各效应的贡献率计算如下：

$$\delta_{act} = \frac{\Delta C_{act}}{\Delta C_{tot}}, \delta_{str} = \frac{\Delta C_{str}}{\Delta C_{tot}}, \delta_{int} = \frac{\Delta C_{int}}{\Delta C_{tot}}, \delta_{mix} = \frac{\Delta C_{mix}}{\Delta C_{tot}} \qquad (7-5)$$

各效应的累计贡献率为：

$$\delta_x' = \frac{\sum_0^T \Delta C_x}{\sum_0^T \Delta C_{tot}} \qquad (7-6)$$

式中 δ_{act}、δ_{str}、δ_{int}、δ_{mix} 分别表示经济规模效应、产业结构效应、能源强度效应、能源结构效应的贡献率，δ_x' 表示以上任意一种效应的累计贡献率。

二、研究范围和时段

研究范围：分两个层面，一个是国家层面，另一个是西部地区。西部地区的范围为西部大开发战略所划定的范围，包括四川省、重庆市、西藏自治区、云南省、贵州省、广西壮族自治区、陕西省、甘肃省、青海省、宁夏回族自治区、新疆维吾尔自治区、内蒙古自治区的12个省（区、市）。

研究时段根据西部大开发战略实施的时间，并考虑我国五年规划期的时点，本章研究时段为2001—2015年。

三、产业划分

行业细分程度对产业结构效应研究有着重要影响。从现有文献看，运用 LMDI 模型对二氧化碳排放（或能源消费）进行分解的研究中，对产业的划分，有采用"三部门""四部门"的，有采用"五部门""六部门"的，也有基于多个部门进行研究的（见表7-1）。基于"三部门"的研究，采用的是最基本的三次产业划分方式，"四部门"则是在三次产业划分基础上，将第二产业分为工业和建筑业，"五部门"则是在"四部门"划分的基础上，进一步将工业再划分为轻工业和重工业，还有的研究根据《国民经济行业分类》《中国工业统计年鉴》或《投入产出表》的行业划分标准，将行业细分至工业两位数行业，行业个数达数十个，属于"多部门"研究。

表7-1　　　　　　　基于 LMDI 模型研究的产业划分层次

划分层次	产业划分的内涵	相关文献
三部门	第一产业、第二产业、第三产业	Ang（1997）；Liu L C 等（2007）；Fan 等（2007）；韩智勇等（2004）；李国璋等（2008）；林伯强等（2014）；张宏艳等（2016）；宋鹏等（2021）
四部门	第一产业、工业、建筑业、第三产业或农业、工业、交通运输业与商业和服务业	黄勤等（2017）；王开等（2017）
五部门	第一产业、轻工业、重工业、建筑业、第三产业	顾阿伦等（2016）
六部门	农业、工业、建筑业、交通运输仓储和邮电通信业、批发和零售贸易餐饮业以及非物质生产部门	欧育辉等（2007）；高振宇等（2007）；王群伟等（2008）；陈诗一等（2010）；李珊珊等（2018）；宋辉等（2019）
多部门	郑蕊等（2022）：8 个部门 韩颖等（2010）：15 个部门 施凤丹（2008）：23 个部门 郭朝先（2010，2012）：44 个部门	郭朝先（2010）；郭朝先（2012）；施凤丹（2008）；韩颖等（2010）；郑蕊等（2022）

资料来源：作者自制。

从文献分布来看，采用"三部门"研究的最多。为突出西部地区产业结构的特点，并充分利用本书对行业划分所做的工作，本书采用"四部门""五部门"两种产业划分的层次进行研究，如表7-2所示。

表7-2　　　　　　　　本书所用的产业划分层次

产业划分层次	行业内涵	备注
四部门	第一产业、工业、建筑业、第三产业	第一产业包括农、林、牧、渔业；第三产业包括交通运输、仓储和邮政业，批发零售业和住宿餐饮业，以及其他第三产业
五部门	第一产业、轻工业、重工业、建筑业、第三产业	第一产业、第三产业同上，轻重工业划分见本书第五章表5-8

资料来源：作者自制。

四、数据处理

运用 LMDI 模型进行二氧化碳排放影响因素分解，需要产业增加值和相应产业的能源消费两类数据，本书将对两个空间层面（国家和西部地区）、两种产业层次（"四部门"和"五部门"）的二氧化碳排放因素进行分解，而不同层面、不同层次的数据收集和处理涉及不同的方式方法，下面分别对其进行说明。

(一)"四部门"分析需要的数据

"四部门"即第一产业、工业、建筑业和第三产业,涉及的产业增加值和能源消费数据都可以直接从《统计年鉴》中得到。

全国层面的数据来源。全国的第一产业、工业、建筑业和第三产业的增加值来源于历年《中国统计年鉴》,全国的第一产业、工业、建筑业和第三产业的终端能源消耗来源于历年《中国能源统计年鉴》的能源平衡表,能源实物量折算成标准煤以及估算二氧化碳排放量的方法,见本书第六章。

西部地区的数据来源。西部地区第一产业、工业、建筑业和第三产业的增加值可以从西部地区各省(区、市)历年《统计年鉴》中直接获取,然后加总得到西部地区四个部门各自总的增加值;西部地区第一产业、工业、建筑业和第三产业的终端能源消耗来源于历年《中国能源统计年鉴》地区能源平衡表,然后加总得到西部地区四个部门各自总的能源消耗量,能源实物量折算成标准煤以及估算二氧化碳排放量的方法,见本书第六章。

(二)"五部门"分析需要的数据

"五部门"即第一产业、轻工业、重工业、建筑业及第三产业,第一产业、建筑业和第三产业的来源和处理方式同前所述,轻重工业则要深入到两位数行业,此时数据收集面临如下问题:一是两位数行业的增加值和分省(区、市)两位数行业能源消费的数据都不能直接从《统计年鉴》中得到;二是增加值数据的行业统计口径与能源消费的行业统计口径不一致。下面对轻重工业增加值和能源消费的数据处理方法进行说明。

关于全国轻重工业增加值。首先,由于《中国统计年鉴》两位数行业产值数据的统计口径为"规模以上企业"(以下简称"规上"),而《中国能源统计年鉴》两位数行业统计口径为全部企业(即"全口径"),所以需要将规模以上工业的数据口径折算成全口径工业的数据口径,目前国内研究处理此类问题大多采用权重法进行折算(郭朝先,2012);其次,由于《统计年鉴》没有两位数行业的增加值数据,只有两位数行业的工业总产值或销售产值数据,因此还需要将两位数行业的工业总产值或销售产值折算成增加值。故全国轻重工业增加值计算公式如下:

某行业(规上)增加值

$$= \frac{某行业(规上)产值}{全部工业(规上)产值} \times 全部(规上)工业增加值 \quad (7-7)$$

某行业(全口径)增加值

$$=\frac{\text{某行业（规上）增加值}}{\text{全部工业（规上）增加值}} \times \text{全部工业（全口径）增加值} \quad (7-8)$$

轻工业（全口径）增加值

$$= 9 \text{ 个两位数行业（全口径）增加值加总} \quad (7-9)$$

重工业（全口径）增加值

$$= 18 \text{ 个两位数行业（全口径）增加值加总} \quad (7-10)$$

关于全国轻重工业能源消费。《中国能源统计年鉴》有两位数行业（全口径）"工业分行业终端能源消费量"，对 9 个轻工业和 18 个重工业所对应两位数行业的终端能源消耗，分别加总，得到轻工业能源终端消耗和重工业能源终端消耗。能源种类和折算方法及二氧化碳排放量估算方法见本书第六章。

轻工业能源消费实物量 = 9 个两位数行业能源消费实物量加总 (7-11)

重工业能源消费实物量 = 18 个两位数行业能源消费实物量加总 (7-12)

关于西部地区轻重工业增加值。与全国的情况一样，既需要统一《统计年鉴》的行业统计口径，又需要对统计指标进行折算。与全国情况稍有不同的是，西部地区 12 省（区、市）的《统计年鉴》没有两位数行业的增加值数据，大多只有两位数行业产值数据和全部工业增加值数据，需要将产值折算成增加值，折算方法同全国一样。因此，计算公式为：

某省份某行业（全口径）增加值

$$=\frac{\text{某省份某行业总产值}}{\text{某省份全部工业总产值}} \times \text{某省份工业（全口径）增加值} \quad (7-13)$$

西部地区轻工业（全口径）增加值

$$= \text{西部地区 12 个省份 9 个两位数行业（全口径）增加值加总} \quad (7-14)$$

西部地区重工业（全口径）增加值

$$= \text{西部地区 12 个省份 18 个两位数行业（全口径）增加值加总} \quad (7-15)$$

现有文献中，虽有"五部门"（顾阿伦，2016）或"多部门"（郭朝先，2012）或单独核算"轻重工业"（齐志新等，2007）的研究，但都是以全国为对象，不存在分地区的问题，所以数据都可以直接从《中国能源统计年鉴》中得到，无须处理。目前，分地区分行业来考察产业结构效应的研究很少，为获得分地区分行业能源消费数据，学者们基本上还是采取比较简单的处理方式，即把行业产值比重作为能源消费的权重进行折算，如李国璋和王双（2008）等。当然，这样的折算暗含诸多假定。本书亦采用产出权重折算法，即以西部地区某行业增加值占全国的比重作为权重系数估算该行业的能源消耗。

西部地区轻（重）工业能源消耗

$$=\frac{西部地区轻（重）工业增加值}{全国轻（重）工业增加值}\times 全国轻（重）工业能源消耗 \quad (7-16)$$

以上计算所需原始数据来源于 2001—2016 年《中国统计年鉴》以及西部地区 12 省（区、市）历年《统计年鉴》。

最后，为剔除价格因素的影响，销售产值、产值等数据都以 1978 年为可比价格进行折算。

本书 LMDI 分解结果，如无特殊说明，均根据上述方法和数据计算得到。

第二节 西部地区产业结构变化对二氧化碳排放影响实证分析：基于"四部门"

以第一产业、工业、建筑业、第三产业四个部门为产业划分，运用 LMDI 模型对西部地区和全国 2001—2015 年的二氧化碳排放增量进行因素分解，得到经济规模、产业结构、能源强度和能源结构"四大效应"分年度贡献和累计贡献。

一、西部地区二氧化碳排放增长因素分解结果

2001—2015 年西部地区基于"四部门"二氧化碳排放增长因素累计贡献见表 7-3、历年贡献数量见图 7-1、历年贡献率见表 7-4。

2001—2015 年，总体来看，西部地区二氧化碳排放增长 95038.05 万吨，其中，经济规模增加贡献了 161177.97 万吨，产业结构变化贡献了 10976.69 万吨，能源强度效应和能源结构效应则分别贡献了 -75750.84 万吨和 -1365.77 万吨，各因素对二氧化碳排放的累计贡献率分别为 169.59%、11.55%、-79.71%、-1.44%，累计贡献率的经济规模效应和产业结构效应为正，能源强度和能源结构的变化表现为负效应。这表明，2001—2015 年，西部地区的经济增长和产业结构变化促使二氧化碳排放的增加，能源强度和能源结构的变化则有利于二氧化碳排放减少。分年度来看，西部地区二氧化碳排放量 2013 年为减少，其余年份均为增加。从历年贡献率来看，经济规模效应一直为正，始终是二氧化碳排放增长的第一主导因素，产业结构效应大多数年份为正，2014 年、2015 年三年为负，是导致二氧化碳排放增长的第二大因素；

能源强度效应是促进二氧化碳排放减少的主要因素，但 2003 年、2004 年和 2008 年却促进了二氧化碳排放增长；能源结构效应对二氧化碳排放的贡献不稳定，有的年份为正，有的年份为负，累计贡献率很小。

表 7-3　西部地区基于"四部门"二氧化碳排放增长因素累计贡献

2001—2015 年	经济规模效应	产业结构效应	能源强度效应	能源结构效应	二氧化碳排放增量
累计贡献量（万吨）	161177.97	10976.69	-75750.84	-1365.77	95038.05
累计贡献率（%）	169.59	11.55	-79.71	-1.44	—

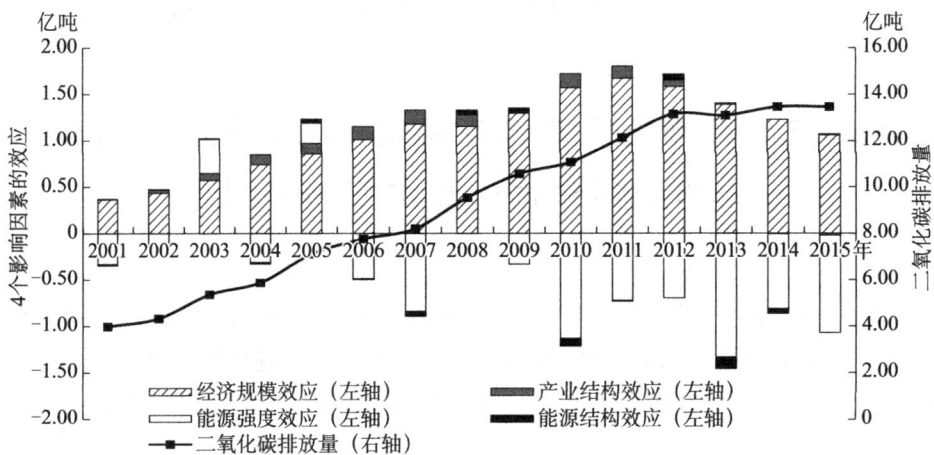

图 7-1　西部地区基于"四部门"二氧化碳排放增长因素历年贡献数量

表 7-4　西部地区基于"四部门"二氧化碳排放增长因素历年贡献率　　　单位：%

时间	经济规模效应	产业结构效应	能源强度效应	能源结构效应
2001	1600.48	35.87	-1458.65	-77.70
2002	126.38	10.11	-37.32	0.82
2003	55.50	7.36	36.25	0.89
2004	142.46	20.85	-59.47	-3.84
2005	69.44	9.48	17.76	3.32
2006	154.77	21.30	-74.39	-1.69
2007	269.43	34.12	-191.93	-11.62
2008	86.62	9.33	0.18	3.87
2009	127.14	0.00	-32.46	5.31
2010	310.07	30.31	-223.35	-17.04
2011	156.29	12.15	-67.65	-0.79
2012	155.41	6.96	-68.65	6.28

续表

时间	经济规模效应	产业结构效应	能源强度效应	能源结构效应
2013	2702.29	31.76	-2592.40	-241.65
2014	338.19	-1.95	-221.59	-14.65
2015	35381.08	-767.60	-34931.04	417.56

从历年产业结构效应的影响方向和影响程度看，西部大开发以来的15年，产业结构效应有12年为正，2年为负数，1年为0，2001年产业结构对二氧化碳排放增加的贡献程度最大（35.87%），2015年产业结构对减少二氧化碳排放的贡献程度最大（-767.60%），2009年产业结构对二氧化碳排放几乎没有影响，贡献为0。产业结构效应大多数年份为正，说明西部大开发以来西部地区产业结构变化的实际方向与节能降碳要求的"理想方向"不一致，但总体来看，从西部大开发之初的最大正效应到15年之后的最大负效应，表现了产业结构15年趋势还是朝着有利于节能降碳的方向变化的。

从表7-4可知，西部地区产业结构效应在较长时间保持正数，从节能降碳角度来看，反映较长时间内西部地区产业发展还不能脱离高耗能、高排放模式，所以为分析产业结构变化中的能源消费和二氧化碳排放情况，可进一步考察高耗能产业比重变化与产业结构效应的对应关系。图7-2展示了西部地区2001—2015年高耗能产业增加值比重的变化，可将其分为以下几个阶段：西部大开发之初到2003年，在39%到41%之间；2004—2007年陡升，比重在47%左右，是15年来最高的阶段，2006年达到最高峰；2008年回落后，至2011年，比重比较平稳，保持在43%左右；2011年后，高耗能产业比重进入了持续下降的区间，与西部大开发之初的水平相当。

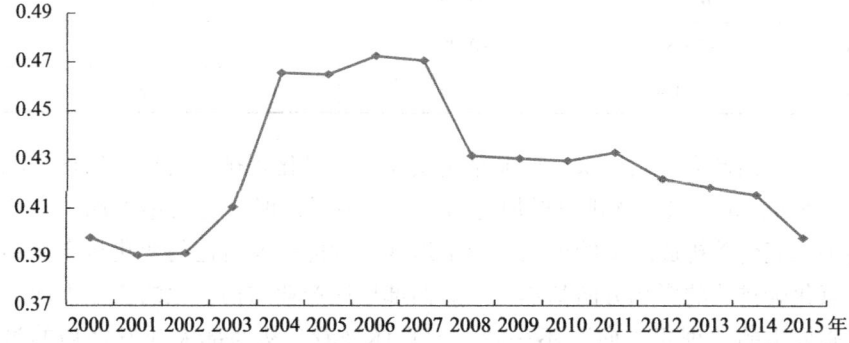

图7-2 西部地区高耗能产业增加值比重变化趋势

采用"产业结构效应与高耗能产业比重变化的比值"来表征高耗能产业每变动一个百分点所对应的产业结构效应,如表7-5所示。由此可知,西部地区产业结构对二氧化碳排放的影响方向与高耗能产业占比的变化基本一致,绝大多数年份高耗能产业比重增加,产业结构效应为正效应,极少数年份高耗能产业比重减少,产业结构效应为负。同时,高耗能产业比重每变化1个百分点带来的产业结构效应,绝对值最高的是2005年18046.01万吨,最小的为2009年0.09万吨。

表7-5 西部地区产业结构效应与高耗能产业占比的关系

时间	产业结构效应（万吨）	高耗能产业占比的变化（%）	产业结构效应/高耗能产业占比变化（万吨/%）
2001	81.02	-0.71	-113.44
2002	347.52	0.08	4397.23
2003	756.43	1.90	397.91
2004	1083.13	5.50	196.95
2005	1168.76	-0.06	-18046.01
2006	1393.75	0.76	1843.90
2007	1497.59	-0.19	-7805.81
2008	1244.32	-3.92	-317.80
2009	0.01	-0.11	-0.09
2010	1533.79	-0.09	-17066.56
2011	1300.18	0.34	3842.27
2012	707.97	-1.08	-655.05
2013	163.44	-0.35	-461.01
2014	-70.83	-0.29	242.82
2015	-230.4	-1.76	130.81

综上,西部大开发以来,产业结构变化对二氧化碳排放增长的累计贡献率达11.55%,是二氧化碳排放增加的第二主导因素,但最近几年出现了产业结构促进二氧化碳排放减少的现象。西部地区高耗能产业占比的变化与产业结构对二氧化碳排放的影响方向基本一致。西部地区产业结构变化的实际方向与节能降碳要求的"理想方向"不一致,但总体来看,从西部大开发之初的最大正效应到2015年的最大负效应,表现了2001—2015年西部地区产业结构发展

趋势还是朝着有利于节能降碳的方向变化的。

二、全国二氧化碳排放增长因素分解结果

2001—2015年全国基于"四部门"二氧化碳排放增长因素累计贡献见表7-6、历年贡献数量见图7-3、历年贡献率见表7-7。

表7-6　　全国基于"四部门"二氧化碳排放增长因素累计贡献

2001—2015年	经济规模效应	产业结构效应	能源强度效应	能源结构效应	二氧化碳排放增量
累计贡献量（万吨）	427302.54	4596.89	-119776.49	4064.88	316187.82
累计贡献率（％）	135.14%	1.45%	-37.88%	1.29%	—

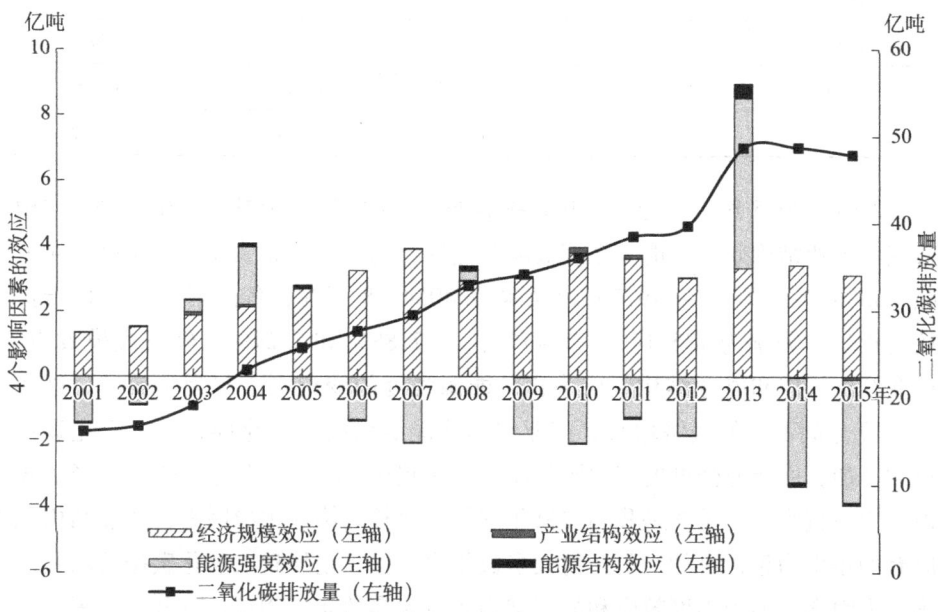

图7-3　全国基于"四部门"二氧化碳排放增长因素历年贡献数量

表7-7　　全国基于"四部门"二氧化碳排放增长因素历年贡献率　　　单位:%

时间	经济规模效应	产业结构效应	能源强度效应	能源结构效应
2001	1363.70	19.16	-1430.61	-52.26
2002	232.77	5.36	-130.51	-7.63
2003	79.01	4.57	15.03	1.39
2004	52.35	1.72	43.23	2.70

续表

时间	经济规模效应	产业结构效应	能源强度效应	能源结构效应
2005	105.82	0.33	-10.61	4.46
2006	173.22	-0.06	-70.61	-2.56
2007	207.96	1.19	-107.52	-1.62
2008	86.35	0.67	8.29	4.69
2009	229.05	-2.01	-132.44	5.40
2010	199.20	9.35	-107.00	-1.55
2011	148.48	4.95	-50.84	-2.60
2012	245.40	2.10	-144.95	-2.55
2013	36.98	-0.01	58.16	4.88
2014	9031.64	-70.12	-8526.93	-334.59
2015	365.64	-10.96	-444.41	-10.27

2001—2015年，我国二氧化碳排放增长316187.82万吨，其中，经济规模效应、产业结构效应、能源强度效应和能源结构效应分别贡献了427302.54万吨、4596.89万吨、-119776.49万吨和4064.88万吨，各因素对二氧化碳排放的贡献率分别为135.14%、1.45%、-37.88%和1.29%，经济规模效应、产业结构效应和能源结构效应为正，能源强度的变化则表现为负效应。这表明，15年间我国的经济增长、产业结构和能源结构的变化导致了二氧化碳排放的增加，而能源强度的变化则促使二氧化碳排放减少。分年度来看，经济规模效应一直为正，始终是我国二氧化碳排放增长的第一主导因素，产业结构效应有的年份为正，有的为负，但大多数年份为正，是导致二氧化碳排放增长的第二大因素，能源强度效应和能源结构效应大多数年份为负，有利于二氧化碳排放减少。

从历年产业结构效应的影响方向和影响程度看，15年中产业结构效应为正的有10年，为负数的有5年，正负年份分布不连续，2001年产业结构效应对促进二氧化碳排放增加的贡献程度最大（19.16%），2014年产业结构变化对减少二氧化碳排放贡献程度最大（-70.12%）。从表7-8可知，同西部地区一样，全国产业结构对二氧化碳排放的影响方向与高耗能产业占比的变化大多一致，绝大多数年份高耗能产业比重增加，产业结构效应为正效应，极少数年份高耗能产业比重减少，产业结构效应为负。同时，高耗能产业比重每变化

1个百分点带来的产业结构效应,绝对值最高的是2010年的32387.66万吨,最小的为2013年的40.61万吨。

表7-8 全国产业结构效应与高耗能产业占比的关系

时间	产业结构效应 (万吨)	高耗能产业占比的变化 (%)	产业结构效应/高耗能产业占比变化 (万吨/%)
2001	186.7683	-0.19	-961.04
2002	344.7172	-1.03	-335.00
2003	1080.197	0.56	1913.52
2004	700.4591	4.16	168.56
2005	84.33349	0.37	227.09
2006	-10.8433	0.26	-42.36
2007	222.8242	0.37	595.70
2008	226.1484	-0.28	-794.96
2009	-262.41	-1.31	200.20
2010	1770.926	0.05	32387.66
2011	1201.69	0.86	1400.56
2012	258.1903	0.15	1685.82
2013	-13.0826	-0.32	40.61
2014	-263.99	-1.06	249.07
2015	-929.033	-1.04	889.61

三、西部地区与全国二氧化碳排放产业结构效应之比较

表7-9展示了西部地区和全国经济规模效应、产业结构效应、能源强度效应和能源结构效应"四大效应"的累计贡献率,可以看出西部地区"四大效应"累计贡献率(绝对值)都高于全国水平,其中差距最大的是产业结构效应,西部地区产业结构变化对二氧化碳排放增加的累计贡献率是全国水平的10倍多。从表7-10和表7-11的分年度数据也可以看出,西部地区的产业结构效应也高于全国的产业结构效应。由此可见,西部地区产业结构"高碳化"趋势比全国更突出。

表7-9　　　西部地区和全国二氧化碳排放各因素累计贡献率比较　　　单位:%

	经济规模效应	产业结构效应	能源强度效应	能源结构效应
全国	135.14	1.45	-37.88	1.29
西部	169.59	11.55	-79.71	-1.44

表7-10　　　西部地区和全国产业结构效应比较（历年贡献率）　　　单位:%

时间	西部地区产业结构效应	全国产业结构效应
2001	35.87	19.16
2002	10.11	5.36
2003	7.36	4.57
2004	20.85	1.72
2005	9.48	0.33
2006	21.30	-0.06
2007	34.12	1.19
2008	9.33	0.67
2009	0.00	-2.01
2010	30.31	9.35
2011	12.15	4.95
2012	6.96	2.10
2013	31.76	-0.01
2014	-1.95	-70.12
2015	-767.60	-10.96

表7-11　　　西部地区和全国的产业结构效应/高耗能产业关系比较　　　单位：万吨/%

时间	西部地区 产业结构效应/高耗能产业占比变化	全国 产业结构效应/高耗能产业占比变化
2001	-113.44	-961.04
2002	4397.23	-335.00
2003	397.91	1913.52
2004	196.95	168.56
2005	-18046.01	227.09
2006	1843.90	-42.36

续表

时间	西部地区 产业结构效应/高耗能产业占比变化	全国 产业结构效应/高耗能产业占比变化
2007	-7805.81	595.70
2008	-317.80	-794.96
2009	-0.09	200.20
2010	-17066.56	32387.66
2011	3842.27	1400.56
2012	-655.05	1685.82
2013	-461.01	40.61
2014	242.82	249.07
2015	130.81	889.61

四、西部地区和全国"四部门"分行业二氧化碳排放分解结果

西部地区和全国的第一产业、工业、建筑业、第三产业二氧化碳排放 LMDI 分解结果如表 7-12 所示。

2001—2015 年，西部地区四个部门都促进了二氧化碳排放增加，增量从大到小依次为：工业＞第三产业＞建筑业＞第一产业，其中，工业二氧化碳排放增量达 67761.62 万吨，占全部产业排放增量的 71.30%。和西部地区相同的是，全国四个部门也促进了二氧化碳排放的增加，其中工业部门贡献最大，增加了 234069.3 万吨，占总排放的 74.03%，并且四大部门二氧化碳排放增量从大到小排序也和西部地区一样，为：工业＞第三产业＞建筑业＞第一产业。

如表 7-13 所示，西部地区四大部门的能源强度效应累计贡献率均为负，表明四大部门技术进步都促进了二氧化碳排放减少，其中工业的能源强度效应累计贡献率最大（-101.42%），在所有行业中工业技术进步对抑制二氧化碳排放增长的作用最为突出。由此可见，工业既是最大的能源消耗者，也是能源节约利用的推动者。提高工业技术水平，是节能降碳的关键，第一产业能源强度效应最小，这意味着农业技术进步可挖掘的潜力较大。同时可以看到，全国四大部门中除建筑业之外，其余部门的能源强度均为负效应，与西部地区相同的是，技术进步能促使二氧化碳排放的减少，但和西部地区不同的是，第一产业的能源强度效应的贡献最大（-136.67%），在"四部门"中节能降碳作用最为显著。这表明，提高全国第一产业技术水平，有利于二氧化碳排放减少。

而建筑业的能源强度为正（4.53%），因此需不断提高建筑业技术水平，加大建筑业节能降碳力度。西部地区第一产业和第三产业的产业结构效应为负，工业和建筑业为正，说明第一产业和第三产业的产业结构变化有利于二氧化碳排放的减少，其中第一产业的作用最为突出，而工业和建筑业的产业结构变化会促使二氧化碳排放的增加，其中工业的变化对二氧化碳排放增加作用更为显著。相比西部地区，全国除第一产业为负以外，其余三个产业均为正，表明全国第一产业的产业结构变化有利于二氧化碳排放的减少，并且最为突出，这与西部地区情况相同；工业、建筑业和第三产业的产业结构变化增加了二氧化碳排放。

表7-12　全国与西部地区"四部门"分行业二氧化碳排放因素累计贡献量　　单位：万吨

部门	区域	经济规模效应	产业结构效应	能源强度效应	能源结构效应	二氧化碳排放增量
第一产业	全国	13177.91	-7626.58	-3280.33	129.25	2400.25
	西部地区	6070.26	-3635.66	-318.74	-131.20	1984.67
工业	全国	326406.23	7413.30	-104750.46	5000.26	234069.33
	西部地区	120339.06	17192.09	-68726.61	-1042.92	67761.63
建筑业	全国	9456.40	1668.74	-505.30	-304.28	10315.57
	西部地区	2872.38	236.54	-1028.82	-74.84	2005.27
第三产业	全国	78262.00	3141.43	-11240.40	-760.35	69402.67
	西部地区	31896.27	-2816.28	-5676.68	-116.81	23286.50

表7-13　全国与西部地区"四部门"分行业二氧化碳排放因素累计贡献率　　单位：%

部门	区域	经济规模效应	产业结构效应	能源强度效应	能源结构效应
第一产业	全国	549.02	-317.74	-136.67	5.38
	西部地区	305.86	-183.19	-16.06	-6.61
工业	全国	139.45	3.17	-44.75	2.14
	西部地区	177.59	25.37	-101.42	-1.54
建筑业	全国	91.67	16.18	4.9	2.95
	西部地区	143.24	11.80	-51.31	-3.73
第三产业	全国	112.77	4.53	-16.2	-1.10
	西部地区	136.97	-12.09	-24.38	-0.50

第三节 西部地区产业结构变化对二氧化碳排放影响实证分析：基于"五部门"

在"四部门"划分的基础上，将工业进一步划分为轻工业和重工业，最终形成第一产业、轻工业、重工业、建筑业和第三产业五个部门。以"五部门"为产业单元，运用LMDI模型对西部地区和全国2001—2015年的二氧化碳排放增量进行因素分解，得到经济规模、产业结构、能源强度和能源结构"四大效应"分年度贡献和累计贡献。

一、西部地区二氧化碳排放分解结果

西部地区基于"五部门"二氧化碳排放增长因素累计贡献见表7-14、历年贡献数量见图7-4，历年贡献率见表7-15。

从总量上看，2001—2015年西部地区二氧化碳排放增长93764.26万吨，其中，经济规模变化贡献了114331.63万吨，产业结构变化贡献了3981.42万吨，能源结构效应贡献了611.52万吨，能源强度效应则贡献了-25160.31万吨，各因素对二氧化碳排放的贡献率分别为121.94%、4.25%、0.65%、-26.83%，经济规模效应、产业结构效应和能源结构效应为正，能源强度效应表现为负效应。这表明，西部大开发以来，西部地区经济增长、产业结构以及能源结构的变化导致了二氧化碳排放的增加，而能源强度的变化则促进了二氧化碳排放的减少。分年度来看，西部地区与全国一样，经济规模效应一直为正，始终是二氧化碳排放增长的第一主导因素，产业结构效应是导致二氧化碳排放增长的第二大因素，从2012年开始，产业结构基本表现为负效应，表明出现产业结构变化促进二氧化碳排放减少的现象；能源强度效应是促进二氧化碳排放减少的主要因素，但2003年、2004年、2005年、2008年以及2013年却促进了二氧化碳排放增长；能源结构效应不稳定，有的年份为正，有的年份为负，因此累计贡献小，作用微弱。

表7-14 西部地区基于"五部门"二氧化碳排放增长因素累计贡献

2001—2015年	经济规模效应	产业结构效应	能源强度效应	能源结构效应	二氧化碳排放增量
累计贡献量（万吨）	114331.63	3981.42	-25160.31	611.52	93764.26
累计贡献率（%）	121.94	4.25	-26.83	0.65	—

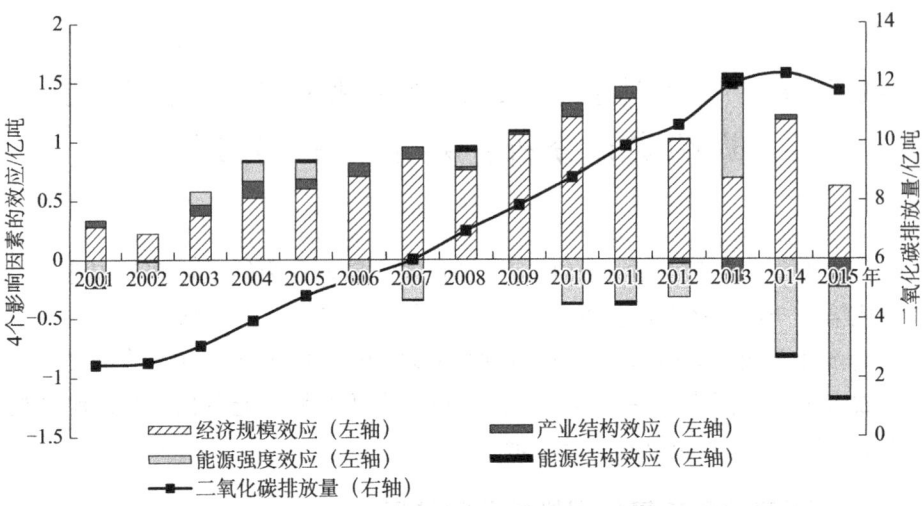

图 7-4 西部地区基于"五部门"二氧化碳排放增长因素历年贡献量

表 7-15 西部地区基于"五部门"二氧化碳排放增长因素分年度贡献率 单位:%

年份	经济规模效应	产业结构效应	能源强度效应	能源结构效应
2001	276.44	56.74	-221.36	-11.82
2002	286.54	-22.29	-149.86	-14.39
2003	64.93	15.79	19.51	-0.23
2004	61.90	16.87	19.08	2.14
2005	70.58	9.95	16.75	2.72
2006	115.16	18.55	-31.54	-2.17
2007	140.35	16.89	-55.29	-1.95
2008	78.75	2.83	13.17	5.25
2009	120.49	2.33	-24.95	2.12
2010	128.34	12.73	-39.22	-1.85
2011	127.41	9.40	-33.43	-3.39
2012	144.75	-5.50	-41.01	1.76
2013	50.55	-14.98	56.47	7.96
2014	314.55	10.25	-215.31	-9.49
2015	106.58	-41.48	-159.63	-5.47

表 7-15 展示了西部地区基于"五部门"二氧化碳排放增长因素分年度贡献率。从历年产业结构的影响方向和影响程度看，西部大开发以来的 15 年，产业结构效应为正的有 11 年，为负的有 4 年，大多数年份为正。2001 年是产业结构变化促进二氧化碳排放增加贡献程度最大的年份，产业结构效应贡献率为 56.74%，2015 年是促进二氧化碳排放减少贡献最大的年份数，产业结构效应贡献率绝对值为 41.48%。

西部地区二氧化碳排放基于"四部门"与基于"五部门"分解的各因素累计贡献率比较见表 7-16，基于"四部门"与"五部门"产业结构效应历年贡献率比较见表 7-17。从累计效应看，除能源结构效应的影响方向相反、影响均小外，其余三个效应作用方向一致，但贡献率绝对值都表现为"四部门"分解结果大于"五部门"分解结果，差别最大的是能源强度效应，其次是产业结构效应。从历年产业结构变化对二氧化碳排放贡献的方向看，"四部门"与"五部门"的贡献方向有的年份一致有的年份相反，2002 年、2012 年、2013 年和 2014 年 4 年的贡献方向相反，其余 11 年一致；从历年产业结构对二氧化碳排放贡献的大小看，绝大部分年份表现为"四部门"产业结构效应大于"五部门"产业结构效应，与累计效应的结果一致。

由此可见，当产业划分更细之后，经济规模、产业结构与能源强度对二氧化碳排放的影响程度反而更小了，特别是产业结构效应不增反减，这与顾阿伦（2016）的结论不一致，原因可能在于研究对象的不同。顾阿伦（2016）基于"五部门"研究是以全国为对象，不涉及数据处理，而本书为获得分区域分行业数据，在数据处理中抽象掉了一些因素。

表 7-16　西部地区二氧化碳排放基于"四部门"与基于"五部门"累计贡献率比较　　单位:%

2001—2015 年	经济规模效应	产业结构效应	能源强度效应	能源结构效应
基于"四部门"	169.59	11.55	-79.71	-1.44
基于"五部门"	121.94	4.25	-26.83	0.65

表 7-17　西部地区基于"四部门"与"五部门"产业结构效应贡献率比较　　单位:%

时间	基于"四部门"的产业结构效应	基于"五部门"的产业结构效应
2001	35.87	56.74
2002	10.11	-22.29
2003	7.36	15.79

续表

时间	基于"四部门"的产业结构效应	基于"五部门"的产业结构效应
2004	20.85	16.87
2005	9.48	9.95
2006	21.30	18.55
2007	34.12	16.89
2008	9.33	2.83
2009	0	2.33
2010	30.31	12.73
2011	12.15	9.40
2012	6.96	-5.50
2013	31.76	-14.98
2014	-1.95	10.25
2015	-767.60	-41.48

二、全国二氧化碳排放分解结果

全国基于"五部门"二氧化碳排放增长因素累计贡献见表7-18、历年贡献数量见图7-5、历年贡献率见表7-19。

从数量上看,2001—2015年我国二氧化碳排放增长316529.05万吨,其中,经济规模增加贡献了418779.09万吨,产业结构变化贡献了6394.17万吨,能源强度变化贡献了-112864.35万吨,能源结构变化贡献了4220.15万吨,各因素对二氧化碳排放的贡献率分别为132.30%、2.02%、-35.66%、1.33%,经济规模效应和产业结构效应以及能源结构效应为正,能源强度的变化表现为负效应。这表明,2001—2015年,我国的经济增长、产业结构和能源结构的变化促使二氧化碳排放的增加,而能源强度的变化则促进了二氧化碳排放减少。分年度来看,经济规模效应一直为正,始终是我国二氧化碳排放增长的第一主导因素,产业结构效应有的年份为正,有的年份为负,但大多数年份为正,是导致二氧化碳排放增长的第二大因素,能源强度效应和能源结构效应大多数年份为负,有利于二氧化碳排放减少。

从历年产业结构效应的影响方向和影响程度看,2001—2015年,产业结构效应为正的有11年,为负的有4年,大多数年份为正。2001年是产业结构变化促进二氧化碳排放增加最大的年份,产业结构效应贡献率为322.66%,促进二氧化碳排放减少贡献最大的年份是2015年,产业结构效应贡献率为-84.41%。

表7-18 全国基于"五部门"二氧化碳排放增长因素累计贡献

2001—2015年	经济规模效应	产业结构效应	能源强度效应	能源结构效应	二氧化碳排放增量
累计贡献量(万吨)	418779.09	6394.17	-112864.35	4220.15	316529.05
累计贡献率(%)	132.30	2.02	-35.66	1.33	—

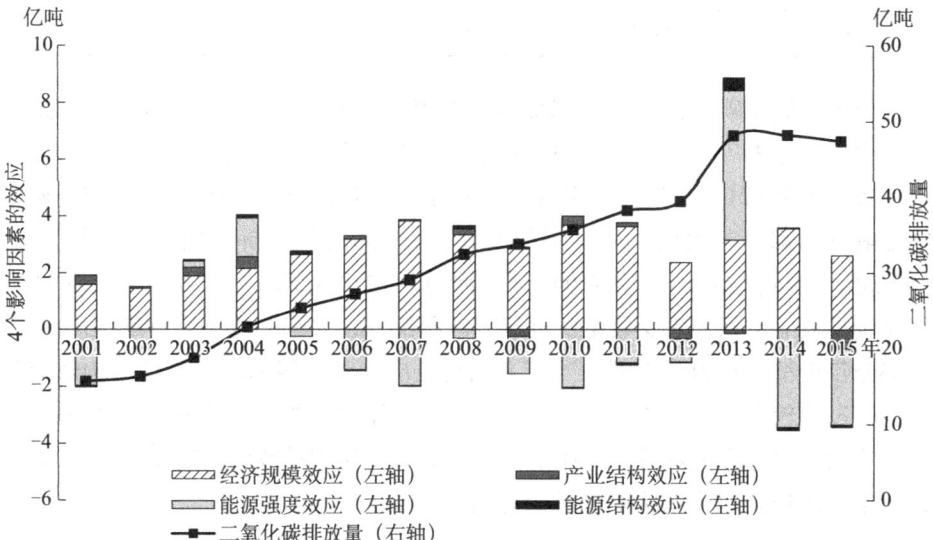

图7-5 全国基于"五部门"二氧化碳排放量增长因素历年贡献数量

表7-19 全国基于"五部门"二氧化碳排放增长因素历年贡献率   单位:%

时间	经济规模效应	产业结构效应	能源强度效应	能源结构效应
2001	1545.61	322.66	-1917.63	-50.64
2002	222.13	8.93	-124.52	-6.54
2003	76.36	12.74	8.65	2.25
2004	53.28	10.39	33.58	2.75
2005	104.48	0.25	-9.73	5.01
2006	171.74	6.50	-76.04	-2.21
2007	203.78	2.97	-105.03	-1.72
2008	99.63	6.34	-9.32	3.35
2009	210.18	-18.40	-96.77	4.99

续表

时间	经济规模效应	产业结构效应	能源强度效应	能源结构效应
2010	191.05	16.66	-105.68	-2.02
2011	143.71	5.82	-46.32	-3.22
2012	196.33	-26.27	-68.11	-1.95
2013	36.08	-1.50	60.18	5.24
2014	6143.22	44.33	-5889.07	-198.48
2015	328.09	-84.41	-333.40	-10.28

全国二氧化碳排放基于"四部门"与基于"五部门"分解的各因素累计贡献率比较见表7-20，基于"四部门"与"五部门"产业结构效应历年贡献率比较见表7-21。从累计效应看，两种分解结果，四个因素对二氧化碳排放的影响方向都是一致的，从贡献程度看，"五部门"分解的四个效应都大于"四部门"分解结果。再考察历年"四部门"与"五部门"产业结构效应对二氧化碳排放的贡献，除少数年份贡献方向相反外，大都一致，而贡献程度，绝大部分年份都表现为"五部门"产业结构效应大于"四部门"产业结构效应。

通过比较全国"五部门"和"四部门"分解结果，可以很明显地看到，将工业细分为轻重工业后，产业结构变化对二氧化碳排放的影响变大了，这与顾阿伦（2016）以全国为对象的研究结论一致。

表7-20　全国二氧化碳排放基于"四部门"与基于"五部门"累计贡献率比较　　单位：%

2001—2015年	经济规模效应	产业结构效应	能源强度效应	能源结构效应
四部门	135.14	1.45	-37.88	1.29
五部门	132.30	2.02	-35.66	1.33

表7-21　全国基于"四部门"与基于"五部门"产业结构效应贡献率比较　　单位：%

时间	基于"四部门"的产业结构效应	基于"五部门"的产业结构效应
2001	19.16	322.66
2002	5.36	8.93
2003	4.57	12.74
2004	1.72	10.39
2005	0.33	0.25

续表

时间	基于"四部门"的产业结构效应	基于"五部门"的产业结构效应
2006	-0.06	6.50
2007	1.19	2.97
2008	0.67	6.34
2009	-2.01	-18.40
2010	9.35	16.66
2011	4.95	5.82
2012	2.10	-26.27
2013	-0.01	-1.50
2014	-70.12	44.33
2015	-10.96	-84.41

三、全国和西部地区"五部门"分行业二氧化碳排放分解实证分析

本书继续运用 LMDI 模型对西部地区和全国第一产业、轻工业、重工业、建筑业以及第三产业二氧化碳排放进行分解，结果见表 7-22 和表 7-23 所示。

2001—2015 年，西部地区"五部门"都促进了二氧化碳排放的增加，其中重工业二氧化碳排放增加量最大，共增加 63717.52 万吨，占二氧化碳排放总增量的 67.96%。"五部门"二氧化碳排放增量从大到小依次为：重工业 > 第三产业 > 轻工业 > 建筑业 > 第一产业。

如表 7-22 所示，西部地区"五部门"的能源强度效应均为负，这表明"五部门"的技术进步均会促进二氧化碳排放的减少，其中重工业的能源强度效应最大（-15595.36 万吨），轻工业的能源强度效应贡献率最高（-91.71%），这表明在"五部门"中，工业技术进步对二氧化碳排放减少的作用最为显著。至于能源结构效应，第一产业、建筑业、第三产业为负，说明这三部门能源结构的变化有利于节能降碳，而轻工业和重工业的能源结构效应为正，表明轻重工业的能源结构变化促使了二氧化碳排放的增加，因此，需要不断优化工业内部的能源结构以及寻找清洁能源来减少二氧化碳的排放。与"四部门"相似的是，"五部门"的产业结构效应，第一产业与第三产业为负效应，轻工业、重工业和建筑业为正效应，而且第一产业的产业结构效应对减少二氧化碳排放

作用更为突出（-171.64%），建筑业的产业结构变化对二氧化碳排放增加的作用更为显著（20.83%）。

表7-22 全国与西部地区"五部门"分行业二氧化碳排放因素累计贡献量　单位：万吨

部门	区域	经济规模效应	产业结构效应	能源强度效应	能源结构效应	二氧化碳排放增量
第一产业	全国	13303.78	-7752.45	-3280.33	129.25	2400.25
	西部地区	5841.18	-3406.58	-318.74	-131.20	1984.67
轻工业	全国	22983.56	-1425.38	-14397.92	395.68	7555.95
	西部地区	4835.58	412.96	-2540.72	62.48	2770.31
重工业	全国	295364.34	10170.83	-83440.40	4759.85	226854.61
	西部地区	71150.71	7290.29	-15595.36	871.88	63717.52
建筑业	全国	9351.27	1773.88	-505.30	-304.28	10315.57
	西部地区	2691.15	417.77	-1028.81	-74.84	2005.27
第三产业	全国	77776.14	3627.28	-11240.40	-760.35	69402.67
	西部地区	29813.00	-733.01	-5676.68	-116.81	23286.50

表7-23 "五部门"分行业二氧化碳排放分解结果（累计贡献率）　单位：%

部门	区域	经济规模效应	产业结构效应	能源强度效应	能源结构效应
第一产业	全国	554.27	-322.99	-136.67	5.38
	西部地区	294.32	-171.64	-16.06	-6.61
轻工业	全国	304.18	-18.86	-190.55	5.24
	西部地区	174.55	14.91	-91.71	2.26
重工业	全国	130.20	4.48	-36.78	2.10
	西部地区	111.67	11.44	-24.48	1.37
建筑业	全国	90.65	17.20	-4.90	-2.95
	西部地区	134.20	20.83	-51.31	-3.73
第三产业	全国	112.07	5.23	-16.20	-1.10
	西部地区	128.03	-3.15	-24.38	-0.50

与西部地区"五部门"分解结果相同的是，2001—2015年全国"五部门"都促进了二氧化碳排放的增加，其中重工业二氧化碳排放量增加最多，共226854.61万吨，占二氧化碳排放增量的71.67%。全国"五部门"二氧化碳

排放增量从大到小依次为：重工业＞第三产业＞建筑业＞轻工业＞第一产业。

从表7-23可知，与西部地区"五部门"相同的是，全国"五部门"的能源强度效应均为负，表明能源强度的变化是促使二氧化碳排放减少的第一主导因素。至于产业结构效应，全国的第一产业和轻工业为负，其余为正，表明第一产业和轻工业产业结构变化有利于二氧化碳排放的减少，并且第一产业结构的变化对节能降碳效果最为显著（-322.99%），这与西部地区结论相同。全国建筑业结构的变化对二氧化碳排放增加的作用最为明显，这与"四部门"情况相同。全国"五部门"的能源结构效应对二氧化碳排放的影响较小，其中建筑业和第三产业为负，其余为正，说明建筑业和第三产业能源结构的变化对二氧化碳排放减少有着微弱的作用，而其余产业的能源结构不利于节能降碳，所以不断优化产业结构，能提高减排力度，取得更好的降碳成效。

本章小结

1. 总的来看，西部大开发以来，无论是西部地区还是全国，经济增长和产业结构变化都导致了二氧化碳排放增加，能源强度和能源结构的变化有利于二氧化碳排放减少。四个效应中，经济规模效应始终是二氧化碳排放增长的第一主导因素，产业结构效应大多数年份为正，是导致二氧化碳排放增长的第二因素；能源强度效应一般是促进二氧化碳排放减少的主要因素，能源结构效应不稳定，且数值较小，对二氧化碳排放的影响几乎可忽略不计。

2. 西部大开发以来至2015年，西部地区产业结构变化对二氧化碳排放增长的累计贡献率达11.55%，历年贡献率不同，大多数年份为正效应，表明西部地区产业结构变化的实际方向与节能降碳要求的"理想方向"不一致，但总体来看，产业结构效应从西部大开发之初的最大正效应到2015年的最大负效应，表明西部地区产业结构最近几年出现了有利于节能降碳变化的倾向。

3. 西部地区二氧化碳排放分解四大效应的累计贡献率都高于全国水平，其中差距最大的是产业结构效应，西部地区是全国水平的10倍多，而且产业结构效应的分年度贡献率也高于全国。可见，西部地区产业结构"高碳化"趋势比全国的情况更突出。这在理论上意味着，西部地区产业结构调整促进节能降碳拥有比全国更大的潜力和空间。

4. 基于"四部门"分行业二氧化碳排放分解表明，无论是西部地区还是全国，第一产业、工业、建筑业、第三产业四个部门都促进二氧化碳排放增加，其中，工业部门二氧化碳排放增量最多，占全部产业碳排放增量的 71.30%—74.03%。西部地区和全国四大部门二氧化碳排放贡献程度由高到低都是"工业 > 第三产业 > 建筑业 > 第一产业"的排序。

5. 基于"五部门"分行业二氧化碳排放分解表明，无论是西部地区还是全国，五个部门都促进二氧化碳排放增加，其中重工业二氧化碳排放贡献最大，占二氧化碳排放总增量的 67.96%—71.67%。西部地区二氧化碳排放贡献从大到小依次为：重工业 > 第三产业 > 轻工业 > 建筑业 > 第一产业，全国则是：重工业 > 第三产业 > 建筑业 > 轻工业 > 第一产业。

6. 全国基于"五部门"和基于"四部门"二氧化碳排放分解的结果表明，基于"五部门"分解的产业结构效应大于基于"四部门"分解的产业结构效应，这表明将工业细分为轻重工业后，产业结构变化对二氧化碳排放的影响变大了，这与国内某些研究结论一致，在一定程度上验证了"行业划分越细产业结构效应越明显"。

第八章

成渝地区产业结构变化对二氧化碳排放影响的实证分析：基于"四部门"和 23 个工业细分行业

成渝地区是我国西部人口最密集、产业基础最雄厚、创新能力最强、市场空间最广阔、开放程度最高的区域，建设成渝地区双城经济圈是新时期我国区域协调发展战略的重要内容。本章在分析成渝地区产业结构特征基础上，运用 LMDI 模型，分别从"四部门"和工业内部 23 个细分行业对成渝地区二氧化碳排放增量影响因素进行分解，分析成渝地区快速工业化对二氧化碳排放的影响，揭示成渝地区"结构效应"的行业异质性。

第一节 研究背景和范围

建设成渝地区双城经济圈是我国区域协调发展战略的重要组成，既是新形势下形成优势互补、高质量发展区域经济布局的重大战略支撑，也是构建以国内大循环为主体、国内国际双循环相互促进新发展格局的一项重大举措。2021 年 10 月中央发布《成渝地区双城经济圈建设规划纲要》，提出要"把成渝地区双城经济圈建设成为具有全国影响力的重要经济中心、科技创新中心、改革开放新高地、高品质生活宜居地"，打造带动全国高质量发展的重要增长极和新的动力源，赋予新时期成渝地区特殊而重大的历史使命。为此，成渝地区要大力发展以工业为主导的现代产业体系,实现经济能级的整体跃升,保证产业链供应链安全稳定。但是,相比东部发达地区,成渝地区工业化水平较低,工业的资源型、高碳化和能源结构高碳化特征都相对突出,在碳达峰碳中和目标下,工业节能降碳压力更大。兼顾发展和降碳,走清洁低碳的工业化道路,对成渝地区而言,就更加迫切和重要。

根据《成渝地区双城经济圈建设规划纲要》,成渝地区双城经济圈(以下简称"成渝地区")范围包括:四川省的成都市、自贡市、泸州市、德阳市、绵阳市(除北川县、平武县)、遂宁市、内江市、乐山市、南充市、眉山市、宜宾市、广安市、达州市(除万源市)、雅安市(除天全县、宝兴县)、资阳市等15个市;重庆市的渝中区、万州区、黔江区、涪陵区、大渡口区、江北区、沙坪坝区、九龙坡区、南岸区、北碚区、綦江区、大足区、渝北区、巴南区、长寿区、江津区、合川区、永川区、南川区、潼南区、铜梁区、荣昌区、璧山区、梁平区、丰都县、垫江县、忠县等27个区(县)以及开州区、云阳县的部分地区,总面积18.5万平方公里,2019年常住人口9600万人,地区生产总值近6.3万亿元[①],分别占全国、西部地区和川渝全域的比重为6.3%、30.7%和89.7%。

鉴于数据可得性,成渝地区数据均采用川渝全域范围的数据[②]。同时本章将从多个角度分析成渝地区产业结构特征,考虑到数据的统计口径,不同角度的研究时段不同,"成渝地区三次产业结构演变趋势"的研究时段为2011—2020年,"成渝地区工业结构变化趋势及特征"的研究时段为2000—2015年,"成渝地区工业四大行业结构变化趋势及特征"的研究时间为2007年、2012年和2017年。

第二节 成渝地区产业结构演变趋势及特征

一、成渝地区三次产业结构演变趋势

2011—2020年,成渝地区经济发展迅速,地区生产总值由2011年的

[①] 数据来源于中共中央 国务院印发的《成渝地区双城经济圈建设规划纲要》。
[②] 原因有两个,一个是成渝地区部分地级市、县(市、区)工业细分行业产值和能源消费数据不可得;另一个是成渝地区是川渝全域的经济中心和工业集聚地,2021年成渝地区双城经济圈地区生产总值实现7.39万亿元,占川渝全域的90.40%,工业增加值实现2.13万亿元,占川渝全域的91.03%。因此,用川渝数据代替成渝地区数据具有合理性。

31212.02 亿元增长到 2020 年的 73601.59 亿元，年均增速实现 10%，远高于全国平均水平（8.5%）。伴随着经济总量的增长，成渝地区三次产业结构从"二三一"转变为"三二一"，符合产业结构高级化趋势。

如图 8-1 所示，成渝地区三次产业结构由最初 2011 年的 11.7∶46.7∶41.6，到 2015 年的 10.2∶44∶45.8，第三产业占比首次超过第二产业，到 2020 年的 10∶37.5∶52.5，经济发展实现了由工业主导到服务业主导的结构性转变。其中，第一产业占比呈缓慢下降趋势，由 2011 年的 11.7% 下降到 2018 年的 9.0%，之后有所回升；第二产业占比呈现持续下降趋势，从 2011 年的 46.7% 到 2020 年的 37.5%；第三产业占比呈现上升趋势，从 2011 年的 41.6% 到 2019 年的 52.7%，但 2020 年有所下降，为 52.5%。

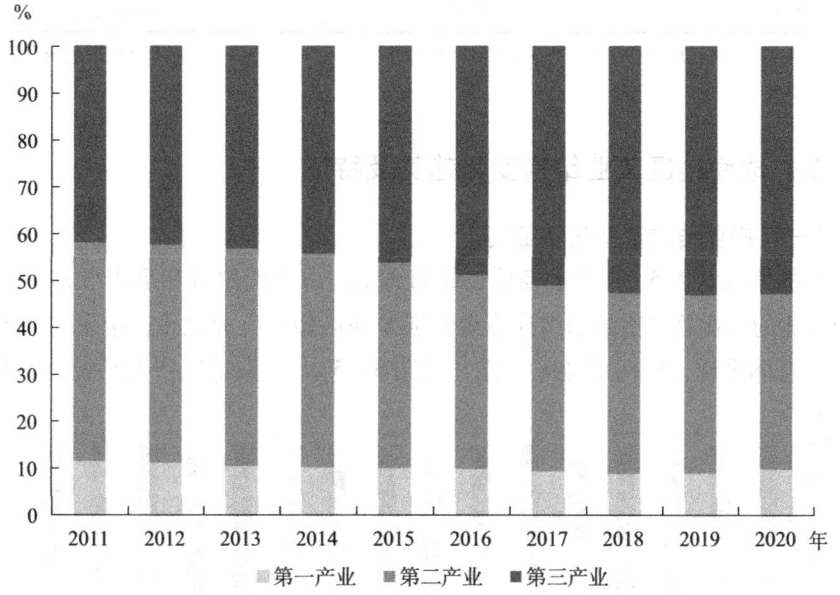

图 8-1　2011—2020 年成渝地区三次结构演变轨迹

2011 年，成渝地区三次产业结构为 11.7∶46.7∶41.6，西部地区为 12.7∶48.8∶38.5，均呈"二三一"特征，而且成渝地区的第三产业占比要高出西部地区 3 个百分点。2015 年成渝地区三次产业结构为 10.2∶44.0∶45.8，第三产业占比首次超过第二产业占比，产业结构呈现"三二一"特征，而西部地区到 2016 年第三产业占比才超过第二产业，且第三产业占比数值也低于成渝地区（见表 8-1）。

表 8 – 1　2011—2020 年成渝地区与西部地区的三次产业结构比较

年份	成渝地区产业结构	西部地区产业结构
2011	11.7∶46.7∶41.6	12.7∶48.8∶38.5
2012	11.3∶46.6∶42.1	12.5∶48.4∶39.1
2013	10.6∶46.6∶42.8	12.1∶47.4∶40.5
2014	10.4∶45.6∶44.0	11.9∶46.6∶41.5
2015	10.2∶44.0∶45.8	12.0∶44.7∶43.4
2016	10.0∶41.5∶48.5	11.9∶43.5∶44.6
2017	9.6∶39.7∶50.7	11.3∶38.8∶49.9
2018	9.0∶38.6∶52.4	10.8∶38.3∶50.9
2019	9.1∶38.1∶52.8	11.0∶37.7∶51.3
2020	10∶37.5∶52.5	11.9∶36.8∶51.3

资料来源：根据西部地区 12 省（区、市）《统计年鉴》及 2020 年国民经济与社会发展统计公报整理得到。

二、成渝地区工业结构变化趋势及特征

（一）产业结构重型化特征突出

根据第五章表 5 – 8 关于轻重工业的界定，以及四川省和重庆市 27 个工业细分行业的工业总产值数据，计算得到成渝地区轻重工业比重，结果如图 8 – 2 所示。总体来说，和西部地区一样（见图 5 – 5），成渝地区产业结构重型化特

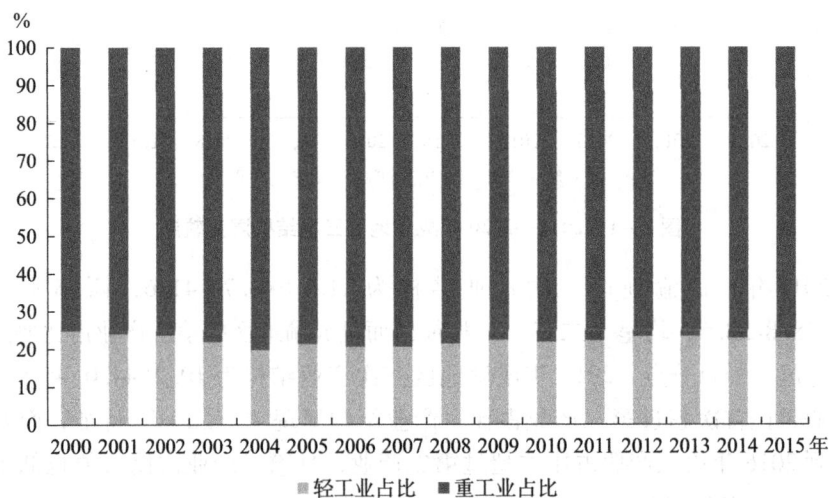

图 8 – 2　2000—2015 年成渝地区轻重工业占比情况

征明显，2000—2015 年重工业比重始终高于轻工业比重。从变化趋势来看，重工业占比经历了"先增后降"。2000—2004 年，成渝地区重工业占比呈上升趋势，从 2000 年的 75.21% 上升到 2004 年的 80.22%，增长了 5 个百分点。2005—2015 年，成渝地区重工业占比变化幅度较小，从 2005 年的 78.65% 下降到 2015 年的 77.11%，呈缓慢下降趋势。

（二）劳动密集型产业占比总体呈现上升趋势

按照第五章表 5-9 关于资本密集型行业和劳动密集型行业的划分，以及四川省和重庆市 27 个工业细分行业的工业总产值数据，计算得到成渝地区资本密集型和劳动密集型行业的占比情况，结果如图 8-3 所示。与 2000—2015 年西部地区工业由"资本密集型主导"转向"劳动密集型主导"趋势不一样的是（见图 5-7），成渝地区劳动密集型行业在工业中一直居于绝对主导地位。从变化趋势来看，16 年间，成渝地区劳动密集型行业占比总体呈上升趋势，从 2000 年的 56.34% 增长到 2015 年的 72.94%，而资本密集型行业占比总体呈下降趋势，从 2000 年的 43.66% 下降到 2015 年的 27.06%，不足工业总产值的 1/3。

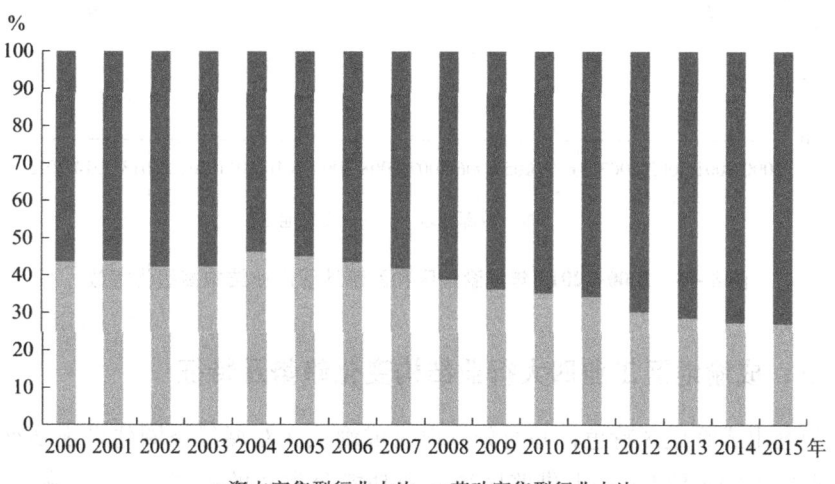

图 8-3　2000—2015 年成渝地区资本密集型和劳动密集型产业占比情况

（三）工业结构高级化趋势明显

根据第五章第三节关于高新技术产业的界定和工业结构高级化指数的计算公式，以及四川省和重庆市 27 个工业细分行业的工业总产值数据，计算得到 2000—2015 年成渝地区工业结构高级化指数（见图 8-4）。和西部地区一样，成渝地区工业结构高级化指数经历了"先降后升"，但成渝地区工业结构的高级化指数始终高于西部地区平均水平。2000—2006 年是成渝地区工业结构高级化指数下降阶段,从 2000 年的 0.164 下降到 2006 年的 0.110,西部地区由 2000 年的 0.112 下降到 2006 年的 0.077,该阶段高新技术产业产值增速低于非高新技术产业。2006—2015 年,工业结构高级化指数开始上升,尤其是 2010 年后成渝地区工业结构高级化指数上升态势明显,从 2010 年的 0.125 上升到 2015 年的 0.244,年均增速达 14.2%,快于西部地区 (11.2%),而且从具体产业来看,2010—2015 年成渝地区高新技术产业产值年均增速达 22.7%,远远高于非高新技术产业的 10.3%。由此可见,成渝地区工业结构高级化发展趋势明显。

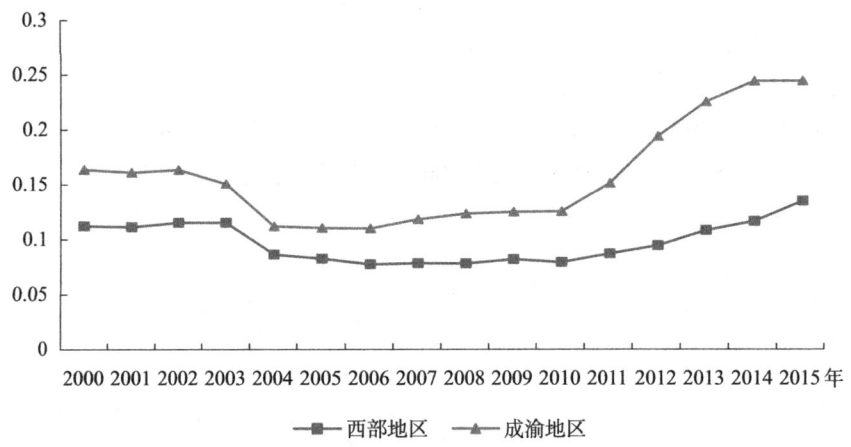

图 8-4　2000—2015 年成渝地区和西部地区产业结构高级化指数

三、成渝地区工业四大行业结构变化趋势及特征

为突出成渝地区特色,并充分体现《成渝地区双城经济圈建设规划纲要》对工业发展的定位①,本书借鉴区域产业功能分类法的思想②,将成渝地区工

---

① 《成渝地区双城经济圈建设规划纲要》中明确提出要"聚焦航空航天、轨道交通、能源装备、工业机器人、仪器仪表、数控机床、摩托车等领域,培育世界级装备制造产业集群。整合白酒主产区优质资源,壮大健康食品、精品服饰、特色轻工等产业,培育特色消费品产业集群";"聚焦集成电路、新型显示、智能终端等领域,打造'云联数算用'要素集群和'芯屏器核网'全产业链,培育超高清视频、人工智能、区块链、数字文创等创新应用,联手打造具有国际竞争力的电子信息产业集群"。

② 《区域经济学》(高等教育出版社,2018 年版,114 页)对区域产业做功能分类:区域产业可分为区域主导产业、辅助产业和基础性产业。

业划分为战略性主导产业、特色优势产业、区域一般产业和区域基础产业四类。其中，"战略性主导产业"是指不仅对成渝地区建设现代产业体系、提升经济能级具有强大引领和带动作用，而且对保障全国产业链供应链安全稳定都具有战略意义的产业，是"共建全国重要的先进制造业基地"的主要支撑，即《成渝地区双城经济圈建设规划纲要》明确的"世界级装备制造产业集群"和"具有国际竞争力的电子信息产业集群"。"特色优势产业"是成渝地区在全国具有较大竞争优势和鲜明地域特征的行业，也是"共建全国重要的先进制造业基地"的重要组成，即《成渝地区双城经济圈建设规划纲要》指出的"区域特色消费品产业集群"。"区域基础产业"特指为区域内生产生活提供基础性服务和保障的产业，如电力、燃气和水的供应等，其余的则为"区域一般产业"，这些行业大多为传统的资源型产业。

考虑到各省（区、市）《统计年鉴》中无工业细分行业增加值数据，所以选择五年发布一次的《中国地区投入产出表》。由于已公布的《中国地区投入产出表》中每年统计的工业细分行业划分存在不同，以及考虑后文要从工业细分行业出发，对成渝地区二氧化碳排放增量影响因素进行分解，所以本节以投入产出表的细分行业为基础，加合相关行业，最终整理出23个工业细分行业，如表8-2所示。

表8-2　　　　　　　　　　工业细分行业情况

投入产出表			本章研究（23个）	代码
2007年（24个）	2012年（26个）	2017年（25个）		
煤炭开采和洗选业	煤炭采选产品	煤炭采选产品	煤炭开采和洗选业	B1
石油和天然气开采业	石油和天然气开采产品	石油和天然气开采产品	石油和天然气开采业	B2
金属矿采选业	金属矿采选产品	金属矿采选产品	金属矿采选业	B3
非金属矿及其他矿采选业	非金属矿和其他矿采选产品	非金属矿和其他矿采选产品	非金属矿及其他矿采选业	B4
食品制造及烟草加工业	食品和烟草	食品和烟草	食品制造及烟草加工业	B5
纺织业	纺织业	纺织品	纺织业	B6
纺织服装鞋帽皮革羽绒及其制品业	纺织服装鞋帽皮革羽绒及其制品	纺织服装鞋帽皮革羽绒及其制品	纺织服装鞋帽皮革羽绒及其制品业	B7
木材加工及家具制造业	木材加工品和家具	木材加工品和家具	木材加工品和家具制造业	B8

续表

投入产出表			本章研究（23 个）	代码
2007 年（24 个）	2012 年（26 个）	2017 年（25 个）		
造纸印刷及文教体育用品制造业	造纸印刷和文教体育用品	造纸印刷和文教体育用品	造纸印刷及文教体育用品制造业	B9
石油加工、炼焦及核燃料加工业	石油、炼焦产品和核燃料加工品	石油、炼焦产品和核燃料加工品	石油加工、炼焦及核燃料加工业	B10
化学工业	化学产品	化学产品	化学工业	B11
非金属矿物制品业	非金属矿物制品	非金属矿物制品	非金属矿物制品业	B12
金属冶炼及压延加工业	金属冶炼和压延加工品	金属冶炼和压延加工品	金属冶炼及压延加工业	B13
金属制品业	金属制品	金属制品	金属制品业	B14
通用、专用设备制造业	通用设备	通用设备	通用、专用设备制造业	B15
	专用设备	专用设备		
交通运输设备制造业	交通运输设备	交通运输设备	交通运输设备制造业	B16
电气机械及器材制造业	电气机械和器材	电气机械和器材	电气机械及器材制造业	B17
通信设备、计算机及其他电子设备制造业	通信设备、计算机和其他电子设备	通信设备、计算机和其他电子设备	通信设备、计算机和其他电子设备制造业	B18
仪器仪表及文化办公用机械制造业	仪器仪表	仪器仪表	仪器仪表	B19
工艺品及其他制造业	其他制造产品	其他制造产品和废品废料	其他制造业和废品废料	B20
废品废料	废品废料			
—	金属制品、机械和设备修理服务	金属制品、机械和设备修理服务	—	—
电力、热力的生产和供应业	电力、热力的生产和供应	电力、热力的生产和供应	电力、热力的生产和供应业	B21
燃气生产和供应业	燃气生产和供应	燃气生产和供应	燃气生产和供应业	B22
水的生产和供应业	水的生产和供应	水的生产和供应	水的生产和供应业	B23

资料来源：作者自制。

将《成渝地区双城经济圈建设规划纲要》中整理出来的成渝地区四类产业与表8-2的23个工业细分行业进行匹配,可得:"金属制品业""通用、专用设备制造业""仪器仪表""交通运输设备制造业"和"通信设备、计算机和其他电子设备制造业""电气机械及器材制造业"6个行业是成渝地区的战略性主导产业;"食品制造及烟草加工业""纺织业""纺织服装鞋帽皮革羽绒及其制品业""木材加工品和家具制造业"和"造纸印刷及文教体育用品制造业"5个行业是特色优势产业;"电力、热力的生产和供应业""燃气生产和供应业""水的生产和供应业"3个行业为区域基础产业,其余9个为区域一般产业,如图8-5所示。

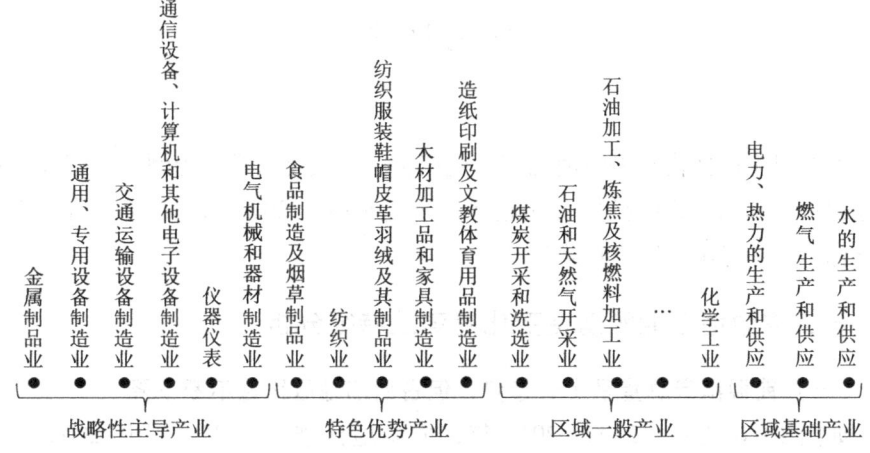

图8-5 基于产业功能划分视角的成渝地区工业构成

通过加总计算,2007年、2012年、2017年成渝地区战略性主导产业、特色优势产业、区域一般产业和区域基础产业结构变动趋势如表8-3所示。其中,战略性主导产业占比显著提高,从2007年的25.25%上升到34.87%,增长了近10个百分点;区域一般产业占比则呈下降趋势,从2007年的42.14%下降到35.38%;特色优势产业和区域基础产业占比变动幅度小。从行业规模占比变动幅度来看,战略性主导产业的占比变动幅度最大,区域一般产业次之,特色优势产业和区域基础产业变动不大。说明近些年,成渝地区战略性主导产业得到切实发展,产业规模扩大迅速,结构调整最明显;区域一般产业的产业规模则下降较快,结构调整相对明显;特色优势产业和区域基础产业的产业规模变动不太明显,结构调整较缓慢。

表 8-3　　基于产业功能划分视角的成渝地区工业结构构成　　单位:%

	2007 年	2012 年	2017 年
战略性主导产业	25.25	27.16	34.87
特色优势产业	22.57	22.54	21.65
区域一般产业	42.14	41.83	35.38
区域基础产业	10.04	8.48	8.10

第三节　成渝地区能源消费与二氧化碳排放变化趋势

本节以生产性化石能源消耗和由此产生的二氧化碳排放为例,考察成渝地区能源消费和二氧化碳排放变化趋势。研究时段为 2000—2015 年,研究方法和指标计算参考本书第六章第一节。

一、成渝地区能源消费变化趋势及特征分析

(一) 能源消费总量呈上升趋势,但占西部地区比重不断下降

如图 8-6 所示,2000—2015 年,成渝地区能源消费总量从 2000 年的 0.51 亿吨标准煤增长到 2015 年的 1.4 亿吨标准煤,16 年间增长了 174.51%,年均增速为 7.13%,但是 2013 年能源消费总量出现短暂下降。同期西部地区能源消费总量从 1.57 亿吨上升到 5.46 亿吨标准煤,16 年间增长了 247.77%,年均增速为 8.66%,期间能源消费始终保持上升趋势。可见,成渝地区能源消费增幅和增速都低于西部地区平均水平。除此之外,成渝地区能源消费量占西部地区比重从 2000 年的 32.22% 减少到 2015 年的 26.07%,整体呈下降趋势。

(二) 能源利用效率不断提高,且高于西部地区平均水平

如图 8-7 所示,16 年间,成渝地区能源消费强度不断降低,从 2000 年的 2.574 吨标准煤/万元下降到 2015 年的 1.116 吨标准煤/万元,能源利用效率不断提高,而且还高于同期西部地区平均水平。

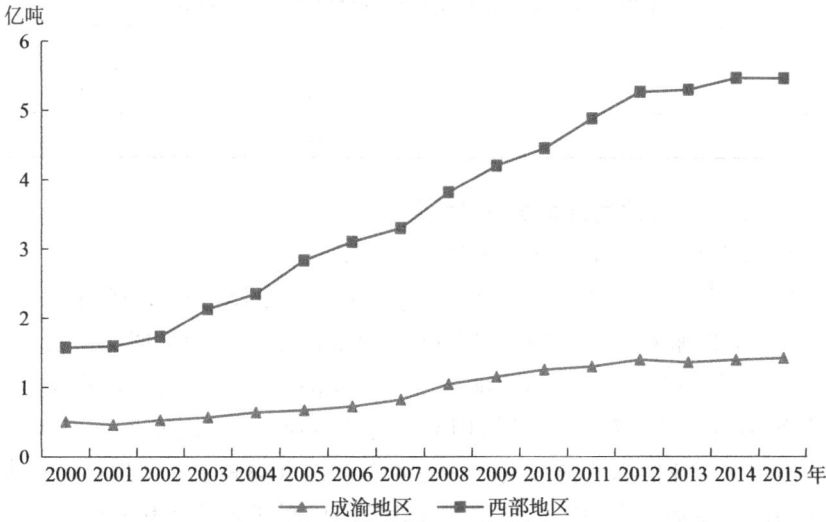

图 8-6　2000—2015 年成渝地区和西部地区能源消费总量

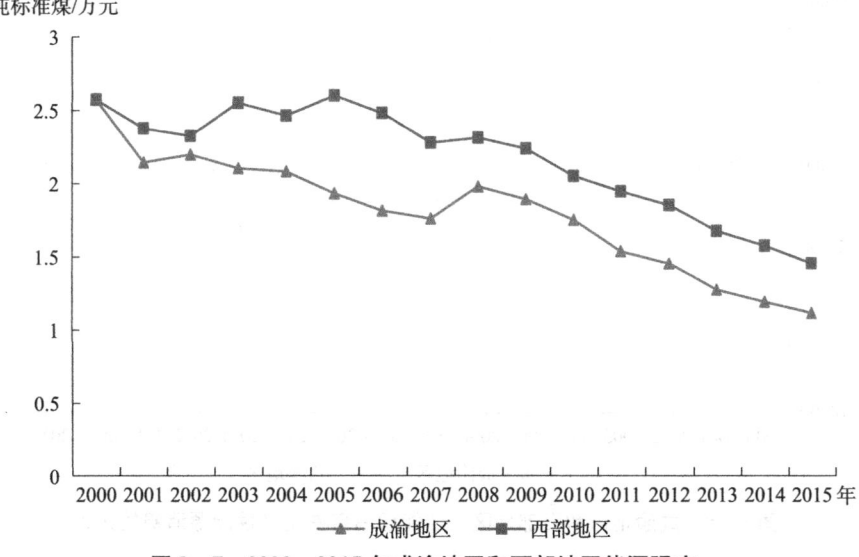

图 8-7　2000—2015 年成渝地区和西部地区能源强度

成渝地区和西部地区的能源消费年均增速都低于 GDP 年均增速，能源消费弹性系数均小于 1，其中成渝地区能源消费弹性系数为 0.54，西部地区为 0.67，成渝地区能源消费弹性系数小于西部地区平均水平，说明成渝地区能源利用效率高于西部地区（见表 8-4）。

表 8-4　　2000—2015 年成渝地区和西部地区能源消费弹性

	能源消费年均增速	GDP 年均增速	能源消费弹性
成渝地区	7.13%	13.27%	0.54
西部地区	8.66%	12.87%	0.67

（三）工业能源消费占比呈下降趋势

2000—2015 年，成渝地区工业能源消费占生产性能源消费比重总体呈不断下降趋势，从 2000 年的 83.03% 下降到 2015 年的 75.46%，16 年间占比略有起伏，但总的来看，占比均超过 70%，是成渝地区生产性能源消费的主要贡献者（见图 8-8）。同期的西部地区，工业能源消费占比整体也呈下降趋势，从 2000 年的 76.7% 下降到 2015 年的 71.06%。对比发现，2000—2015 年，成渝地区工业能源消费占生产性能源消费比重均高于西部地区。这表明，工业作为能源消费"大户"的地位，成渝地区比西部地区更为突出。

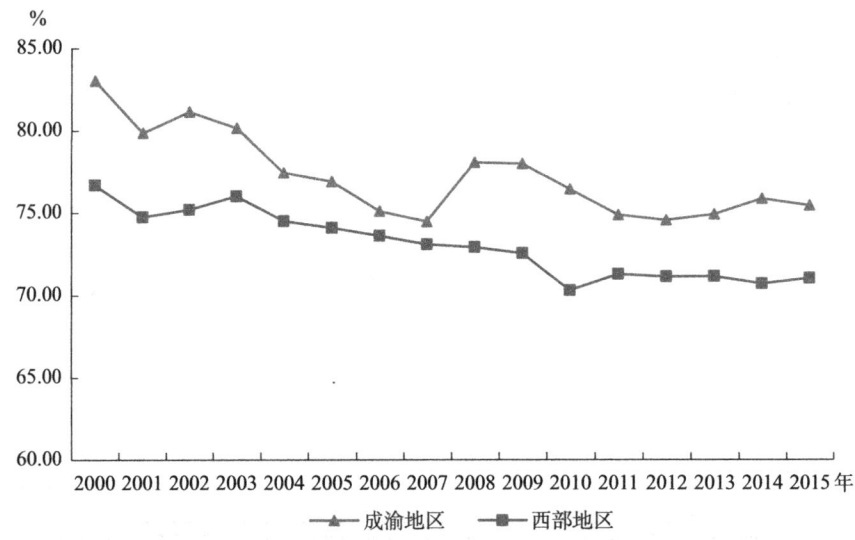

图 8-8　成渝地区和西部地区工业能源消费占生产性能源消费的比重

（四）煤在能源消费结构中居主导地位

2000—2015 年，成渝地区能源消费结构有所变化，从 2000 年的"煤合计＞天然气＞油品合计＞焦炭"到 2015 年的"煤合计＞油品合计＞天然气＞焦炭"（见图 8-9）。其中，煤合计消费从 2000 年的 2819.5 万吨标准煤增长到 2013 年的 7026.7 万吨，然后开始下降到 2015 年的 5502.37 万吨，消费占比从 2000 年的 55.71% 到 2015 年的 38.68%，虽在不断下降，但是煤合计在能源消费结构中仍居主导地位。油品合计消费从 2000 年的 711.29 万吨增长到 2015 年的 4402.55 万吨标准煤，年均增速达 13%，消费占比由 2000 年的 14.05% 上升到 2015 年的 30.95%，整体呈上升趋势。焦炭从 607.63 万吨增长到 2062.5 万吨，消费占比从 12.01% 上升到 14.5%；天然气从 922.89 万吨增长到 2257.54 万吨标准煤，消费占比从 18.23% 下降到 15.87%，焦炭和天然气消费量整体呈上升趋势，但消费占比较小，且变动幅度不大。

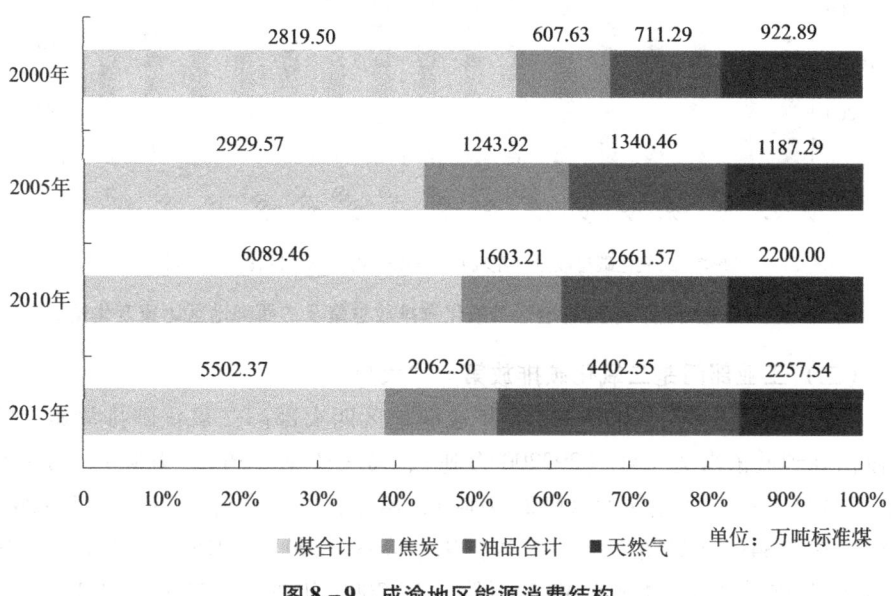

图 8-9 成渝地区能源消费结构

二、成渝地区二氧化碳排放变化趋势及特征分析

二氧化碳是人类消费能源资源的必然产物，其变化方向与能源消费变化方向相同，但是二氧化碳排放量会因化石能源品种以及消费方式的不同而有所不同，所以本部分特对成渝地区二氧化碳排放变化趋势及特征进行分析。

（一）二氧化碳排放总量呈上升趋势，但占西部地区比重逐步下降

2000—2015 年，成渝地区二氧化碳排放总量从 1.24 亿吨到 2015 年的 3.39 亿吨，16 年间二氧化碳排放总量经历了"先升后降再升"，但总体呈上升趋势（见图 8-10）。期间，成渝地区二氧化碳排放占西部地区比重经历了"先降后升再降"，但整体呈下降趋势，从 31.4% 下降到 25.2%。

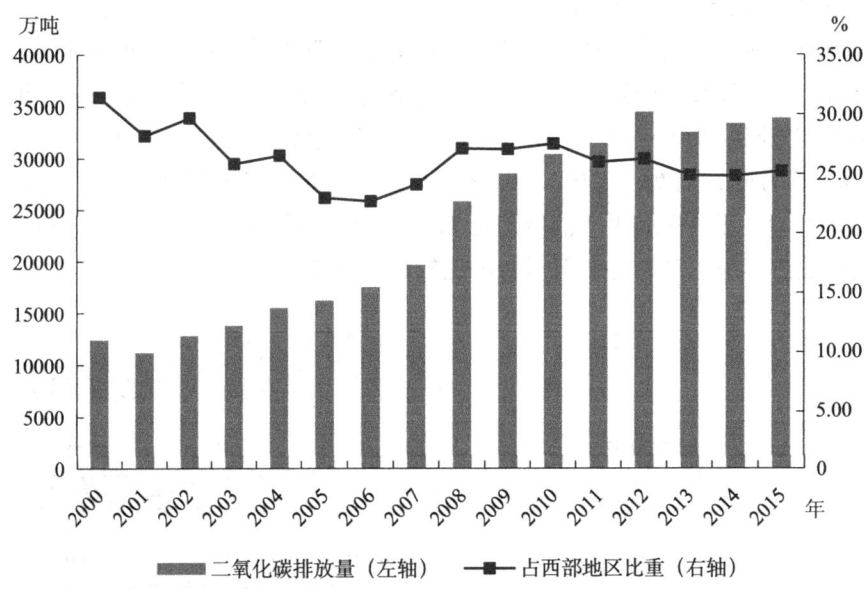

图 8-10　2000—2015 年成渝地区二氧化碳排放总量及占西部地区比重变化情况

（二）工业部门是二氧化碳排放第一"大户"

和西部地区一样，2000—2015 年成渝地区四大部门二氧化碳排放累计的贡献由高到低依次为工业（292200 万吨）、第三产业（56673 万吨）、第一产业（14176 万吨）和建筑业（6821 万吨），累计贡献率分别为 79%、15.32%、3.83% 和 1.84%（见图 8-11）。从变化趋势看，2000—2015 年，工业二氧化碳排放占排放总量的比重趋于下降，从 2000 年的 84.32% 到 2015 年的 78.22%，但其仍是二氧化碳排放贡献第一"大户"。第三产业的二氧化碳排放贡献量不断上升，从 2000 年的 9.73% 到 2015 年的 16.93%，是二氧化碳排放的第二大排放部门。第一产业的二氧化碳排放占比呈不断下降趋势，从 2000 年的 4.59% 到 2015 年的 2.22%，而建筑业的二氧化碳排放占比则呈不断上升趋势，从 2000 年的 1.35% 到 2015 年的 2.63%，超越第一产业，成为成渝地区二氧化碳排放的第三大排放部门。

（三）二氧化碳排放强度呈下降趋势，且低于西部地区

2000—2015 年，成渝地区二氧化碳排放强度整体呈下降趋势，万元 GDP 二氧化碳排放量从 2000 年的 6.32 吨下降到 2015 年的 2.66 吨，16 年间下降了 57.91%，年均降幅为 5.6%（见图 8-12）。同期西部地区万元 GDP 二氧化碳排放量也呈下降趋势，从 2000 年的 6.49 吨下降到 2015 年的 3.59 吨，16 年间下降了44.68%，年均降幅为3.87%。从绝对数值来看，以2015年为例，成渝地区万元GDP二氧化碳排放量不足西部地区的3/4，二氧化碳排放强度低于西部地区。从相对数值来看，成渝地区万元GDP二氧化碳排放量下降幅度、年均降幅均高于西部地区，这与成渝地区能源利用效率高于西部地区平均水平密切相关。

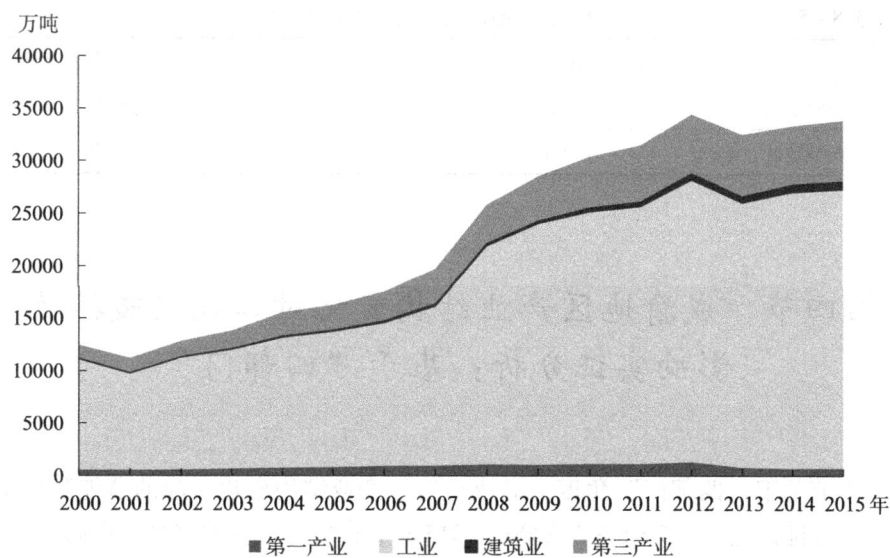

图8-11 2000—2015年成渝地区四大部门二氧化碳排放贡献量

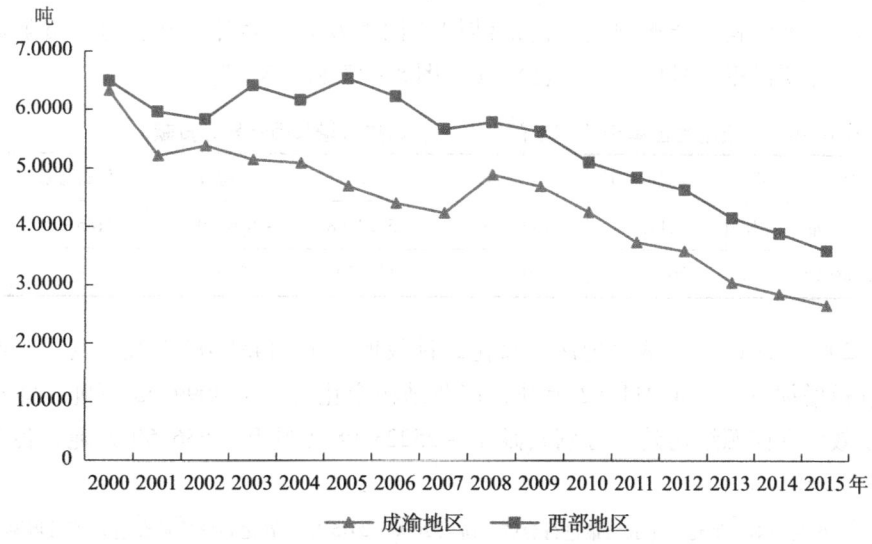

图8-12 2000—2015年成渝地区和西部地区万元GDP二氧化碳排放量

(四) 二氧化碳排放弹性小于 1，且低于西部地区

和西部地区一样，成渝地区二氧化碳排放年均增速低于 GDP 年均增速，但成渝地区二氧化碳排放弹性系数为 0.52，西部地区为 0.66，说明成渝地区能源利用效率要高于西部地区平均水平（见表 8-5）。

表 8-5　　　　成渝地区和西部地区二氧化碳排放弹性

	二氧化碳排放年均增速	GDP 年均增速	二氧化碳排放弹性
成渝地区	6.9%	13.27%	0.52
西部地区	8.5%	12.87%	0.66

第四节　成渝地区产业结构变化对二氧化碳排放影响实证分析：基于"四部门"

本节基于"四部门"角度，对成渝地区产业结构变化引起的节能降碳效应进行实证研究。研究时段为 2000—2015 年，研究方法见本书第七章第一节。

以第一产业、工业、建筑业、第三产业四个部门为产业划分，运用 LMDI 模型对成渝地区 2001—2015 年[①]的二氧化碳排放增量进行因素分解，得到经济规模、产业结构、能源强度和能源结构"四大效应"累计贡献、历年贡献数量和历年贡献率，具体结果见表 8-6、图 8-13 和表 8-7。

表 8-6　　成渝地区基于"四部门"二氧化碳排放增长因素累计贡献

2001—2015 年	经济规模效应	产业结构效应	能源强度效应	能源结构效应	二氧化碳排放增量
累计贡献量（万吨）	43211.82	4099.73	-25223.98	-636.50	21451.07
累计贡献率（%）	201.44	19.11	-117.59	-2.97	—

2001—2015 年，成渝地区二氧化碳排放增长了 21451.07 万吨。其中，经济规模增加贡献了 43211.82 万吨，产业结构变化贡献了 4099.73 万吨，能源强度效应和能源结构效应分别贡献了 -25223.98 万吨和 -636.50 万吨，各因

---

① 因为是对二氧化碳排放增量进行分解，所以 2000—2015 年二氧化碳排放量经过处理后得到的是 2001—2015 年的二氧化碳排放增量，因此分解结果的时间段为 2001—2015 年，下文同。

素效应累计贡献率分别为201.44%、19.11%、-117.59%、-2.97%,即经济规模效应和产业结构效应的累计贡献率为正,能源强度效应和能源结构效应的累计贡献率为负。这表明,15年间成渝地区的经济规模扩张和产业结构变化是导致二氧化碳排放量增加的重要因素,而能源强度和能源结构的变化则促进了二氧化碳排放减少。分年度来看,成渝地区2001年和2013年的二氧化碳排放量相比上一年是减少的,其余年份则为增加。经济规模效应一直为正,始终是二氧化碳排放增长的第一主导因素;产业结构效应除2015年为负之外,其他年份均为正,是导致二氧化碳排放增长的第二大因素;能源强度效应是促进二氧化碳排放减少的主要因素,但2002年和2008年却促进了二氧化碳排放增长;能源结构效应不稳定,有的年份为正,有的年份为负,且累计贡献率很小,对二氧化碳排放的影响不明显。

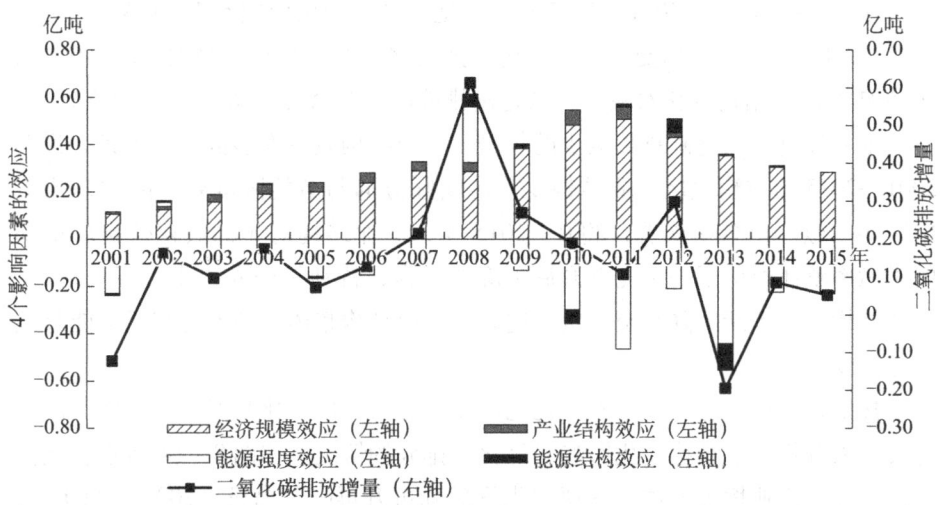

图 8-13　成渝地区基于"四部门"二氧化碳排放增长因素历年贡献数量

表 8-7　成渝地区基于"四部门"二氧化碳排放增长因素历年贡献率　　　单位:%

年份	经济规模效应	产业结构效应	能源强度效应	能源结构效应
2001	87.26	7.83	-187.40	-7.69
2002	76.49	8.86	10.49	4.16
2003	161.69	32.56	-94.66	0.41
2004	108.85	22.79	-34.94	3.30
2005	276.58	53.79	-217.98	-12.39
2006	186.55	33.33	-119.50	-0.38

续表

年份	经济规模效应	产业结构效应	能源强度效应	能源结构效应
2007	133.56	18.68	-46.14	-6.11
2008	46.41	6.18	38.71	8.69
2009	142.01	2.29	-49.32	5.01
2010	254.77	34.99	-157.90	-31.85
2011	472.89	49.82	-435.40	12.69
2012	143.74	7.01	-70.20	19.45
2013	181.15	3.75	-227.22	-57.68
2014	354.94	6.50	-263.04	1.59
2015	546.17	-7.42	-415.41	-23.35

从表8-7可知，2001—2015年成渝地区产业结构效应有14年为正，1年为负，2005年产业结构变化对二氧化碳排放增加的贡献程度最大（53.79%），2015年的产业结构变化对减少二氧化碳排放的贡献程度最大（-7.42%），而且是唯一促进二氧化碳排放减少的年份。产业结构效应大多数年份为正，说明2001—2015年成渝地区产业结构变化的实际方向与节能降碳要求的"理想方向"不一致。但总体来看，2001—2015年，产业结构对于二氧化碳排放增加的贡献率整体经历了一个先上升后下降的过程，特别是进入"十二五"之后，产业结构效应不断下降直至为负，这表明产业结构整体是朝着有利于节能降碳的方向变动的。

接下来，通过进一步考察高耗能产业增加值占比变化与产业结构效应的对应关系来分析产业结构变化影响二氧化碳排放的情况。如图8-14所示，成渝地区高耗能产业增加值占比呈现"先升后降再升再降"特征。2000—2004年，高耗能产业增加值占比呈上升趋势，从2000年的31%上升到2004年的36%，是2000—2015年的最高值；2005—2008年，高耗能产业增加值占比呈下降趋势，由35%下降到26%，并在2008年陡降，降幅约8%；2009—2011年，高耗能产业增加值占比有所回升且变化平稳，保持在29%左右；2011—2015年，高耗能产业增加值占比呈下降趋势。总体来看，从2000年到2015年，成渝地区高耗能产业增加值占比整体处于下降趋势。

如图8-15所示，成渝地区基于"四部门"二氧化碳排放影响因素中产业结构效应和高耗能产业增加值比重变动情况具有一定的相关性。2001—2005年，高耗能产业增加值占比变动量在逐年增加，对应的产业结构效应也是呈上升趋势；2005—2012年，二者随时间变动的趋势基本上一致，但该趋势存在滞后一期；2013—2015年，二者之间的联动关系稍微变弱，背后的因素有待进一步研究。整体上来看，成渝地区高耗能产业增加值占比变动情况和产业结构效应之间存在正相关关系，且滞后一期，即本年度的高耗能产业增加值占比变动情况会影响下一年度的产业结构效应变化。因此，在目前产业结构效应不断下降的情况下，为了进一步推动节能降碳，成渝地区可以将降低高耗能产业比重、发展低耗能产业作为有效手段。

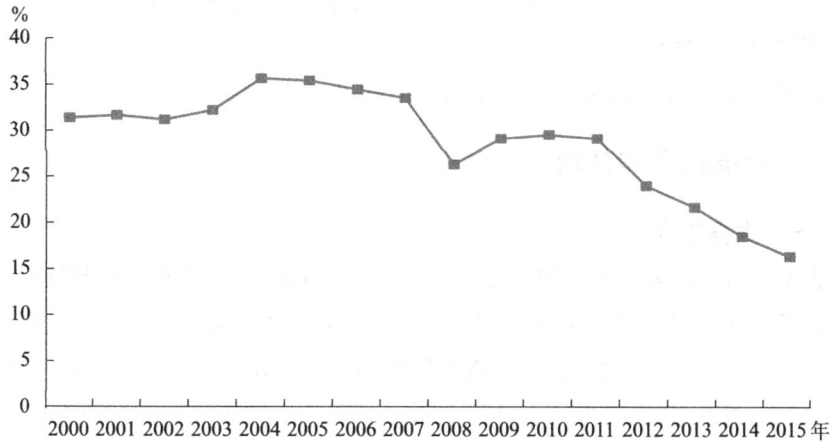

图 8-14 成渝地区高耗能产业增加值占比变化趋势

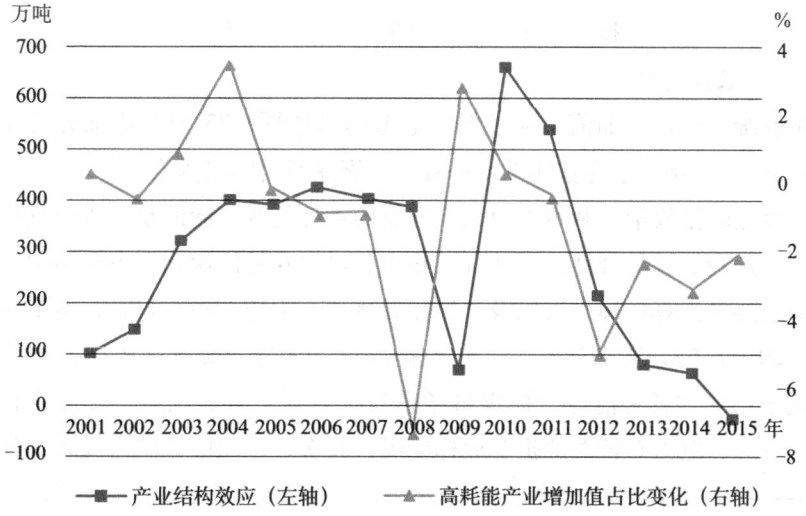

图 8-15 成渝地区产业结构效应和高耗能产业增加值比重变动对比

第五节　成渝地区工业结构变化对二氧化碳排放影响实证分析：基于23个工业细分行业

本节结合成渝地区发展实际，基于2007年、2012年、2017年《中国地区投入产出表》，以成渝地区23个工业细分行业（见表8-2）为样本，运用LMDI模型对成渝地区工业内部二氧化碳排放驱动因素进行量化分解。研究时段为2007—2017年，研究方法见本书第七章第一节。

一、数据来源和处理

（一）数据来源

能源数据。电力、热力供应也是二氧化碳排放的重要来源，本节选取煤合计（原煤、洗精煤、其他洗煤）、焦炭、油品合计（原油、燃料油、汽油、煤油、柴油）、天然气、热力、电力六大能源品种进行分析。本节能源消费数据来源于中国碳核算数据库（Carbon Emission Accounts & Datasets，CEADs）[①]，且能源数据均为终端能源消耗。

工业细分行业增加值数据。四川省和重庆市23个工业细分行业增加值数据来源于《中国地区投入产出表》（2007、2012、2017）。

（二）数据处理

工业细分行业增加值。为了保证数据的可比性，23个工业细分行业的增加值数据都以2007年为基期进行平减，以剔除通货膨胀因素。

二氧化碳排放量。和本书第六章选取的4种能源不同的是，本节选取的是煤合计、焦炭、油品合计、天然气、热力、电力6种能源，考虑到热力、电力只能通过热量折算成标准煤以及二氧化碳排放，为统一折算口径，本节参考顾阿伦（2016）的方法来折算二氧化碳排放量：首先，参考《中国能源统计年鉴》附录中的"各种能源折标煤参考系数"将煤合计、焦炭、油品合计、天然气、热力、电力6种能源折算成标准煤；其次，使用能源碳排放系数计算工

---

① 数据来源：中国碳核算数据库 https://www.ceads.net.cn。

业细分行业二氧化碳排放量。公式如下：

$$C = \sum_{i=1,j=1}^{n} \frac{E_{ij} \cdot CE_j \cdot 29307 \cdot 10^3 \cdot e_j}{10^{12}} \tag{8-1}$$

式中，C 表示二氧化碳排放总量，E_{ij} 表示第 i 行业能源 j 的实物消费量，CE_j 表示能源 j 的标准煤折算系数，29307 千焦是一千克标准煤的热量值，e_j 表示能源 j 的二氧化碳排放系数（见表 8-8）。

表 8-8　　　　六种能源的标准煤折算系数和碳排放系数

	煤合计	焦炭	油品合计	天然气	热力	电力
标准煤折算系数（kgce/kg、m³、Mjoule、KW-h）	0.7143	0.9714	1.4286	1.33	0.03412	0.1229
碳排放系数（kg/TJ）	94600	107000	73300	56100	94600	94600

资料来源：《中国能源统计年鉴》"地区能源平衡表"；IPCC. 2006 IPCC Guidelines for National Greenhouse Gas Inventory [R]. 2006；顾阿伦，何崇恺，吕志强. 基于 LMDI 方法分析中国产业结构变动对碳排放的影响 [J]. 资源科学，2016，38（10）：1861-1870.

二、成渝地区工业二氧化碳排放现状及特征分析

（一）工业二氧化碳排放总体情况

经计算，2007 年、2012 年、2017 年成渝地区工业增加值分别为 5625.98 亿元、15500.39 亿元和 18232.79 亿元；工业二氧化碳排放量分别为 19416.03 万吨、34257.74 万吨和 30506.53 万吨，2012 年为二氧化碳排放最高年份，总体上呈现"先增加后减少"的趋势。2007 年、2012 年、2017 年与所在的 3 个五年规划期相对应，因此，成渝地区工业规模和二氧化碳排放量经历了三个阶段[①]："十一五"时期，工业增加值年均增速为 20.51%，二氧化碳排放增量为正，为"高增长、温和排放"阶段；"十二五"时期，工业增加值年均增速为 22.47%，二氧化碳排放增量最大，属于"高增长、高排放"阶段；"十三五"时期，工业增加值年均增速为 3.3%，二氧化碳排放增量为负，工业增长减速，二氧化碳排放量开始减少，进入"温和增长、次高排放"

---

① 在 LMDI 模型中，各效应是年份之间的累计值，本部分用 3 个年份二氧化碳排放分解结果解释 3 个五年规划期二氧化碳排放，具有合理性。同时借鉴钟茂初（2021），在下文实证分析中，以 2007 年、2012 年、2017 年 3 个年份二氧化碳排放因素分解结果为基础，解释 3 个五年规划期工业分行业二氧化碳排放影响因素的差异。

阶段。从分阶段划分结果来看，与潘文卿等（2017）的结论比较接近[1]，二氧化碳排放增长受工业增长的影响，表现为"先升后降"的阶段趋势。与潘文卿不同的是，一方面，本部分描述的是成渝地区工业的二氧化碳排放变动趋势，工业作为成渝地区经济发展支柱和主要的二氧化碳排放"大户"，工业规模增速远高于全国 GDP 增长的速度，产值与二氧化碳排放的关联更明显；另一方面，本部分受限于数据，无法对比 2007 年之前的变动趋势。

（二）成渝地区工业碳排放行业构成

根据图 8-5 的行业分类，通过计算得到 2007 年、2012 年、2017 年成渝地区工业二氧化碳排放量的产业构成情况，如表 8-9 所示。四类产业中，战略性主导产业和特色优势产业二氧化碳排放占比较小，其中战略性主导产业占比呈现"先减后增"趋势，特色优势产业则呈"持续减少"趋势；区域一般产业二氧化碳排放占比最高，区域基础产业次之。二氧化碳排放占比前 6 位的细分行业中 5 个属于区域一般产业，1 个属于区域基础产业。可见，战略性主导产业和特色优势产业二氧化碳排放占比持续下降；区域一般产业二氧化碳排放占比保持较高水平，是未来成渝地区节能降碳重点关注行业。

表 8-9　　　　成渝地区工业二氧化碳排放量产业构成　　　　单位：%

	2007 年	2012 年	2017 年
战略性主导产业	5.31	4.64	5.75
特色优势产业	5.71	5.52	5.22
区域一般产业	73.48	77.03	73.43
区域基础产业	15.50	12.81	15.60

三、成渝地区工业二氧化碳排放因素分解结果分析

（一）工业二氧化碳排放影响因素分析

运用 LMDI 模型对成渝地区 2007 年、2012 年、2017 年的工业二氧化碳排放量进行分解，结果如表 8-10 所示。从累计贡献率来看，产业规模效应为正，能源强度、产业结构和能源结构效应为负。各效应对二氧化碳排放量的累计贡献率绝对值由大到小依次是：产业规模效应（290.58%）、能源强度效应

---

[1] 潘文卿对不同经济发展阶段中国产业生产性碳排放变化特征的描述是：1997—2002 年为中速增长、温和排放阶段，2002—2007 年为高增长、高排放阶段，2007—2012 年为次高增长、次高排放阶段，2012—2014 年为中速增长、中速排放阶段。

（-189.78%）、产业结构效应（-0.41%）和能源结构效应（-0.38%）。其中，工业规模扩张是二氧化碳排放增加的第一影响因素，这主要是因为研究阶段正是成渝地区工业化快速提升时期，工业持续发展、规模扩张刺激了二氧化碳排放增加。能源消费强度降低是碳排放减少的主要驱动力，原因是为了解决工业快速发展导致的产能过剩和环境问题，成渝地区出台了《工业转型升级规划》《高新技术产业发展专项规划》《科学技术和战略性新兴产业发展规划》等一系列产业规划，促进传统特色产业技术转型升级，同时鼓励高技术产业、新兴产业等自主创新，能源消费强度逐渐降低，工业平均能耗由2007年的1.31吨标准煤/万元降低到2017年的0.56吨标准煤/万元，促进二氧化碳排放减少。而产业结构和能源结构变化对二氧化碳排放影响较小，累计贡献率为负，对二氧化碳排放有抑制作用，但影响情况有阶段性差异——2012年，产业结构效应开始促进碳减排，2017年，能源结构效应开始促进碳减排。

表8-10　成渝地区工业二氧化碳排放的影响因素分解结果　单位：万吨

年份	产业规模效应	产业结构效应	能源强度效应	能源结构效应	二氧化碳排放增量
2007	13840.91	13.12	-7595.75	44.61	6302.89
2012	22334.72	-19.66	-8040.31	566.95	14841.71
2017	14365.82	-65.20	-17373.87	-677.96	-3751.20
累计贡献率（%）	290.58	-0.41	-189.78	-0.38	—

（二）工业分行业二氧化碳排放影响因素特征

在整体分析的基础上，进一步以工业内部23个细分行业为研究对象进行讨论，以探求不同类型和具体行业二氧化碳排放变化的主要影响因素。从累计贡献率来看，产业规模效应都是二氧化碳排放增加的关键因素，能源强度效应都是二氧化碳排放减少的关键因素，不同行业产业结构效应和能源结构效应存在差异（见图8-16）。

产业规模效应是各细分行业二氧化碳排放增加的第一因素，2007—2017年，成渝地区经济处于不断增长状态，工业规模不断扩大，对二氧化碳排放表现出明显的强正向驱动。能源强度效应显著为负，促进二氧化碳排放减少，原因是2007—2017年，工业各行业的技术水平均有不同程度的提升，单位能源消费量下降明显。具体细分行业的能源强度效应贡献量存在巨大差异，最高的是纺织业（-781%），最低的是通信设备、计算机和其他电子设备制造业

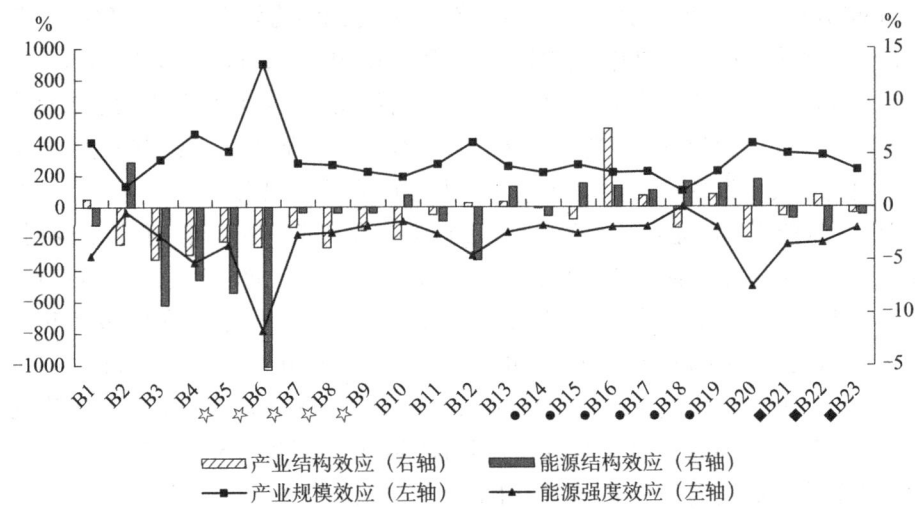

图 8-16　2007—2017 年成渝地区工业细分行业二氧化碳排放影响因素累计贡献率[①]

(-0.22%)。主要由于纺织业作为川渝两地的传统产业，起步较早，准入门槛低，所以近些年来技术进步带来的能源强度降低效果就更明显；而通信设备、计算机和其他电子设备制造业等行业是"十一五"之后发展起来的，能源消费强度"准入门槛"本身高，因而在 2007—2017 年降低程度不明显。

细分行业的产业结构效应和能源结构效应有正有负。能源结构效应累计贡献率为负的主要是区域一般产业中的煤炭开采与洗选业、化学工业、非金属矿物制品业，区域基础产业中的电力、热力的生产和供应业和特色优势产业中的纺织业、食品和烟草业等行业，受益于天然气、水电等清洁能源的使用和清洁技术的推广，能源使用结构得到优化，产生抑制二氧化碳排放的作用。产业结构效应累计贡献率为负的行业是区域一般产业中的石油加工、炼焦及核燃料加工业、化学工业和区域基础产业中的电力、热力的生产和供应业，也有特色优势产业中的纺织业、造纸印刷及文教体育用品制造业、食品制造及烟草制造业等，原因是四川省、重庆市颁布的"去产能"政策中，将石油加工、炼焦及核燃料加工业、化学工业、电力、热力的生产和供应业和纺织业、造纸印刷及文教体育用品制造业、食品制造等行业作为重点行业，严格限制这些行业的规模，导致产出占比下降，产业结构效应对二氧化碳排放产生抑制作用。产业结

---

① 图 8-16 中行业名称前加●代表的是战略性主导产业；加☆代表的是特色优势产业；加◆代表的是区域基础产业，其余为区域一般产业（下文同）。

构效应累计贡献率为正的主要是仪器仪表、交通运输设备制造业等为代表的战略性主导产业,这些产业受到国家产业战略部署和支持,成渝地区近些年重点优先发展,产出占比迅速提高促进二氧化碳排放增加。

(三) 工业分行业二氧化碳排放影响因素阶段特征

运用 LMDI 模型对不同时期细分行业的二氧化碳排放影响因素进行分解,结果如图 8-17、图 8-18、图 8-19 所示。总体来说,在"十一五""十二五""十三五"三个时期,产业规模效应一直是二氧化碳排放增加的主要影响因素,且驱动强度(累计效应的绝对值,下文同)在"十二五"最高,"十三五"则开始下降。能源强度效应一直是二氧化碳排放减少的主要影响因素,且驱动强度呈现出逐步增加的态势,并在"十三五"超过产业规模效应的驱动强度。能源结构效应基本表现为"十一五"促进二氧化碳排放增加,"十二五""十三五"推动二氧化碳排放量减少。产业结构效应则比较复杂,不同类型的行业在不同阶段表现各异。各阶段具体情况如下所述。

"十一五"时期细分行业二氧化碳排放分解结果显示:产业规模效应推动细分行业二氧化碳排放增长。该时段是全国快速城镇化的阶段,城镇基础设施建设快速发展推动工业特别是对重工业的需求快速增长,必然造成各行业二氧化碳排放增加。能源强度效应抑制细分行业二氧化碳排放增长。在工业各行业产出增长的同时行业技术水平持续提升,节能环保、绿色清洁技术得到推广,能源使用效率提升,能源强度下降,对二氧化碳排放产生抑制作用。大部分细

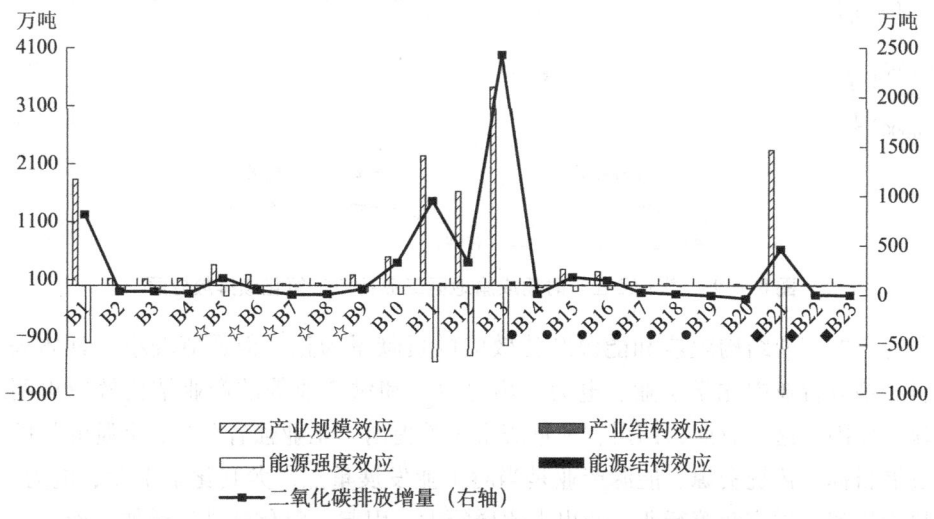

图 8-17 "十一五"时期成渝地区工业行业二氧化碳排放分解

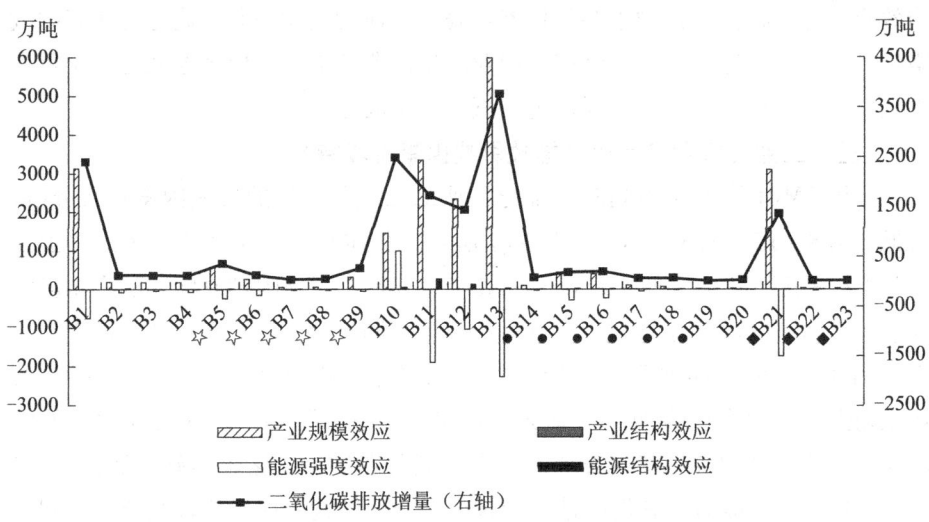

图 8-18 "十二五"时期成渝地区工业行业二氧化碳排放分解

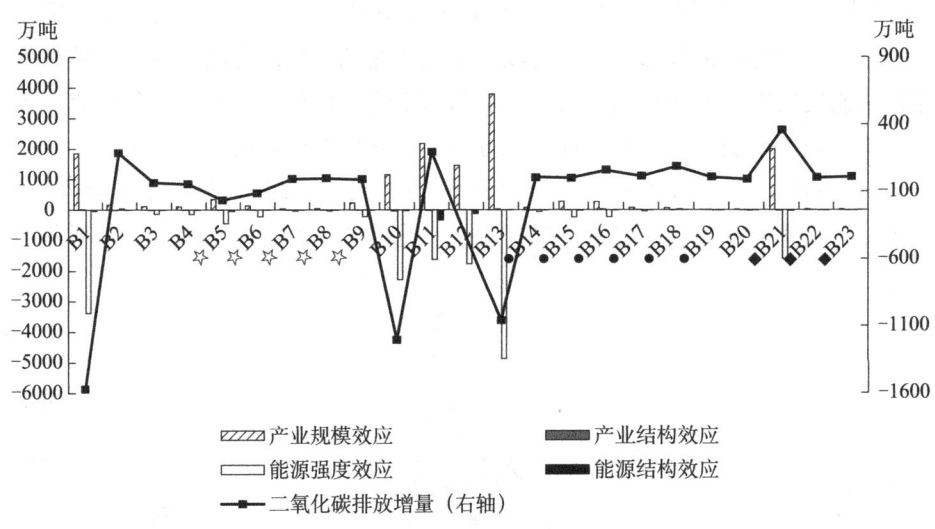

图 8-19 "十三五"时期成渝地区工业行业二氧化碳排放分解

分行业的产业结构效应和能源结构效应的贡献量为正,但数值较小。具体来看,细分行业中化学工业、电力、热力生产和供应业等的产业结构效应更明显。原因是这一时期,四川省和重庆市纷纷提出"工业强省""工业强市"的发展目标,传统资源、能源产业是当时工业发展重点,尤其化学工业、电力、热力生产和供应业等行业,产出占比增幅大,引起二氧化碳排放增加。而以交通运输、装备制造、电子信息为代表的战略性主导产业和食品饮料等为代表的特色优势产业规模变动幅度小，产出占比基本无变动，对二氧化碳排放贡献量小。

"十二五"时期细分行业二氧化碳排放分解结果显示：产业规模效应继续推进各细分行业二氧化碳排放量增加，且作用强度达到最大值。此时间段内，重庆市"两江新区"建设进程加快，"再造一个产业重庆"目标下，重庆市工业规模持续增加；四川省工业领域以"推进产业结构优化升级"为指导，发展壮大特色优势产业，进入工业化"加速期"。因而，产业规模效应对各行业二氧化碳排放的正向影响加大。能源强度效应则抑制各行业二氧化碳排放增长。四川省和重庆市相继出台《四川省"十二五"节能减排综合性工作方案》《重庆市"十二五"主要污染物总量控制规划》等节能减排政策、方案，节能技术推广，各行业能源强度不同程度下降，对二氧化碳排放量的抑制作用增大。大部分细分行业的能源结构效应为正。该时期细分行业的能源消费结构变动不明显。大部分细分行业的产业结构效应为负，虽然贡献量比较低，但贡献强度有所提升，即产业结构效应对二氧化碳排放的抑制作用强度在不断增强。具体来看，区域一般产业中的石油加工、炼焦及核燃料加工业、化学工业、石油和天然气开采业和造纸印刷业，区域基础产业中的电力、热力的生产和供应业和特色优势产业中文教体育用品、食品制造及烟草制造业等产业结构效应显著为负，而煤炭开采与洗选业、金属冶炼和压延业的产业结构效应显著为正。该时期，四川省和重庆市聚焦"加快淘汰石油、电力、热力、造纸、印染行业的落后产能"，石油、化工、电力、热力、造纸印刷和文教体育用品、食品制造及烟草制造业等行业规模迅速缩减，产出占比减小，抑制二氧化碳排放增加；对比之下，煤炭开采与洗选业、金属冶炼和压延业等去产能进度较慢，产出占比相对增加，促进行业二氧化碳排放增加。交通运输装备业的产业结构效应为正，主要是成渝地区在此时段大力发展交通运输业，产出占比增加推动二氧化碳排放增加。

"十三五"时期细分行业二氧化碳排放分解结果显示：产业规模效应仍是各细分行业二氧化碳排放量增加的第一因素，但作用强度降低，多数行业规模效应强度低于能源强度效应，这也是二氧化碳排放量开始降低的最主要原因。2016年后，四川省提出建设现代工业体系，坚持以数字化、绿色化、智能化为方向，对传统优势产业进行技术改造；同时四川省和重庆市的节能减排政策效果极大显现，清洁技术的科研投入进一步加大，如重庆市经信委数据显示，

"十三五"全市技术改造投资年均增长15.6%，创新能力显著提升，能源强度大幅下降。大部分细分行业的能源结构效应转为负，主要是此时间段，细分行业的清洁能源使用占比提升，能源使用结构得到优化，产生抑制二氧化碳排放的效果。大部分细分行业的产业结构效应为负，虽然贡献量较小，但比之前的贡献强度更大，产业结构效应随着时间变动对二氧化碳排放的抑制作用强度呈上升趋势。具体来看，区域一般产业中石油加工、炼焦及核燃料加工业、化学工业、石油和天然气开采业和区域基础产业中电力、热力的生产和供应业的产业结构效应仍为负，煤炭开采与洗选业、金属冶炼和压延业的产业结构效应显著仍为正；造纸印刷和文教体育用品、食品制造及烟草制造业等特色优势产业的产业结构效应仍为负；交通运输装备业的产业结构效应仍为正，且相应的作用强度均增大，原因是该时期，四川省和重庆市对重点行业的节能降碳工作持续实施，政策效果进一步显现。因此，在成渝地区工业未来发展中，应重点关注煤炭开采与洗选业、金属冶炼和压延业、非金属矿物制品业等产业结构效应恒为正的区域一般产业，以工业结构调整促进二氧化碳排放减少。

本章小结

1. 成渝地区产业结构高级化趋势明显，工业内部重型化、资源型特征显著。2011—2020年，成渝地区产业结构由"二三一"转向"三二一"，实现了从工业主导到服务业主导的结构性转变；2000—2015年，成渝地区产业结构高级化指数经历了"先降后升"，尤其是2006—2015年，产业结构高级化指数年均增速达16%，远高于西部地区。和西部地区一样，2000—2015年成渝地区重工业占比始终高于轻工业，并且比重保持在70%以上，重型化特征突出。和2000—2015年西部地区工业由"资本密集型主导"转向"劳动密集型主导"不一样的是，成渝地区劳动密集型产业在工业中占据绝对主导地位。

2. 2000—2015年，成渝地区能源消费和二氧化碳排放总量都呈上升趋势，但两者占西部地区的比重均在不断下降；能源消费强度和二氧化碳排放强度均呈下降趋势，能源消费和二氧化碳排放弹性均小于1，能源利用效率都高于西部地区平均水平；工业部门仍是能源消费和二氧化碳排放第一"大户"；煤在能源消费结构中仍居主导地位。

3. 2000—2015年，成渝地区"四部门"二氧化碳排放总量贡献率由高到低分别为：工业、第三产业、第一产业和建筑业，虽然工业二氧化碳排放占排放总量比重不断下降，但其仍是二氧化碳排放第一"大户"。从战略性主导产业、特色优势产业、区域一般产业和区域基础产业来看，区域一般产业和区域基础产业是成渝地区工业行业二氧化碳排放量的主要贡献者，特色优势产业和战略性主导产业贡献量较小。分阶段看，"十一五"时期成渝地区二氧化碳排放呈现"高增长、温和排放"特征，"十二五"时期呈现"高增长、高排放"特征，"十三五"时期则呈现"温和增长、次高排放"特征。

4. 基于"四部门"分行业二氧化碳排放分解表明，2001—2015年成渝地区产业结构变化对二氧化碳排放增长的累计贡献率达19.11%，是二氧化碳排放增加的第二主导因素，但最近几年出现了产业结构变化促进二氧化碳排放减少的情况。这表明成渝地区产业结构变化的实际方向与节能降碳要求的"理想方向"不一致，但总的来看，特别是"十三五"以来，产业结构效应带来的二氧化碳排放增量越来越小，表明产业结构是朝着有利于节能降碳方向变化的。成渝地区高耗能产业增加值占比的变动趋势与产业结构变化对二氧化碳排放的影响方向基本一致。

5. 从23个工业细分行业二氧化碳排放分解结果来看，产业规模效应是成渝地区二氧化碳排放增加的最主要影响因素，能源强度效应是碳减排的最主要影响因素，产业结构效应和能源结构效应影响度较小；从不同阶段来看，在"十一五""十二五""十三五"三个时期，产业规模效应一直是二氧化碳排放增加的主要影响因素，且驱动强度在"十二五"最高，"十三五"则开始下降。能源强度效应一直是促进二氧化碳排放减少的主要因素，且驱动强度呈现出逐步增加的态势。能源结构效应基本表现为"十一五"促进二氧化碳排放增加，"十二五""十三五"推动二氧化碳排放量减少。产业结构效应则比较复杂，不同类型行业在不同阶段表现各异。

第九章

资源环境约束下西部地区产业结构调整优化的现实困境和方向选择

西部地区肩负着为我国提供能源矿产资源保障、产业链供应链安全保障和建设国家生态安全屏障等多重任务，产业结构调整优化面临着特殊考验。本章立足西部地区区情和国家重大战略部署，剖析资源环境约束下西部地区产业结构调整优化面临的现实困境和机遇，阐述资源环境约束下西部地区产业结构调整优化需要处理的关系，最后提出资源环境约束下西部地区产业结构调整优化的方向和思路。

第一节 资源环境约束下西部地区产业结构调整优化面临的现实困境

我国西部地区占全国国土面积的71.5%，常住人口占27.1%，GDP占21%[①]。这里既是我国战略资源和可再生能源富集区、生态屏障区和环境敏感区，又是我国"两高一资"（高能耗、高排放、资源型）产业集聚区，肩负着为全国提供能源矿产资源保障、产业链供应链安全保障和国家生态安全屏障建

---

① 文中数据为2020年数据。

设等多重任务，同时，对尚处于工业化中期的广大西部地区，其工业化进程，不仅与我国大力推进节能降碳、建设生态文明的战略叠加，又与新一轮科技革命和产业变革的窗口期叠加。环境和发展的协调，节能降碳与产业结构调整优化的统筹，对西部地区而言，就显得更加特殊而重要。这种情况下，西部地区的产业结构调整优化和资源环境保护面临着特殊考验，我们不妨称为"西部困境"，表现为以下五个方面：一是西部地区重化工业化发展阶段的不可逾越性与节能降碳产业结构轻型化要求的矛盾，二是西部地区实施优势资源转化战略与当前低端产能过剩扩大的矛盾，三是传统要素优势减弱与新旧动力转化滞后的矛盾，四是"结构效应"长期性与制度安排长效机制缺乏的矛盾，五是新一轮科技革命和产业变革带来的挑战。

一、重化工业化发展阶段的不可逾越性与节能降碳产业结构轻型化要求的矛盾

西部地区整体上处于工业化中期，且重型化阶段将在较长时期存在，与此同时也要按照国家节能降碳要求完成刚性目标，尽量实现产业结构轻型化，西部地区面临的这种考验，实质上反映了西部地区产业结构自身演变轨迹与产业结构"理想方向"之间的矛盾。

重化工业的一个重要特性是生产过程消耗大量的能源资源，而对非清洁能源的依赖，又不可避免地产生大量污染物，因而重化工业是所有产业中耗能最高、污染排放最大的产业，其中钢铁、有色、化工、建材是消耗能源最多的部门。最近十多年来，我国环保技改虽然取得了长足进步，但重化工业增长与环境消耗之间显著的正相关关系并没有得到改变，重化工业发展带来的环境破坏仍是西部地区环境与发展矛盾中非常尖锐的表现（金碚等，2011）。因此，单从产业的生产技术特征来看，发展重化工业显然是与节能降碳要求的产业结构轻型化相悖的。那么，我们是不是可以跨过重化工业化阶段，或者干脆不要重化工业呢？答案当然是否定的。西部地区重化工业化发展阶段不可逾越，主要基于以下几方面的原因：

一是重化工业在我国仍然具有重要作用。发达的重化工业是城镇化、资源开发、基础设施建设等重大工程建设以及确保国家安全、增进民生福祉等的支撑。我国人口众多，且处于城镇化加速发展和需求结构转型升级的时期，未来一段时期，城镇化进程将加大对住房、道路、通信、水电煤气等公用基础设施以及高速铁路等重大交通基础设施的投资力度，对建材、化工、装备制造等重

化工业的需求仍然存在。同时，随着国民收入水平的提高以及人民日益增长的美好生活需要，我国居民消费结构升级，发展型、体验型、享受型消费将带动对高技术产业、战略性新兴产业以及新型服务业的需求，这些产业的发展，仍然离不开发达的重化工业。金碚（2013）指出，我国重化工业发展具有客观必然性，重化工业固然会消耗大量资源并对环境产生不利影响，但解决我国的资源环境问题最终还是要依靠发达的重化工业。

二是西部地区产业结构的客观性。如前面分析，西部地区产业结构具有明显的初级性、资源依赖性和重型化特征。从宏观角度来看，西部地区产业结构是全国地域分工的结果，是国民经济发展的重要支撑，从西部地区自身来看，西部地区产业结构是发挥区域比较优势、实现资源优势向经济优势转化的现实结果。西部地区能源矿产资源丰富，由此形成了以能源矿产资源开发和粗加工为特色和优势的产业，西部地区的重化工业不仅仅是西部地区发挥比较优势的需要，更肩负着为全国经济发展提供能源矿产资源保障的重任，也是确保全国能源矿产资源安全的需要。西部地区的产业结构有其客观性与合理性。

三是西部地区自身发展阶段的必然性。一般来讲，在工业化的中后期阶段，重化工业是推进工业化的主力军。目前西部地区总体上还处于工业化正推进的中期阶段，发展重化工业也是符合这一阶段的规律。

四是我国长期以煤炭为主的能源消费结构的客观性。我国的资源禀赋是煤多油少气少，这决定了我国以煤炭为主的能源消费结构，而且这种能源消费结构将维持相当长的时间。而前面的分析也表明，西部地区煤炭在能源消费结构中的主导地位相比全国更为突出。

当然，需要指出的是：一是我们强调重化工业存在的合理性和西部地区重化工业化发展阶段的不可逾越性，并不是说要延续重化工业粗放、外延的传统生产方式，而是要在清洁生产、循环生产、精明生产的模式下发展重化工业，其发展的方向也要转向质量提高。可以这样说，重化工业发展阶段不可逾越，但发展方式必须转变，这是资源环境约束下西部地区产业结构调整优化的重要路径。二是西部地区重化工业为全国发展作出了贡献，意味着，建立和完善国家对西部地区资源型省份的补偿政策势在必行。

二、实施优势资源转化战略与低端产能过剩扩大的矛盾

西部地区能源矿产资源储量大，尤其是水能、石油资源、天然气资源、煤炭资源、稀土资源及有色金属等（见表9-1），西部地区能源最终可开采量约

占全国总量的57%，化石能源人均占有量是全国平均水平的2倍。依托这些自然资源的比较优势，实施"市场导向的优势资源转化战略"，是西部地区发挥比较优势、增强自我发展能力的实现路径之一。

表9-1　　　　　　　西部地区煤油气储量占全国比重　　　　　单位：%

	2005年	2010年	2015年	2020年
煤炭占比	48.14	51.25	44.84	55.19
石油占比	31.26	33.55	40.69	44.04
天然气占比	80.24	83.64	83.14	83.24

资料来源：根据2006年、2011年、2016年《中国统计年鉴》和自然资源部发布的《2020年全国矿产资源储量统计表》制作。

《西部大开发"十二五"规划》指出，按照着眼长远、统筹规划、加强勘探、合理开发的要求，建设一批重要的能源矿产资源基地和产业聚集区，不断提高能源矿产资源供应能力和产业风险应对能力，维护国家经济安全。统筹资源合理开发利用与生态环境保护，……，推动资源开发利用方式转变，构建现代资源开发利用产业体系。《西部大开发"十三五"规划》强调，合理推动油气资源开发，推进陇东、宁东、准东、川东北等能源化工基地建设。实施优势资源转化战略，不仅面临着资源开发转化与保护生态环境的问题，更面临当前低端产能过剩扩大的问题，而后者更是加重了资源环境压力。

当前，我国产业产能过剩问题普遍存在。根据国家发展和改革委员会2005年的调查，当时我国工业中有11个行业出现产能过剩现象，其中以钢铁、汽车、电解铝为代表的三大产业产能过剩问题最为严重。重化工业的过剩产能往往表现为相当部分的落后产能，据统计，18个产能过剩行业中落后产能占总产能的比重高达15%—25%。这些重化工业的落后产能进一步加大了资源和环境的压力。除传统产业过剩外，一些新兴产业领域也出现产能过剩。自2010年国家提出要发展战略性新兴产业以来，一些地方出现了对战略性新兴产业盲目投资、一哄而上、重复建设的现象，新能源、新材料、电子信息等新兴产业的产能过剩问题开始凸显，如碳纤维、光伏、风电、多晶硅等。

从全国各地制定的五年规划来看，"十五"计划和"十一五"规划，除了少数资源型省份外，全国大部分地区都将汽车、电子信息、新材料和生物医药等产业确立为重点发展的产业。"十二五"期间西部地区12省（区、市）中，11个省份提出发展装备制造业，11个省份提出发展生物产业，10个省份提出发展新材料产业，10个省份提出发展新能源产业，8个省份提出发展电子信息产业，8个省份发展新医药产业，7个省份发展汽车制造业。"十三五"期间西部地区12省（区、市）中，11个省份提出发展装备制造业，11个省份提出发展新材料产业，10个省份提出发展新能源产业，10个产业提出发展节能环保产业，9个省份提出发展电子信息产业，8个省份发展新医药产业，8个省份发展文旅产业①。虽然我国省域经济的综合性较强、规模较大，各省份之间的产业发展上存在一定的相似是合理的，但从上面数据可以看出，西部地区各省份间产业雷同问题较为严峻。治理产能过剩产业已成为当前和未来一段时期西部地区经济转型升级、产业结构调整必须攻克的难题。

三、传统要素优势减弱与新旧动力转化滞后的矛盾

产业结构演进（经济发展）的不同阶段，发展的动力结构不同。在工业化初期，工业化发展主要依靠资本和劳动力等要素驱动，即主要通过资本、劳动力以及资源、环境等要素的大量投入来驱动经济增长，而进入工业化中后期，资本积累对经济增长的贡献下降，劳动效率的提升关键取决于产业的技术创新、商业模式创新和制度创新，创新成为驱动经济可持续发展的关键动力。

西部地区从工业化中期向工业化后期迈进，动力结构转变是必然的。长期以来，西部地区产业结构的形成以及参与全国分工的比较优势主要是依靠低廉的要素成本，特别是廉价的劳动力成本和较低的甚至几乎被忽略不计的资源环境成本，利用"人口红利"和"资源环境红利"，迅速迈入工业化门槛，实现经济上的赶超和跨越，然而，进入工业化中后期，西部地区同全国一样，"人口红利"逐渐丧失，而且资源和环境面临比全国更紧的约束（陈昌兵，2018），曾经对西部地区工业化发挥主导作用的传统要素优势逐渐减弱，而以创新为驱动力的新的动力结构却远未形成。

支撑西部地区工业化快速推进的土地、劳动力和资源的低成本优势开始减弱。土地方面，经过改革开放40多年特别是西部大开发以来的20多年的高速发展，加之国家严格实施空间管制和空间治理，西部地区可用于工业化、城镇化的土地资源也逐渐稀缺。劳动力方面，不可否认的是，目前，"民工荒"现象已经从东部沿海地区逐渐向中西部内陆地区扩散；同时，人口老龄化的到来，工资水平上升压力将进一步增大。而资源方面，虽然西部地区的能源矿产

---

① 以上数据为作者根据各省（区、市）"十五"计划、"十一五"规划、"十二五"规划和"十三五"规划整理得到。

资源丰富，但近年来，资源消耗迅速增长。可见，继续靠拼劳动力、拼资源、利用传统比较优势，来实现经济增长，已经难以为继。

西部地区创新驱动乏力，主要表现在：一是创新投入不足。如图9-1所示，2020年，西部地区12省（区、市）的企业研发经费支出占GDP比重均低于全国平均水平，和东部发达地区差距较大。二是创新技术不足。2020年，西部地区专利申请授权总数为130133项，仅占全国的8.99%。三是创新体系不健全。由于创新制度环境的缺失，尤其是缺乏完善的知识产权保护制度，创新体系的三个主体——企业、高校和科研机构，很难达成合作和协作，未形成

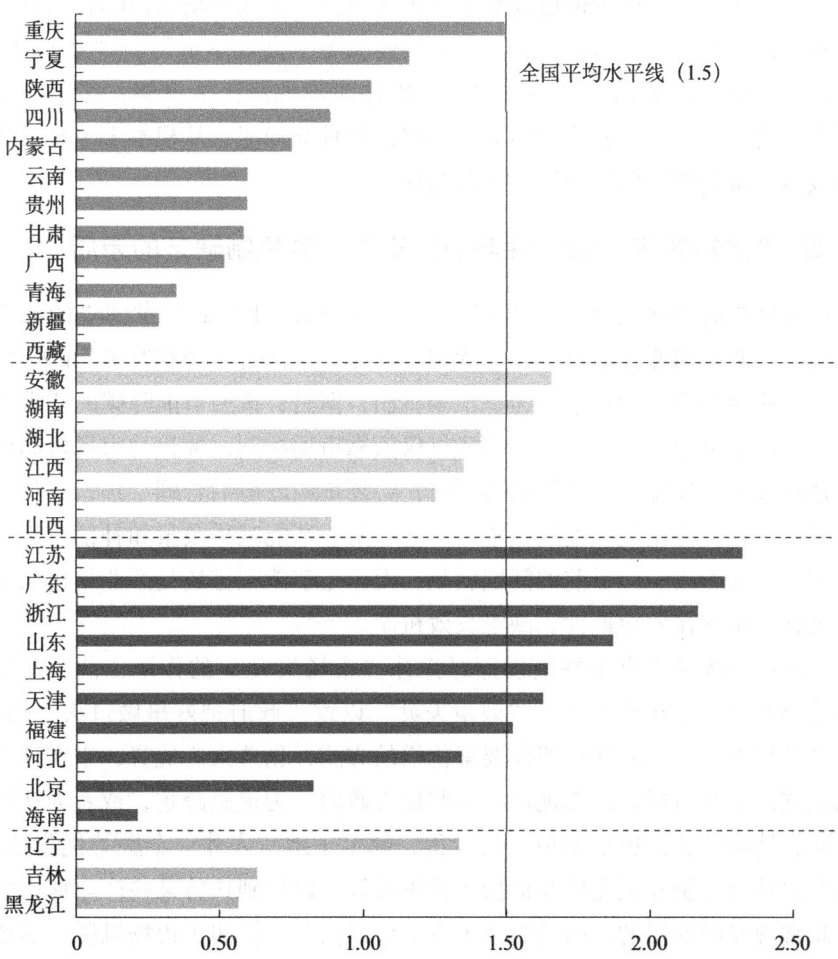

图9-1 2020我国31个省（区、市）工业企业R&D经费支出占GDP比重

资料来源：2021年《中国统计年鉴》。

有效的产学研用结合机制,导致大学和科研机构的研究工作大多与企业需求脱节,科技成果很难转化为现实生产力。西部地区专利申请授权数虽超 13 万项,但大量的科研成果还停留在技术发明的水平上,没有转化成真正的技术创新。根据 2021 年《中国统计年鉴》统计数据计算可得:2020 年每百亿元 GDP 实用新型专利拥有量全国平均水平为 233.3 件,而西部地区平均水平仅有 133.3 件,远低于全国水平。

传统的要素成本优势难以为继,而新的动能尚未形成,导致西部地区产业"两端受压",在高端市场受到发达国家已形成的领先技术优势和主导贸易规则强势的挤压,向全球价值链高端攀升进展缓慢,低端市场则面临其他发展中国家和地区的低成本竞争优势,产业升级面临着"高端不足"与"低端锁定"的"双重威胁"(詹懿,2012)。因此,推进西部地区产业升级,缓解资源环境压力,说到底,是要实施创新驱动战略,培育新动能,从根本上,是要从过去拼成本、拼资源转向拼制度、拼营商环境。

四、"结构效应"长期性与制度安排长效机制缺乏的矛盾

产业结构高级化是随着技术进步、市场需求的变化而自发演进的长期过程,通过产业结构变化促进资源节约和环境保护,这是一个相对漫长的历史过程,而产业结构变动的根本动力是市场机制,但是,按照节能降碳的要求实现产业结构的绿色化、低碳化,却不能仅仅依靠市场机制,纯粹的市场机制难以自发地解决资源环境与经济发展的矛盾,必须依赖政府的合理干预,也就是政策和制度设计。在相关制度设计中,产业政策、节能减排政策和补偿政策是政府干预的重要方式。但目前的问题就是,无论是节能减排还是产业结构调整的制度设计,都存在着短期性,缺乏长效机制。

传统产业政策没有很好地发挥好弥补"市场失灵"的作用,甚至在某些领域适得其反,存在着所谓的"政策失灵"以致"政府把好事做过头"。我国产业政策最大的问题是通过扭曲要素价格的方式,创造人为优势,来实现产业结构调整的某些目标。西部地区的一些地方政府,为追赶跨越,或者为扶植新兴产业、幼稚产业,更是不惜一切代价,制定土地、人才、金融等优惠政策,采取财政补助、税收减免以及低价土地供给等,以达到扶持某些产业加速发展甚至超常规发展的目的,而这恰恰干扰了市场信号,扭曲了市场机制,通过这种"重点扶持"的产业政策,即使在统计数字上达到了产业结构调整预期目标,但这是以损害市场公平、市场效率为代价的,是不可持续的。刘志彪

(2015)的研究指出，我国的产业政策是挑选输家和赢家的政策，是只关心"优生"而不关心"优育"的政策，地方政府主导而非中央政府主导的产业政策，过分追求短期效应而缺乏长效机制，产业政策不是给微观主体创造公平、开放、有序的市场环境为主，而是热衷于人为地制造不平等竞争环境，此外，产业政策是纵向控制型而非横向协调型的。目前，国内的很多研究表明，当前我国产能过剩越演越严重，在一定程度上是政府产业政策造就的。

节能减排政策同质化，没有充分考虑区域差异和行业差异，对西部地区极其不利。目前，我国的节能减排指标分配基本上是"一刀切"。一是没有充分考虑我国能源供给和能源消费的空间错位，我国能源资源生产主要集中在西部地区，而能源资源消费却在东部地区，同时，能源资源禀赋与能源资源消费的这种错位，造成能源大规模流动、远距离运输，加剧了能源供需矛盾，增加了企业成本，现有的节能指标分配对此缺乏考虑。二是缺乏对不同区域在空间尺度、产业结构以及发展潜力上差异的考虑。比如从空间尺度看，西部地区辖区面积广，交通运输活动范围大、距离长，从而导致单位 GDP 能耗相对较大，而东部地区辖区面积相对小，交通运输能耗相对较低，从而单位 GDP 能耗也较低。此外，也没有充分考虑不同行业能耗和排放的差异性，指标分配与各地产业结构特点和产业定位存在不相匹配的现象。事实上，不仅仅是上述因素，资源禀赋、产业结构、消费结构、技术结构、生活习惯、能源价格、管理体制等，都直接或间接地影响单位 GDP 能耗的高低（吴国华，2009），节能减排政策亟待进行差异化的设计。

此外，区域间生态补偿机制不健全、实施难。我国尚未建立起覆盖全国的生态环境补偿机制，生态功能区和资源富集区的利益长期受损（中国社会科学院工业经济研究所课题组，2011），西部地区资源型省份不仅为全国经济发展提供能源资源支撑保障，同时，为维护全国生态环境安全，在经济上作出了很大牺牲，亟待建立健全生态补偿机制。

五、新一轮科技革命和产业变革带来的挑战

如果说前四个是西部地区产业结构调整优化的"内生变量"和必须考虑的区情特征，那么，新一轮科技革命和产业变革就是"外生变量"，是西部地区产业结构调整优化需要应对的外部挑战。以发达国家为主导的这一轮科技革命和产业变革，对我国和西部地区而言，可以说是挑战与机遇并存。

新一轮科技革命和产业变革已经逐渐成为推动全球经济增长的重要引擎，

深刻影响并重塑世界经济结构、国际竞争范式和世界格局发展走势，世界工业化也呈现全新趋势。广大的西部地区尚处于工业化快速推进的中期，工业化进程与发达国家新一轮科技革命和产业变革叠加，加大了产业结构调整优化的压力。

虽然目前对新一轮科技革命和产业变革尚无统一的界定，欧美发达国家提出的战略表述也各不相同，但实质都是高度重视工业和制造业特别是先进制造业的创新优势。2008年国际金融危机以来，发达国家制造业遭受了近半个多世纪以来最惨重的打击，使他们不得不重新重视起制造业，为此，欧美发达国家纷纷提出"再工业化"战略、"制造业回归"战略、"工业互联网"等，其目的不仅是通过战略导向和政策利好吸引制造业向本国回归、回流，更重要的是以此为契机推进先进制造科技发展，建立一套新的工业化体系，在新一轮科技革命和产业变革中抢占先机。无论是早些年美国倡导的"第三次工业革命""工业互联网"、德国提出的"工业4.0计划"、法国的"新工业法国"、欧洲的"未来工厂计划"等，还是近些年在这些计划指导下发布的阶段性战略、计划，如美国的《美国先进制造领先战略》、德国的《国家工业战略2030》、法国的《"法国2030"投资计划》（见表9-2）等，都意味着新一轮科技革命和产业变革进程加快。在这轮变革中，"链式变革""万物互联""科研范式变革""突破性创新"等对我国以及西部地区的产业结构调整影响深远。

表9-2　　　　　　发达国家新一轮技术革命和产业战略

主要国家	战略名称	内涵或内容
美国	《美国先进制造领先战略》	是对《先进制造国家战略计划》的更新；提出通过三大战略方向的发展确保美国在全工业领域先进制造的领先地位，以维护国家安全和经济繁荣的愿景。该三大战略方向为：发展和转化新的制造技术；教育、培训和连接制造业人力；扩展、提升国内制造业供应链。同时该战略还包括美国制造竞争力分析、战略愿景、战略方向、具体战略目标、优先领域、任务分工等内容
德国	《国家工业战略2030》	2019年11月29日，德国联邦经济和能源部部长阿尔特迈尔召开新闻发布会，正式公布《国家工业战略2030》，内容涉及完善德国作为工业强国的法律框架、加强新技术研发和促进私有资本进行研发投入、在全球范围内维护德国工业的技术主权等
法国	《"法国2030"投资计划》	2021年10月12日，法国总统马克龙在爱丽舍宫发表演讲，正式公布"法国2030"投资计划，其目的在于通过在关键产业投资300亿欧元以提振法国工业竞争力，打造新的行业冠军企业。其中300亿欧元投资将分配到"法国2030"关注的10个优先领域：能源和经济脱碳、交通、健康、农业和食品、电子和机器人技术等所需零部件供应、战略原材料供应、初创企业、针对战略部门的创新培训、文化、太空和海底

在新一代信息和网络技术的推动下，信息化、数字化、网络化、智能化与工业化融合得越来越深入，成组技术、敏捷制造、并行工程、柔性制造等关键制造技术不断更新，高端稀土功能材料、高品质特殊钢材、高性能合金、高温合金、高纯稀有金属材料、碳纤维、芳纶等高性能纤维及其复合材料、生物基和生物医用材料等高端新材料不断研发应用，工业互联网、5G网络、AI等新型基础设施建设进度加快，对传统工业生产技术和组织模式带来了广泛而深刻的影响，极大地推动传统制造业向"智造"质变，实现传统企业数字化转型，也促进重大技术装备、智能制造与机器人、航空产业、新能源、高端医药等高端制造业进一步发展，新型零部件产业、网联协同控制产业等制造业新兴业态得到突破。同时，技术融合和商业模式创新推动生产制造的价值链向两端延伸，拓展了传统的生产制造环节，上中下游产业之间、前向后向产业之间的边界变得愈加模糊，先进制造业与现代服务业深度融合已成为发达国家顺应新一轮科技革命和产业变革，增强制造业核心竞争力、培育现代化产业体系的重要途径。

黄群慧和贺俊（2013）分析了世界工业化进程新趋势对我国工业化带来的冲击和挑战并指出，工业化进程会进一步弱化西部地区的要素成本优势，抑制中国产业升级和产业结构升级，以及影响中国收入分配结构的改善。同样地，西部地区工业化当然也面临这些挑战，而且在某些方面形势更为严峻。一是弱化西部地区传统要素成本优势。无论是制造业信息化还是制造业服务化，都意味着先进制造技术的迅速应用，意味着制造业生产方式发生深刻变革，集中式、同质化生产将被个性化、定制化、一体化、分散化的生产取代，劳动力因素在生产中的地位下降，劳动力成本占总成本的比例趋向下降，由此必然带来劳动生产率提高，从而减少劳动在工业总投入中的比重，故西部地区的传统要素成本的比较优势加速弱化。二是抑制西部地区产业升级。在新的技术范式、生产方式和商业模式下，发达工业国家不仅可以通过发展现代装备制造业，如工业机器人、高端数控机床、柔性制造系统等，来继续保持并强化其在产业价值链高端环节的绝对地位，直接给我国产业升级造成极大的压力，而且，发达国家现代制造技术和制造系统用于装备传统产业，也提高传统产业生产效率。可见，在新一轮科技革命和产业变革中，为寻找更低成本要素而从发达国家转出的转移轨迹，将发生重大转变，出现制造业向发达国家回流的新情况。

第二节 资源环境约束下西部地区产业结构调整优化的机遇

当然，新的形势下，西部地区产业结构调整优化也面临一些难得的机遇。

一是我国加快构建以国内大循环为主，国内国际双循环相互促进的新发展格局，进一步凸显西部地区的战略地位。2020年4月，习近平总书记在中央财经委员会第七次会议上的重要讲话中首次提出"双循环"新发展格局，同年7月，再次强调要"逐步形成以国内大循环为主体、国内国际双循环相互促进的新发展格局"。"双循环"新发展格局，意味着我国经济发展从以往外向型经济为主逐步转向以内需型经济为主。从国内循环来看，西部地区地处我国内陆，人口众多，腹地广阔，资源禀赋独特，发展内需型经济潜力较大，正好成为支撑国内大循环的重要力量，为国内发展提供巨大的回旋空间。相比东部地区，西部地区的城镇化水平、基础设施建设等方面差距较大，城镇化和内需潜力较大。而且，以国内大循环为主的"双循环"新发展格局，意在利用更多的国内经济循环和产业合作适度替代全球产业链弱化的负面效应，这将促使产业链、供应链和价值链向西部地区延伸，给西部地区产业结构调整优化带来机遇。从国际循环来看，"一带一路"建设、西部陆海新通道战略的推进，使西部地区从沿海开放格局下的"边缘"逐步走向全方位开放格局中的"前沿"，西部地区"战略通道"作用不断凸显，在面向欧亚大陆桥的开放、促进中国与"一带一路"国家之间的经济循环中，西部地区的地位和重要性不断提升。

二是我国经济迈入高质量发展阶段，有利于西部地区进一步发挥实体经济优势。我国经济已从高速增长迈向高质量发展阶段，而经济高质量发展主要有赖于实体经济，实体经济是国民经济高质量发展的主体。我党高度重视发展壮大实体经济，党的十八大以来，中央做出了振兴实体经济的一系列重大决策部署，从提出"我国是个大国，必须发展实体经济"，到部署"供给侧结构性改革要向振兴实体经济发力、聚力"，再到要求"金融要把为实体经济服务作为出发点和落脚点"，把实体经济作为国民经济的"压舱石"和经济高质量发展之本。党的十九大进一步提出围绕实体经济构建"四位协同"产业体系，党的二十大强调"坚持把发展经济的着力点放在实体经济上"，等等。西部地区实体经济发展基础较好，"三线"建设时期国防工业发展、西部大开发战略实施等，为西部地区实体经济奠定了坚实基础。本书第五章的分析表明，2019年，西部地区实体经济占国民经济的比重远远高于全国平均水平，也高于东部地区。可见，我国进入高质量发展阶段，有利于西部地区进一步发挥实体经济优势。此外，经济高质量发展不仅要求提高全要素生产率，也内含绿色低碳的要求，资源环境约束下西部地区产业结构调整优化，意在节约能源资源和减少污染排放的前提下，实现更有效率且绿色环保的发展，这与我国经济高质量发展的内在要求是一致的。

三是我国不断深化生态文明发展战略，明确提出"双碳"目标，倒逼西部地区产业结构朝着绿色低碳方向调整。党的十七大首次提出建设生态文明，党的十八大把生态文明建设作为社会主义现代化"五位一体"总体布局的重要组成，提出"建设美丽中国"，要求"形成资源节约和保护环境的空间格局、产业结构、生产方式、生活方式"，党的十九大提出建设生态文明体制改革，2020年9月22日，中国在第75届联合国大会上正式提出2030年前实现碳达峰、2060年前实现碳中和的目标，2021年10月中共中央、国务院发布的《关于完整准确全面贯彻新发展理念做好碳达峰碳中和工作的意见》强调要"深度调整产业结构""推动产业结构优化升级""遏制高耗能高排放项目盲目发展""大力发展绿色低碳产业"等，为西部地区产业结构调整优化进一步明确了方向重点。

四是以节能减排、低碳发展为核心的产业体系、技术体系和组织体系将成为下一轮经济增长的支撑点。从全球来看，化石能源稀缺性问题及其对资源环境的影响将日益严峻，化石能源供求关系的波动对世界经济稳定运行的危害不断增大。为此，加大对低能耗、低排放、低污染的技术投入，围绕着低碳技术开发及相关产业发展，人类有可能展开新的技术革命，同时，低碳经济的发展将催生新的能源技术和新兴产业。

五是产业发展新趋势也预示着机遇。前面分析了新一轮科技革命和产业变革对西部地区带来的挑战，事实上，新的趋势既有挑战，也蕴藏着机遇。新技术、新业态、新模式的兴起，为西部地区产业结构调整优化提供了更多的选择，有利于拓展西部地区产业升级的思路，促进西部地区产业发展模式的创新。

第三节 资源环境约束下西部地区产业结构调整优化的方向

西部大开发以来,西部地区三次产业结构和工业内部行业结构变化的总体趋势符合产业结构高级化的一般方向,产业之间不协调、不合理的矛盾有所缓解。当前,产业结构的突出矛盾在于,资源型产业为主导,产业链条短,附加价值低,制造业发展方式粗放,新兴产业扩张较快但缺少核心技术,产业体系不优,现代化产业体系发展的关键要素支撑不足,结构调整的内生动力不足,动力转化滞后。

目前,西部地区三次产业结构总体上已经进入"三二一"格局,按照产业结构高级化的"一般方向",西部地区正在迈入服务业经济时代,同时,基于资源节约和环境友好的产业结构"理想方向",应大力发展服务业,"退二进三",从而有利于节能降碳。但是,前面的理论和实证分析都表明,对西部地区而言,通过大幅增加第三产业比重的节能降碳潜力并不大,而且也不现实,西部地区特有的产业分工地位和发展逻辑,决定了工业化特别是重化工业化在西部地区长期存在的重要性和必要性。因此,第二、三产业之间的此消彼长,不应成为西部地区产业结构调整优化的主攻方向。

在资源环境约束的背景下,西部地区产业结构调整优化的方向,既要遵从产业结构高级化的"一般方向",追求资源节约和环境友好的"理想方向",更要立足我国的国情和西部地区的区情,尊重全国地域分工的客观性和西部地区工业化的特殊性。在产业结构调整优化"三种方向"中,资源环境约束下西部地区产业结构调整优化固然应遵循产业结构高级化"一般轨迹,"朝着"服务化"方向优化,但其主攻方向不应是第二、三产业的此消彼长,而是工业内部的结构优化,即工业内部,不仅仅是轻重工业之间,朝着节能降碳的"理想方向",尽量实现产业结构"轻型化",大力培育战略性新兴产业,同时,更要在重化工业的内部"挖潜",即减少采掘业和原材料工业比重,增加资本技术密集型的重加工业比重。此外,西部地区传统优势产业升级也是西部地区产业结构调整优化的重要方向。

资源环境约束下西部地区产业结构调整优化,应更注重工业内部结构的调整优化。在工业内部，顺应新一轮科技革命和产业变革的趋势，大力培育战略性新兴产业，作为西部地区产业结构调整优化必须瞄准的方向。在重化工业内部，发展有利于促进节能降碳的资本技术密集型和充分发挥劳动力比较优势的重加工业，并沿产业链向上下游两端延伸。

工业升级的本质是向更高价值、更加清洁、更加精明、更可持续的工业体系发展，这与形成节约资源和保护环境的产业结构的内在要求是一致的，产业结构调整优化，其意义不是要"放弃"工业，而在于"强化"工业，所以西部地区产业结构调整优化绝不是放弃传统优势和工业发展基础而去另搞一个新的工业体系。加快工业升级，是西部地区产业结构调整优化的重要路径，这既包括西部地区传统优势产业的升级，也包括战略性新兴产业升级。立足西部地区现阶段特征和区情，西部地区工业内部结构调整既要"升级"，特别是西部地区传统优势产业的价值链攀升，又要"淘汰"，即淘汰低端落后产能。

第四节 资源环境约束下西部地区产业结构调整优化要处理好的关系

一、"质"与"量"的关系

产业结构表现为产业之间产出规模的数量比例关系，其背后是产业之间质的关联，产业结构调整优化本来就应包括数量关系调整和质量关系优化两个方面。同时，通过产业结构调整优化缓解资源压力，本质上是以更少的资源消耗和环境代价生产出更多的财富，与高质量发展、推行供给侧结构性改革的目标本质上是一致的。从我国的现实来看，我国产业结构长期存在着三次产业比例不协调、第三产业发展落后、产业结构层次偏低的问题，但是，"十二五"以来，这种数量比例关系不合理、不协调的问题已经得到了较大改善，我国产业结构的主要问题已不是各产业之间的数量比例问题，而是发展方式粗放、发展质量低下、产业竞争乏力、产能过剩等问题。西部大开发以来，西部地区产业结构的层次大幅提升，产业结构变化符合高级化趋势。理论上来讲，本书前面已经论述了基于经典工业化理论的产业结构分析，必须认识到产业分类和统计数据本身的适用性和局限性。因而，西部地区产业结构调整优化要从过去单纯关注三次产业之间以及三次产业内部各行业之间数量比例的此消彼长，转变为从产业链、价值链的角度寻求突破（王岳平，2009）。调整产业结构绝不是简单地改变各产业之间的数量比例关系，而应是"量"与"质"齐优，重点是质量提升。

二、"长"与"短"的关系

"长"与"短"，指的是长期性和短期性。"退二进三""去重就轻"的产业结构变化，能够发挥节能降碳作用，是一个长期的历史过程，结构效应的长期性也被理论和实证研究所共同证实。但目前无论是节能减排指标设计还是产业政策以及环境规制等，都比较缺乏长效机制。因此，长期来看，必须加强政策的系统性，完善顶层设计，建立长效机制。而且从短期来看，结构调整不能一蹴而就，仅仅以产业部门之间数量比例关系的调整作为产业的绿色化发展是不够的，促进资源节约和环境保护，还需要从产业发展方式转变、产业价值链升级、产业空间布局优化以及能源消费方式改变等方面着手。

三、"轻"与"重"的关系

"轻"与"重"，指产业结构的轻型化、重型化。如前所述，发展重化工业显然与节能降碳、产业结构轻型化的要求相悖，因此，有人指出，为了实现资源能源节约和环境保护，我们应该跨过重化工业化发展阶段，或者干脆不要重化工业。但问题是，我国现实的能源消费结构、发展阶段和西部地区特有的区情，都决定了重化工业在我国的重要性以及在西部地区的不可替代性。可以说，西部地区的重化工业化发展阶段不可逾越、发展地位不可替代，而与此同时，西部地区按照国家节能降碳刚性要求进行产业结构调整优化、促进产业结构轻型化，也是必须的。因此，西部地区产业结构调整优化，需要处理好"轻""重"关系。正确处理轻重关系，既不能为了节能减排而一味抛弃重化工业，刻意轻型化，也不能放任传统重化工业粗放、外延的生产方式，产业结构调整优化，不仅仅是控制和调节轻重工业的数量比例，更重要的是摒弃传统的粗放、外延的生产方式，在清洁生产、循环生产、精明生产的模式下发展重化工业。正确处理轻重关系，既要注重轻重工业之间的比例，更要注重重工业内部的结构性及其资源环境效应的差异，重化工业内部的采掘业、原材料工业、重加工工业，三者的资源消耗和环境污染依次递减，就本质而言，高能耗和高污染不完全是重化工业引起的，而主要是由重化工业内部的落后产能。

四、"未来"与"传统"的关系

"未来"与"传统",指培育壮大新兴产业、未来产业与改造提升优势产业的关系。新兴产业和未来产业以技术突破和发展需求为基础,对经济社会全局和长远发展具有引领带动作用,具有知识技术密集、物质资源消耗少、成长潜力大、综合效益好特征。优势产业或者传统行业主要指采用技术水平相对落后、劳动密集型、以制造加工为主的行业。优势传统产业与新兴产业是"老树"与"新枝"的关系,优势产业是新兴产业产生和发展的基础,新技术新模式新动能又能促进优势产业转型升级。改造提升优势产业和培育壮大新兴产业,是经济发展之两翼,需要协同发展、互相促进。西部地区大力发展数字经济和战略性新兴产业,是构建竞争新优势、掌握发展主动权、抢占未来经济发展制高点,同时推进体量大、体系完备的优势产业加快转型升级,是适应经济社会发展和产业竞争的必然选择。

五、"新"与"旧"的关系

"新"与"旧",指培育新动能与改造旧动能的关系。新动能指新一轮科技革命和产业变革中形成的经济社会发展新动力、新技术、新产业、新业态、新模式等。旧动能是指传统动能,对应传统产业和传统经济模式。"新旧动能"是现代产业体系经济增长的"双引擎",共同构成支撑经济增长的力量,加快培育壮大新动能、改造提升传统动能为高质量发展提供动力变革。因而,西部地区需要充分发挥投资促进关键作用、消费拉动作用,改造提升传统动能,同时深化改革开放,促进创新驱动产业发展,推动理念创新、科技创新、体制机制创新,大力发展新技术、新业态、新模式,实现由传统要素驱动向科技创新、人力资本创新和现代金融等高端要素驱动转变。

第五节 资源环境约束下西部地区产业结构调整优化总体思路

本质上讲,通过产业结构调整优化缓解资源压力,其目的是以更少的资源消耗和环境代价生产出更多的财富。根据前面的分析,总体上讲,资源环境约束下西部地区产业结构调整优化，要多层次、有重点、转方式地推进。多层次，就是要在三次产业之间、工业内部各行业之间以及重化工业内部各细分行业之间，以及实体经济与虚拟经济之间，推进部门结构由低水平向高水平、由初级加工向深度加工演进，不管是哪个层次，产业结构调整优化，都不仅仅是各产业部门数量比例此消彼长式的改变，也不仅仅是某个产业规模指标的调控，而是以高质量为目的、以实体经济为核心的"量""质"齐优，关键是质量提升。有重点，指产业结构调整中，工业升级是重点，实体经济是核心，传统优势产业升级是特色，绿色低碳优势产业培育有可能成为新的增长点。西部地区工业内部结构调整，既要加快发展先进制造业和战略性新兴产业，也要促进传统工业转型升级，既要发展先进产能，还要加快淘汰低端落后产能，在重工业内部，还存在对重工业不同门类、不同环节优化的潜力。转方式，是指转变以往过度依赖非市场的行政性手段进行产业结构调整的方式，更多地发挥市场在资源配置中起决定性作用，有效发挥政府作用，充分激发市场活力，弱化甚至逐渐取消各种差别化产业政策。

本章小结

1. 资源环境约束下的西部地区面临五大困境：一是重化工业化发展阶段的不可逾越性与节能减排产业结构轻型化要求的矛盾，二是实施优势资源转化战略与当前低端产能过剩扩大的矛盾，三是传统要素优势减弱与新旧动力转化滞后的矛盾，四是制度安排长效机制缺乏与结构效应长期性的矛盾，五是新一轮技术革命和产业变革带来的挑战。同时，我国经济进入高质量发展阶段，确定"双循环"新发展格局战略，部署"双碳"目标，以及新一轮科技革命和产业变革，等等，这为西部地区产业结构调整优化拓展了思路、提供了更多的选择。

2. 资源环境约束下西部地区产业结构调整优化，其主攻方向不应是第二产业和第三产业的此消彼长，而是工业内部的结构优化，而工业内部，不仅仅是朝着节能降碳的"理想方向"，即通过发展战略性新兴产业等高技术产业和高加工度产业等，尽量"轻型化"，而且还要在重化工业内部"挖潜"，发展有利于节能降碳的资本技术密集型和充分发挥劳动力比较优势的重加工业，并将传统优势产业升级作为一个重要的方向。同时，西部地区产业结构调整优化过程中还要处理好"质"与"量"、"长"与"短"、"轻"与"重"、"未来"与"传统"、"新"与"旧"五对关系。

3. 资源环境约束下西部地区产业结构调整优化，要多层次、有重点、转方式地推进。多层次，就是要在三次产业之间、工业内部各行业之间以及重化工业内部各细分行业之间，以及实体经济与虚拟经济之间，推进产业结构由低水平向高水平演进。有重点，就是西部地区工业内部结构调整，既要加快发展先进制造业和战略性新兴产业，也要促进传统工业转型升级，既要发展先进产能，还要加快淘汰低端落后产能，在重工业内部，还存在对重工业不同门类、不同环节优化的潜力。转方式，是指转变以往过度依赖非市场的行政性手段进行产业结构调整的方式，更多地发挥市场在资源配置中的决定性作用，有效发挥政府作用，充分激发市场活力，弱化甚至逐渐取消各种差别化产业政策。

第十章

资源环境约束下西部地区产业结构调整优化的路径对策

在前面研究的基础上,本章探讨资源环境约束下西部地区产业结构调整优化的路径,提出资源环境约束下西部地区产业结构调整优化的对策和机制保障。

第一节 资源环境约束下西部地区产业结构调整优化的路径

一、提升三次产业结构质量

从数量关系看,西部地区三次产业结构从"二三一"转变为"三二一",进入了工业化中期和后期阶段,正朝产业结构高级化方向演进。但是,这种高级化是以产出的数量比例变化为依据刻画出来的,以附加价值、质量效益为标志的高级化水平还较低,产业的初级性、资源依赖性很强,传统产业发展质量不高,新兴产业发展严重不足。因此,西部地区三次产业结构调整优化的着力点,要从单纯关注三次产业数量比例变化转向产业的质量提升,从单纯提升服务业比例转向促进制造业服务化发展。三次产业结构调整优化的路径是,稳固农业的基础地位,推进西部地区传统优势产业升级和工业结构优化,大力发展生产性服务业，促进制造业服务化。

稳固农业的基础地位。以绿色为导向，发展具有西部特色的现代农业，打造绿色低碳农业产业链。改造传统农业，加快农业常规技术与生物技术、信息技术等结合。建设现代化施肥体系，推动智慧化改造，严格控制农药、化肥等化学投入品的使用，培育绿色种植体系。培育打造若干具有特色优势的现代农业产业带（示范园区），推动农业资源往更高层次更高质量开发，提升西部地区绿色农产品竞争优势。提升和优化工业。按照着力发展实体经济、保证制造业比重基本稳定的要求，加快建设具有西部特色的现代化产业体系，推进产业基础高级化、产业链现代化，大力发展西部地区绿色低碳优势产业。发展壮大生产性服务业，重点从信息服务、研发设计、创意服务、外包服务、商务服务、供应链服务、节能与环保服务等新兴行业入手，尤其要注重培育金融、信息、物流和设计为主导的核心产业集群，围绕向西开放、向南开放和沿边开放等战略，发展边贸物流业。

当然，西部地区 12 个省（区、市）工业化水平参差不齐，三次产业结构调整优化要因地制宜，差别对待。根据本书第五章分析，西部地区工业化水平存在四个梯度，其三次产业结构调整优化思路分别为：第一梯队的重庆市、陕西省和四川省，三次产业结构处于"三二一"且工业化水平较高，三次产业结构调整优化着力从调整三次产业产出规模比例向全面提高三次产业质量转变，以发展优势特色农业为基础，以推动工业升级为重点，发展先进制造业，壮大战略性新兴产业，培育新兴先导型服务业或战略性新兴服务业，全面提升服务业发展水平，引领整个西部地区工业化水平迈向更高阶段。第二梯队的甘肃省、新疆维吾尔自治区、宁夏回族自治区，既有资源型省（区），也有在"一带一路"建设中具有特殊重要功能的省（区），其三次产业结构调整优化的重点是，推动资源型产业转型升级，在发展第二产业基础上，逐步提高第三产业的比重，特别是要提高生产性服务业的比重，抓住国家对外开放战略机遇，充分发挥在"一带一路"建设中的优势，发展现代服务业。第三梯队的贵州省、广西壮族自治区和云南省，三次产业结构虽然为"三二一"但工业化尚处于中期，三次产业结构调整的思路是，大力推进新型工业化和传统产业转型升级，加快构建现代产业体系，做大工业，提升第二产业比重。第四梯队的西藏自治区、青海省、内蒙古自治区等省区，特殊区情决定了其产业结构调整优化，既不能盲目追求第二产业比重，也不能在第二产业发展上故步自封、停滞不前，应加快资源优势向经济优势转化，发展高原特色农业，建设国家绿色生态农产品生产加工基地，发展清洁能源、绿色工业、高原农牧加工业等特色工业以及新能源、新材料等战略性新兴产业，提高自我发展能力。

二、以新型工业化建设推动工业结构调整

（一）推动西部地区传统产业升级

西部地区传统优势产业主要集中在特色农牧产品加工业、能源及化学工业、矿产资源深加工业和装备制造业四大产业。长期以来，西部地区传统优势产业规模较大，但产业链较短，且处于价值链的低端环节，在产业分工和全球竞争中处于不利地位，而且增大了西部地区节能降碳压力。推动西部地区传统优势产业升级，要聚焦传统优势锻造产业链长板，推动产业补链强链，巩固优势产业的全产业链竞争力，按照产业链全景图等进行靶向招商，打造若干传统优势产业集群。例如，西部地区能源及化学工业除能源开采与输送外，要加强产业链前端能源开发、技术研发、能源市场咨询、能源装备制造，积极推进产业链后端能源互联网改革，加快建设微电网，实施需求侧管理，提供综合能源服务。同时，也要切实提升产业的基础能力，推动资源密集型向技术密集型转变，提高基础性技术攻关能力，实施新一轮大规模技术改造，加快推进产品换代、生产换线、智能制造、绿色制造等工程，促进传统优势产业数字化改造升级，培育专精特新"小巨人"企业和制造业单项冠军企业。

（二）培育发展战略性新兴产业

重点推进新一代信息技术、人工智能、生物技术、新能源、新材料、高端装备、绿色环保等领域的产业发展，打造战略性新兴产业集群。发展必须要立足西部地区产业发展基础与资源优势，清晰识别和科学选择战略性引领性新兴产业，也要坚决杜绝以新兴产业之名发展低端初级加工制造和高碳排放产业。注重从产业基础出发，聚焦工业核心基础零部件、关键基础材料、先进基础工艺和产业技术基础"四基"建设，加大核心技术攻关力度，在关键环节掌握技术根本，掌握行业话语权。积极向国家争取科研平台的"西移"，建设一批国家级实验室、工程技术中心等创新平台，也要加大招商引资力度，利用西部地区资源优势和劳动力优势，招引东部地区先进企业在西部地区布局。要深化军民融合，做好需求对接，推动技术数据资源的共享，畅通技术转化机制，探索特殊的管理和经营制度，带动相关重点产业发展。同时，也要提前谋划未来产业发展，以"未来技术产业化"和"现有产业未来化"为方向，聚焦未来

产业培育，构建未来产业体系。

（三）推进制造业服务化

制造业服务化是工业化发展的必经阶段，也是后工业化时期的发展重点。西部地区大多处于工业化中期，要实现跨越式的发展，尽快缩短与东部地区的差距，一方面要深入推进工业化进程，另一方面要推动生产性服务业的发展。首先要选取产品集成度、生产协作度较高的企业和产业，大力发展柔性定制，推动制造型企业向整体解决方案提供商转变，提升系统解决能力。同时要深入推动制造业与数字经济、研发设计、物流业、金融业的深度融合。大力发展工业互联网平台，推动生产的数字化转型，强化智慧决策能力，提升产品的智能化水平。推动研发设计企业与制造企业的深度融合，提升工业设计水平，畅通成果转化机制。加强物流资源的配置共享，缩短产品的库存周期，实现降本增效。强化供应链金融服务支撑，探索装备设备融资租赁的新模式，提升产业发展的质效水平。适应制造业服务化的趋势，着力培育平台型企业发展，提升监管服务机构的效能，打造西部地区产业发展所需的新型产业联盟。

三、大力发展具有西部特色的绿色低碳优势产业

如果说三次产业结构调整、传统优势产业升级是西部地区产业结构调整优化的"存量"，那么绿色低碳优势产业就是西部地区产业结构调整优化的新"增量"。大力发展绿色低碳优势产业不仅是西部地区发挥比较优势的现实选择、实现"双碳"目标的迫切需要，还是增强国家能源矿产资源保障能力、维护产业链供应链稳定和安全的重要组成。

（一）清洁能源产业

要推动资源优势转化为产业优势，推进清洁能源的开发，发展壮大清洁能源产业。首先，持续推进水电产业的发展，开展金沙江、雅砻江等流域梯级水电开发的综合评估，加快建设一批中大型的水电站，同时要加强流域的统筹综合管理，提升已有水电站的发电效益。其次，加快推进风光发电，坚持集中式与分布式并举，在风光资源丰富的地区，建设风光发电基地，鼓励建设屋顶分布式光伏设施，积极推进分布式光伏在城市建设领域的场景应用。同时要重视天然气的开发和应用，加大对天然气资源的勘探力度，推进柴达木盆地、川中等地的气田建设，积极探索页岩气开发利用，突破天然气发电等技术的瓶颈，建设规模化的天然气发电产业。最后，积极探索生物质发电，推进地热资源开发，建设氢能应用场景，探索多元清洁能源的开发利用。

(二) 清洁能源支撑产业

清洁能源支撑产业主要指服务于清洁能源的生产、输配和供应等环节的产业，是提升清洁能源产能规模和利用效率的重要保障。发展清洁能源支撑产业，不仅可以有效提高清洁能源产业"增量"，还能有效推动传统优势产业升级。首先，支撑清洁能源生产的产业主要是晶硅光伏产业和能源装备产业。晶硅光伏产业是西部地区优势产业，但该产业技术迭代升级极快，因此要坚持高端化的发展方向，加大技术研发投入力度，巩固行业领头羊的地位；能源装备产业也是西部地区的传统优势产业，未来要突出关键技术自主化、市场拓展全球化、运维服务一体化，建设国际一流的清洁能源装备制造产业集群。其次，支撑清洁能源生产的是清洁能源的输配和供应产业，对于清洁能源的发电季节不平衡、不稳定等问题，要大力发展抽水蓄能和新型储能，提升电力的安全保障能力。同时要加强基础设施建设，持续加快电力的输送通道建设，优化天然气的管网，提升输配能力。

(三) 清洁能源应用产业

清洁能源应用产业是实现清洁能源就地转化、产业链价值链增值，把资源优势转化为产业发展优势的核心，也是未来产业的核心增量。当前，西部地区动力电池和新能源汽车产业发展潜力巨大，要进一步梳理西部地区锂矿资源，统筹锂矿资源的开发与供给，增强安全保供能力。优化动力电池产业链和供应链布局，首先要依托动力电池产业，深入推进正负极材料相关产业的发展，吸引上下游企业，实现新能源汽车的全产业链发展；其次是依托优质的供应链体系，积极推动东部地区新能源电车企业向西部地区转移，推动整车企业与动力电池、驱动电机、电控系统协同发展，布局完善的充换电基础设施，丰富新能源汽车的应用场景；最后是要充分发挥清洁能源优势，积极引进和培育高载能产业，依托国家"东数西算"工程的布局，积极推动西部地区数据中心建设。同时必须指出的是，清洁能源的应用产业也必须把节约能源资源放在首位，还要积极推动产业的节能降碳和清洁生产，全面推广应用污染防治技术、清洁能源技术，提升产业的能效水平，加强资源化利用。

四、稳妥承接产业转移

(一) 发挥劳动力资源优势，承接环境友好的劳动力密集型产业转移

从全国来看，我国东部地区目前大多已进入了工业化中后期和城镇化后期阶段。在此阶段，受生产要素价格上升、外需下降的双重影响，东部地区一些

附加价值较低的劳动密集型制造业已失去了竞争优势。而广大的西部地区，劳动力资源丰富，工业化刚刚进入中期，有的甚至还处于工业化的初期和孕育期。因此，作为未来中国城镇化的主战场，西部地区具有承接这些产业转移的有利条件。西部地区应依托劳动力优势，抓住国家区域布局重大战略调整的机遇，积极承接和发展环境友好的劳动密集型产业，实现本区域到东部地区"移民就业"向吸纳本区域农村劳动力"移业就民"的转变。从西部地区内部看，承接和发展环境友好的产业，需要坚持空间集聚的原则，在城市群和产业园区两个层面，加强产业聚集发展和引导人口集中。一是以成渝地区双城经济圈、关中城市群等西部地区城市群为载体，抓住新时代西部大开发、长江经济带建设等国家战略为西部地区承接产业转移带来的契机，推进产业集群和城市群互动发展；二是以开发区、工业园区、现代服务业集聚区等产业园区为载体和区域合作平台，引导产业聚集发展，为承接产业转移提供完善的配套条件和良好的外部环境。

（二）发挥清洁能源优势，承接高耗能产业转移

西部地区是我国新能源资源的集中分布区和战略基地。根据《中华人民共和国国民经济和社会发展第十四个五年规划和 2035 年远景目标纲要》的相关部署，我国将在西部地区建设 6 个大型清洁能源基地，为高耗能产业提供充足的低碳能源保障，也为西部地区承接高耗能产业转移创造了良好条件。一是建设包括风能、水能、太阳能、地热能等多能源品种的综合性新能源基地，打造"风光水火储一体化"的能源体系，加强储能配备和发电供能互补，强化供能保障。二是加强新能源开发与产业发展需求的对接，缓解新能源供给的随机性和波动性问题。推进大数据、云计算、人工智能等数字技术应用，加强用能信息采集分析、精细化功率预测、能源调度优化，促进新能源开发供给数字化、精准化、智能化转型，实现源网荷储一体化。三是完善产业配套体系，优化营商环境。打造包含交通基础设施和通讯基础设施的交通通讯综合网络体系，降低企业运营成本；根据终端生产企业的产业配套体系，引入、培育、发展产业链上下游配套，努力形成产业链式集群；完善金融服务体系，为企业提供便捷低廉的金融产品；对标东部地区先进经验，强化法治保障，规范行政服务，保护投资者合法权益。四是强化区域产业协同联动，发展产业合作新生态。与东部地区建立产业项目、合作区和合作产业园，推进人才、技术、资本等生产要素以及研发设计等生产性服务业互通。

第二节　资源环境约束下西部地区产业结构调整优化的对策

一、加快关键要素与实体经济协同发展

一是强化科学技术对实体经济的支撑作用，警惕科技创新与经济发展脱轨。尤其要推进数字基础技术和关键生产技术与实体经济融合发展，将数字技术、人工智能技术、互联网技术引入企业生产管理等环节，提高实体经济的智能化、绿色化和数字化水平。同时，根据实体经济和重点产业的发展方向，引导技术创新，提高有效创新水平。二是促进金融资源向实体经济的流动，把金融支持实体经济重心放在优化小微企业融资服务上。完善普惠金融制度，利用互联网技术创新融资方式，重点为小微企业提供精准的金融产品与服务；鼓励企业通过新的融资工具拓宽融资渠道，深化金融市场利率改革，降低贷款利率，缓解实体经济融资难、融资贵的问题（夏杰长，2022）；大力发展绿色金融，丰富绿色信贷产品，完善绿色金融政策，扶持绿色实体经济发展。三是提高实体经济中人力资源的劳动回报率，吸引人力资源集聚，提升人力资源质量，激发人力资源对科技创新的供给作用；促进人力资源合理配置，把合适的金融人才留在金融领域（刘志彪，2018）；同时充分考虑实体经济对人力资源的需求，构建合理的人力资源积累和引入机制。此外，要优化发展要素配置结构和配置方式，深入推进要素市场化改革，培育产业发展要素自由流动和优化配置的区域统一市场，加快建设统一开放有序的区域市场体系，消除企业准入、产品进入和要素流动限制，重点推进区域人才市场、金融市场、技术市场等一体化发展，为要素流动和集聚创造有利条件。

二、大力实施创新驱动战略

一是加快推动重大科研基础设施布局，建设具有国际领先优势的创新平台。同时要积极争取改革创新示范区、国家自主创新示范区、国家科技成果转移转化示范区等科创载体落地。建设高等级科创集聚区，建设好西部科学城等重大平台，推动科创要素集聚，推动实现突破性发展。二是壮大人才队伍，在

人才培育上，要大力扶持西部地区重点高校；全面提高人才待遇，增强对人才的吸引力；同时要落实引才育才政策，避免人才流失。三是充分发挥市场主体主导作用，释放市场主体的创新活力，鼓励企业建设研发中心、工程技术中心、博士后工作站等创新平台，支持企业围绕产业发展组织实施技术攻关，推动企业从生产制造环节逐步向研发设计等前端延伸。四是搭建"产学研政用"创新联盟，整合创新企业、科研院所、高等院校、风险投资和金融机构等资源和比较优势，推出传统产业升级改造的创新项目，通过成立关键技术与绿色技术攻关小组等方式进行有针对性的、有目的性的创新合作，扎实推进"产学研政用"项目落地；构建利益共享与风险共担机制，充分调动各方积极性，提高研发成果转化效率。五是促进技术外溢与技术创新服务化，鼓励企业通过技术购买、专利授权等方式，将部分基础性的技术商业化，鼓励高校、研发型企业和行业内技术领先的企业与其他企业签订创新服务协议。

三、推进产业数字化转型

数字化转型能够通过整合大数据资源和新一代数字技术，改变企业的生产和管理模式，提高企业创新能力，进而全方位、全角度、全链条地推进传统产业转型升级，促进产业结构调整优化（石建勋，2022；范红忠等，2022）。加快数字信息基础设施建设；加快宽带、无线网络等网络基础设施建设和卫星通信、导航、遥感等空间信息基础设施建设；大力推进5G技术应用工程和千兆光网提速改造项目；统一数字信息基础设施建设标准，打造各级各区互联互通的网络平台；部署低时延、高覆盖的新一代信息通信基础设施体系。

借助国家"东数西算"工程，结合西部地区产业发展基础和区位特征谋篇布局，提高产业数字化转型的时效性和社会经济效益。在成渝地区、甘肃省、贵州省和宁夏回族自治区四地建设国家数据中心集群，促进数据资源整合，提高与中、东部地区在关键零部件和核心技术研发领域的数据信息共享水平，建立数据生产要素高效配置机制，加强产业数字技术赋能，为西部地区产业数字化提供数字资源和数字技术支撑。西部地区存在相当一部分技术和管理水平落后、生产效率低的传统产业，但在电子通信、文化旅游、特色农业等领域有较好的产业基础。需在人工智能、量子科技、区块链、云计算等前沿领域超前布局，推动关键核心技术创新，抢占数字经济未来发展先机和制高点。加快推进大数据、互联网、人工智能与实体经济深度融合，推动数据赋能全产业链协同转型，促进先进制造技术、信息技术、智能技术等的集成应用，降低企业转型门槛，改造提升传统产业，促进传统产业自动化、智能化、精密化、绿色化发展，催生新产业、新业态、新模式，培育经济发展新动能。

四、依托城市群促进产业集群发展

城市群是我国新型城镇化的主体形态，也是西部地区产业集聚发展的重要载体。新阶段新形势下，依托"十四五"规划中"两横三纵"的城市群布局，立足西部地区产业发展基础和资源禀赋优势，以西部地区城市群为载体，加强与东部地区和中部地区城市群的衔接合作，引入先进技术、优质生产要素和产业链中的关键环节，能够有效扩大产业规模，促进产业集群发展，也能促进西部地区产业结构调整优化，推动城市群内产业分工合作，推进产业垂直一体化，实现基础设施、区域市场等资源互补共享，进而减少能源资源消耗，缓解资源环境约束，提高资源配置效率和利用效率。

重点依托成渝地区双城经济圈和关中平原城市群等西部地区主要城市群，加快培育重点产业集群，提升引导和辐射西部地区产业绿色发展的能力。成渝地区双城经济圈要按照"研发在中心、制造在周边、链式配套、梯度布局"的思路布局，大力发展电子信息、通信技术、汽车制造、高级装备、先进材料、生物医药等产业，打造世界级万亿电子信息产业集群、世界级万亿汽车产业集群、世界级装备制造产业集群，构建都市圈产业分工体系。关中平原城市群则发挥"大西安都市圈"龙头作用，发展汽车、高端装备制造、医药、食品加工、航空航天、新材料与新能源、电子信息七大产业集群。北部湾城市群要依托优质丰富的海洋资源、特色浓郁的壮族民俗、独特迷人的自然景观，大力推进特色文旅资源、生活氛围和商业业态相融合，促进文旅资源产业化、市场化、规模化，吸纳珠江三角洲城市群和海峡西岸城市群的优质资源和消费需求，扩大旅游业和文化产业规模，打造具有较强辐射带动功能的文旅综合产业集群（文冬妮，2022）。滇中城市群要充分考虑自身经济和环境的脆弱性，合理引导人流、物流、信息流等生产要素集聚，强化城市基础设施配套，发展农作物加工配套、食品加工、生态旅游等环境友好型的第二、第三产业，积极打造区域性国际贸易基地和新材料产业集群（范峻恺和徐建刚，2020）。天山北坡城市群位于我国西南角，要大力推进基础设施建设，加强与其他城市群和"丝绸之路"沿线地区之间的要素流通，建设"丝绸之路"经济带金融中心，促进云计算产业、三网融合等领域的发展，形成多语种软件和信息服务业集群（龚晓菊，2017）；同时大力发展现代商贸物流业、旅游餐饮业和特色农业，促进产业分工互补。黔中城市群和宁夏沿黄城市群则要引导培育特色优势产业集群，注重提升产业集群发展质量和生态效益，打造西部地区产业转型升级与绿色发展的重要引擎。

五、提高产业园区绿色化水平

产业园区既是产业集聚发展的平台，又是产业绿色发展的载体。各级各类产业园区对引导产业绿色低碳发展发挥着不可替代的重要作用。目前西部地区拥有国家级开发区 135 个，省级开发区 578 个，分别占全国的 24.46% 和 21.18%。相比东部地区，西部地区的产业园区的功能优势发挥不充分，一些园区发展的质量效益低，园区的产业只是简单集中而不是有机集聚，体制也出现向大而全的老体制回归趋势，一些园区"名不符实"，园区绿色化水平更是滞后于东部地区。

生态产业园区是以生态经济学、产业生态学和系统工程等基本原理为指导，按照物质流和关联度统筹产业布局，搭建资源共享、废物处理、服务高效的公共平台，构建产业循环发展和资源循环利用体系，强调实现产业体系中物质的闭路循环，设计而成的一种新型产业组织形态（黄勤，2010）。近年来，西部地区培育形成攀钢集团有限公司、广西贵糖（集团）股份有限公司、四川西部化工城等国家级循环经济试点示范企业和园区，以及贵阳市、甘肃省等获批循环经济试点省市。但与东部地区相比，工业领域循环经济发展仍相对滞后，发展水平与质量不高，在 2017 年环境保护部发布的国家生态工业示范园区名单中，已批准的 48 个国家生态工业示范园区无一个位于西部地区，仅有贵港国家生态工业示范园区、西安高新技术产业开发区、成都经济技术开发区、贵阳经济技术开发区等 8 家被批准开展国家生态工业示范园区建设，整体来看，西部地区生态工业示范园区数量少、层次低、带动作用弱。

为促进西部地区工业节能环保、绿色低碳转型，应大力推进现有园区生态化、循环化改造，形成园区闭合生态系统，同时要支持符合环保、能效等标准要求的高载能行业向西部地区清洁能源优势地区集中，建设高标准示范园区，积极汇聚上下游产业链；严格控制新建项目环境准入标准，谨慎承接全球和东部地区落后产能或高能耗高污染项目，推动工业园区能源系统整体优化和污染综合整治，鼓励工业企业、园区优先利用可再生能源；要以循环经济试点示范为引领，积极推进实施"减量化、再利用和资源化"改造，培育循环型企业，建设绿色循环产业园区。通过建设循环型工业园区为载体，促进关联企业向工业园区集聚，通过上下游产业在空间上的集聚，构建园区内企业有机链接的资源循环利用闭合生态系统，实现资源的最大化利用；要加快城市矿产、工业副产等可再生资源回收利用，以及废弃磷石膏、钒钛矿渣等资源开发利用。以省级以上工业园区为重点，推进供热、供电、污水处理、中水回用等公共基础设施共建共享，对进水浓度异常的污水处理厂开展片区管网系统化整治，加强一般固体废物、危险废物集中贮存和处置，推动挥发性有机物、电镀废水及特征污染物集中治理等"绿岛"项目建设；积极推进各级各类生态工业示范园区建设，形成包括国家级、省级不同级次，覆盖工业和服务业的主要行业，功能定位与产业发展相互协调的园区绿色化发展体系，创建一批国家级和省级的生态工业示范园区、循环经济示范园区以及低碳工业园区。

六、坚持不懈地推动工业节能降碳

缓解西部地区工业发展的能源消耗和二氧化碳排放压力，除了积极探索能源替代的途径外，更重要，也更现实的是，要努力实现从以资源比较优势和以化石能源为基础的技术路线，向更加节能环保低碳的工业技术路线转变（金碚等，2011），这就是要坚持不懈地推进工业节能降碳，最大限度地挖掘工业节能降碳的潜力和空间。通过控制重点行业、加大技术研发尤其是节能降碳技术的开发应用，以技术提高能源利用和转化效率，实现工业节能降碳，同时改善西部地区三次产业和工业尤其是重化工业的能源资源消费结构，提升产业结构调整优化的经济与环境效应。

（一）节能降碳贯穿工业全过程和各领域

通过体制改革、政策激励、教育培育、示范引领、对标先进等多种方式，建立完善激励约束机制，调动工业企业节能降碳积极性，充分发挥国有企业、行业龙头的带动引领作用，培育一批先进典型企业家、工业企业和工业园区，逐步构建区域性节能降碳的良好氛围和市场环境，把"节能降碳"理念切实落实到工业设计、生产、管理、消费等各个环节，进而落实到工业产品的整个生命周期。通过多种渠道开展节能、降碳和减排等公益性主题宣传报道，不断强化地方政府和工业企业及企业员工的节能降碳意识，增强节能降碳行动自觉。

（二）控制高耗能高污染行业过快增长

把绿色低碳发展作为西部地区工业发展根本遵循，坚决遏制高耗能高污染行业盲目发展，对未纳入产业规划的高耗能高污染项目，一律不允许改扩建，加强产能过剩分析预警和窗口指导。实施严格的工业投资项目节能环保评估和审查制度,坚决扭转市县级工业园区生态环境保护意识缺乏的盲目招商引资,严把新建项目环境准入关,从源头控制高耗能高污染行业发展。对于已经进入本地区的高耗能高污染企业,地方政府要制定相应的法规制度,通过实施能源资源使用、生产过程和废弃物排放的严格管控,引导和促进企业技术升级改造和产品更新换代,实现绿色低碳转型。严格贯彻落实供给侧结构性改革的决策部署,推进"去产能",建立健全落后产能退出机制,完善促进淘汰落后产能的配套政策,加快推进落后产能淘汰进度,禁止落后生产能力在西部地区不同省份间转移。

(三) 加强重点行业企业节能和降碳工作

高能耗和高排放并非所有工业行业的特征,工业中高能耗、高排放主要集中在石化、化工、冶金、建材、造纸等工业部门,而且主要集中在生产加工等环节,而不是整个产业链条和生产过程。关注和强化重点行业、重点企业、重点环节的节能降碳和减排治污,推进节能改造和污染物深度治理。大力推广高效精馏系统、高温高压干熄焦、富氧强化熔炼等节能技术,加强对钢铁、水泥、焦化行业及燃煤锅炉超低排放改造;开展重点行业清洁生产和工业废水资源化利用改造;同时加强环保政策、加强环保督察,进一步加强对高耗能高排放工业企业监督管理,制定实施重点工业企业节能目标责任评价体系,加强重点用能企业的跟踪监测和节能指导;借助完善的市场机制推动市场主体主动节能降碳和减排治污,积极推进用能权、用水权、排污权和碳排放权交易市场不断完善。

(四) 加快推进工业节能技术进步

加快推进工业节能转变,需要鼓励企业增加对科技研发特别是节能技术的资金投入,各级地方政府根据财政实力强化节能降碳技术创新的引导和支持。强化基础研究,鼓励开展低碳、零碳、负碳技术和储能新技术、新材料、新装备研究攻关,实施有利于重点企业节能降碳与减排治污的技术更新,探索企业节能技术创新的绿色金融支持。依托西部地区现有和潜在的产业优势,加快引进、研发与推广利用节能减排新技术、新工艺、新设备和新材料,加快对传统产业进行以节能减排为重点的技术改造,加快发展绿色新兴产业,在更大程度上实现技术减排。能源、矿产等原材料产业要延伸产业链,利用先进技术发展产业链下游环节,优先支持下游产品生产技术的升级换代,提升产业附加值,促使产业向高新技术产业与绿色环保型产业转变(宋周莺等,2013)。装备制造、生物医药等现代制造业要加强核心技术研发，依托高新技术产业园区，实施高新技术产业化项目，提升创新能力和孵化能力，推进产品升级换代，促进高新技术产业和现代制造业绿色发展。当然，由于激励机制、监控制度不完善以及监控制度执行力度不够，技术创新投入成本较高，企业动力和积极性显然不足，亟待通过制度创新为企业技术创新提供完善的体制机制保障。

七、构建具有西部特色的安全清洁低碳高效能源体系

以石油、煤炭等化石能源消费为主的能源消费结构是西部地区产业发展能源资源消耗高、二氧化碳排放压力大的重要原因。长远来看，西部地区产业结构调整优化，需要改变能源消费模式，构建安全清洁低碳高效能源体系，严格控制化石能源消费，发展非化石能源消费，推进能源消费多元化；大幅提升能源利用效率，积极推进传统能源利用绿色化。

（一）能源消费多元化

严格控制化石能源消费，积极发展非化石能源消费，推动能源消费结构优化，是保障能源安全、降低二氧化碳排放、保护生态环境的重要途径。从宏观层面，第一要贯彻落实国家生态文明发展战略，加强宏观政策引导，深化西部地区能源消费结构调整，统筹煤电发展，严控煤电装机规模，加快推进页岩气、煤层气等非常规油气资源规模化开发，保证能源安全。实施可再生能源替代行动，大力推进水能、风能、核能、氢能、太阳能、生物质能等非化石能源的合理开发利用替代煤炭、石油消费项目，大力实施清洁电力、风力和天然气的代煤发电工程，构建以新能源为主体的新型绿色电力系统，提高清洁能源的消费比重。第二要转变能源消费理念，以绿色发展刺激新的能源消费思想产生，指导新一轮能源消费变革。第三要深化西部地区能源消费体制改革，建设相对统一的能源市场，完善中长期市场、现货市场等衔接机制，扩大市场化规模交易，通过市场机制优化调整能源资源在地区间与产业间的配置，促进能源消费的高效率和低污染。从微观层面，第一要建立引导、扶持和约束机制，推进能源利用打破行业、部门界限，实现煤炭、石油等能源资源价值的梯度利用，促进企业主动选择多元化能源消费和推进能源消费绿色化；第二要培育节能服务公司，支持实施合同能源管理，构建市场经济条件下的节能新机制、新模式，推动企业能源消费多元化。

（二）传统能源利用绿色化

西部地区煤炭、石油等传统化石能源资源存量丰富，大幅提升能源利用效

率，推进传统能源利用绿色化，要提升煤炭、石油等化石能源的利用效率，推进能源使用向绿色转化。一是积极推进工业行业瞄准国际先进水平，鼓励企业采用国际一流标准设备和最先进的技术，通过技术工艺水平提升或设备更替，实现传统能源使用集约高效。二是积极推进煤炭分级分质利用，根据技术发展状况、煤炭资源条件、生态环境容量等因素，分类制定不同级别不同质地煤炭利用的适宜区域、发展规模，加快制定分级分质利用技术和装备标准，重点攻克关键技术，在具备条件的地区开展煤制油、煤制气、煤制烯烃等升级示范，提升煤炭使用效率。三是利用传统能源构造绿色发电体系。一方面要加快煤电升级改造，推进存量煤电机组节煤降耗改造、供热改造、灵活性改造"三改联动"，持续推动煤电机组超低排放改造，深化重点企业、重点环节节能提效；另一方面要因地制宜，打造具有区域特色的绿色发电模式，西北地区要推进煤电清洁化和技术升级，依托沙漠、戈壁、荒漠地区风力优势构建大型风电基地和光伏清洁电力外送基地，西南地区则依托地形与河流资源，积极开发水电资源，推进大型水电基地项目落地。

第三节 资源环境约束下西部地区产业结构调整优化的机制保障

一、进一步明确市场和政府的角色

进一步厘清市场和政府的作用、分清市场和政府各自行为边界，关键要完善市场功能，合理发挥政府作用，并加强二者的互补互动。

完善市场功能。产业结构的变化本质上是技术进步和市场机制作用下的不断进化，而不是被人为"规划"或"设计"的。西部地区产业结构调整优化要充分利用市场的价格、供求、竞争、风险等机制，让市场竞争压力持续成为产业结构调整和产业升级的动力，让市场发挥优胜劣汰的作用。推动资金、劳动力和技术等各类资源配置优化，引导社会资本流向有发展潜力和市场前景的新兴产业或产业价值链高端环节，为产业主动进行产品及服务结构调整和技术升级提供支撑，提升高效率、低碳型的优势产业或企业的竞争力，逐步淘汰能源资源消耗高、污染物排放量大的落后企业、落后技术和落后产能。

合理发挥政府作用。政府在产业结构调整优化中的作用主要是：维护产业发展的市场秩序，完善产业发展的市场制度，弥补产业发展中的市场失灵。因此，要深入推进简政放权、放管结合，最大限度减少对企业生产经营的干预，最大限度减少行政审批项目范围，简化和合并审批手续，加强部门间、上下级的业务联合办公，提供公开透明、高效便捷的政务服务和公共服务。加强行业监测和宏观引导，密切关注新兴产业发展趋势，对国际上新兴产业、环保产业、低碳技术等领域进行动态跟踪，建立健全产业发展数据库，搭建技术攻关和研发的公共平台，注重发挥新型举国体制优势，大力推进具有较强外部性的基础性研究和具有重大影响的关键性研究，加强对战略性新兴产业以及占据产业技术制高点迫切需要的关键技术、核心技术的支持。要加强对落后产能、过剩产能及其市场情况的监控、预警，制定和执行行业技术门槛以及环保、节能、减碳等准入门槛，建立和完善企业"走出去"经营风险的预警防范机制和安全保障机制。

充分发挥社会组织的协调和补充作用。强化政府与市场的联系，加强二者的互补互动，改变习惯于行政导向、忽视社会和民间团体力量的行为定式；发挥行业协会、企业家联席会议、商会、环保组织等社会组织在西部地区产业结构调整优化中的服务、协调、沟通与监督等作用；借助社会组织制定行业规则，提供信息咨询服务，引导社会舆论，组织合作交流与研讨。

二、加快产业政策转型

推动以扭曲市场机制、人为创造比较优势为特征的传统产业政策，向能更好地发挥市场作用、激发市场活力的产业政策转型，改善产业政策实施方式，推动经济从基于政府扶持的"发展竞争"转向基于市场的"自由竞争"和"平等竞争"。刘志彪（2015）的研究指出，我国产业政策在新常态下的功能转型有四个方面，即产业政策中性化、去地方政府化、竞争性政策主导化以及产业政策横向化。中性的产业政策，就是改变给予产业特殊优惠待遇的政策，逐步转向营造产业发展的公平竞争环境的政策，目前，迫切需要清理妨碍统一市场和公平竞争环境的各种优惠政策和做法。产业政策"去地方政府化"，就是要让产业政策的主导权回归中央政府，主要由中央政府来综合行使制定产业政策的权力而不是地方政府。竞争性政策主导化，是要将扶持特定优势产业的产业政策转变为构建公平竞争环境的产业政策，建立统一完善的西部地区市场体系，通过竞争间接推动产业实现高质量和高效益发展。产业政策横向化，即鼓励和支持企业间的兼并收购，拓展企业资金来源，加大企业研发的产权保护和税收激励力度，鼓励企业加大人力资本建设投资。同时，要引导企业的公平竞争，构建、维持统一公平的产业发展市场秩序。

三、健全产能管理机制

由于过去生态保护意识淡薄，加之能源资源丰腴和生态环境空间容量较大，产业政策对经济增长的环境效应关注度不够，随着环境承载能力已经达到或接近上限，必须采取最严格的、环保第一的产业发展政策（刘志彪，2015）。西部地区运用产业政策调整产业结构，不仅要促进战略性新兴产业、现代服务业加快发展，而且要运用产业政策的环保约束力来遏制落后产能进入。健全行业"准入"标准，遏制新增过剩产能。西部地区各级政府应坚定生态优先理念，杜绝以往"来者不拒"招商模式，制定和完善相关行业准入条件和过剩产能界定标准，提高过剩产业的准入门槛，既要遏制传统产业扩张增加过剩产能，又要谨防过度提倡和鼓励发展新能源、生物医药等新兴产业导致过剩产能。加强区域间产业发展的协调分工，加严政府投资项目审核管理，特别是不考虑地方产业基础、资源禀赋和特色优势的区域同质性政府投资，杜绝低水平重复建设。在各类产业园区严格落实准入制度，根据园区发展定位和战略要求，制定并严格执行园区项目准入目录和企业准入标准，制定亩均开发强度标准，严禁承接落后产能，严格控制战略性新兴产业发展引致过剩产能。

四、实施差异化的节能减排政策

坚持"全国一盘棋"，发挥制度优势，强化顶层设计，根据各地实际情况分类施策，国家节能减排政策应充分考虑西部地区产业结构和能源消费结构、西部地区在全国的产业分工和生态地位的特殊性，以及与东部地区在发展阶段和发展基础上的差距，避免"一刀切"。节能减排政策的差异化可以从以下几个方面设置：一是节能减排目标的区域差异化。在现有国内国际形势下，西部地区工业经济将迎来快速发展时期，因自身资源禀赋肩负着为全国提供能源矿产资源保障的任务，国家节能减排指标分配应充分考虑西部地区的特殊任务，此外还需考虑西部地区发展水平、发展潜力和重型化产业结构，以及经济发展和节能减排的两难矛盾，适度增加分配给西部地区的节能减排总量指标，为西部地区发展经济留出更大的节能减排空间（陈晓东等，2016）。二是节能减排目标的行业差异化。充分考虑不同行业能耗和排放的差异性、节能减排能力的差异性，针对不同行业制定不同的节能减排目标。在节能减排技术装备推广、能源消耗和主要污染物排放总量控制等方面，充分考虑重点行业与一般行业的差异。加大对重点高耗能行业二氧化碳排放的监控力度，积极推进高耗能行业绿色技术升级。三是节能减排目标的工业企业差异性。大企业技术水平较高，应率先推进大企业的节能减排工作；中小企业节能减排内生动力不足，要积极完善中小工业企业节能减排基础管理制度，提升中小工业企业能源利用效率。四是改进完善节能减排评价指标体系。针对我国不同区域差异，不仅要运用单位 GDP 排放量评价、控制各地的节能减排状况，也要尝试采用单位国土面积排放量和单位人口排放量等指标提高评价和控制效率（刘志彪，2015）。西部地区节能减排指标的选取应充分考虑西部地区经济发展阶段、现实水平和能源资源禀赋等情况，尽可能更切实、更合理地制定符合西部地区现实情况的节能减排评价指标体系。

五、改革资源性产品价格体制

能源资源性产品价格体制的扭曲是我国东西部地区间产业发展差距大、西部地区产业结构不合理的重要体制因素。改革资源性产品价格体制可以从以下几个方面着手：一是深化资源和资源性产品价格形成机制改革。要把资源性产品的价格决定权交给市场，逐步放松政府对资源性产品价格的直接管制，充分发挥市场配置资源的决定性作用，依靠市场价格变动释放的信号调整市场供需双方的决策行为，深化电、煤、油、气等能源价格改革，充分发挥好政府在公共产品领域的规划、管理和宏观调控作用，弥补市场缺陷。二是健全现代价格监管体系。加强资源性产品价格监管的独立性，区分价格制定者和监管者的职能，增强价格监管的独立性。引入社会监管，提高监管效率，推进价格听证会的透明度和公正性，充分发挥社会监管机制的作用。三是制定合理的资源性产品成本规则和利润规则。在资源性产品定价中，必须要遵循价格规律，资源性产品价值主要由成本和利润构成，为了提高资源性产品定价的合理性和科学性，就必须制定合理的成本规则和利润规则。在成本规则的制定上，探索"全成本"概念（黄碧丹，2015），即包括勘探成本、开发成本、安全生产提炼成本、环境污染治理成本、生态补偿成本、代际补偿成本等在内的全部成本，使能源资源价格能充分反映能源资源开采、加工、运输等过程中的资源、环境和安全成本（金碚等，2011）。在制定利润规则的制定上，要根据各类资源性产品的不同特征，企业的盈利空间和标准；区分基本需求和非基本需求，完善居民基本资源性产品需求的阶梯价格机制，落实居民非基本资源性产品需求的超定额加价制度。四是健全要素市场化交易平台，拓展公共资源交易平台功能，完善要素交易规则和服务，提升要素交易监管水平，畅通要素流通渠道。

六、健全完善生态补偿机制

西部地区是国家重要的生态安全屏障，是大江大河的发源地，是森林、草原、湿地等生态资源集中分布区和多种重要生物的聚集地，严格坚持"生态优先、绿色发展"。一是从国家政府层面给予西部地区更多的经济扶持和政策优惠。加大三江源、祁连山、天山等水源涵养重点生态功能区，科尔沁沙地、呼伦贝尔沙地、塔里木河流域等防风固沙生态功能区，桂西南石灰岩地区、西双版纳和藏东南山地热带雨林、季雨林区、岷山—邛崃山、横断山区、北羌塘高寒荒漠草原区、伊犁—天山山地西段、三江平原湿地等生物多样性保护生态功能区转移支付力度，引导部分东中部省份、"两江"中下流域等生态受益区和生态保护区通过资金补偿、产业扶持、对口援助等方式，向西部地区省份、"两江"上游流域等生态开发区开展横向生态补偿。二是完善市场化、多元化生态补偿机制，鼓励各类社会资本参与生态保护修复。完善资源开发补偿、污染物减排补偿、水资源节约补偿和碳排放权抵消补偿机制，合理界定和配置生态环境权利，健全交易平台。积极发展生态农业，健全绿色标识，发展绿色金融，制定合理的绿色利益分享机制，引导社会投资者补偿生态保护者。三是建立生态产品价值实现机制，建立健全生态产品调查监测机制、生态产品价值评价机制、生态产品经营开发机制、生态产品价值实现保障机制，在三江源国家公园等开展试点工作。四是通过立法、行政等手段，明确生态补偿的方式、标准、保障等内容，推动生态保护补偿制度和生态保护补偿条例落地生效。

七、鼓励发展碳金融

碳金融体系建设，是采用市场化的方式，将温室气体排放的外部性内部化的重要手段。资源环境约束下，西部地区工业绿色发展和"双碳"目标的实现都需要碳金融的大力支持。首先，完善西部地区绿色金融相关制度体系。加强顶层设计，积极推动国家碳金融立法，制定碳市场的交易规则和监管标准，在西部地区增设碳排放交易中心，扩充业务范围。完善碳金融激励性政策，包括设立明确、细化的专项资金支持制度、税收减免制度等，支持相关企业发展。其次，完善碳金融市场体系，进一步扩充西部地区碳交易市场的话语权。有序发展碳远期、碳掉期、碳期权等碳金融产品和衍生工具；基于碳排放权、排污权、节能量（用能权）等各类环境权益的融资工具，拓宽企业绿色融资渠道，发展环境权益回购、保理、托管等金融产品，支持西部地区具有节能减排效益的基础建设、污染防治、资源循环利用、生态环境保护、工业三废资源化利用等绿色产业项目建设，以绿色金融产品推进产业绿色转型。最后，完善碳金融组织体系，加强企业与金融机构和非金融机构顺利对接。

八、重塑有利于实体经济发展的社会文化环境

党的十九大报告提出，"不论经济发展到什么时候，实体经济都是我国经济发展、在国际经济竞争中赢得主动的根基"。如果说提高工业综合素质、实现工业升级的关键在于自主创新，在于占领产业技术制高点，那么当前企业自主创新、攀登产业技术制高点最需要的就是实业精神、"工匠精神"，即包含踏实、耐心、专注、执着的一种精神和文化（金碚，2014）。要持续发扬艰苦创业、无私奉献、团结协作、勇于创新的三线精神，重视三线建设留下的宝贵的精神财富，持续推进技术创新和实业生产。过去一些地方政府在园区建设、招商引资时，片面追求招大商、引外资，"贪大求快"，忽视自主创新和实体经济，忽视对本地企业的培育和存量产业的升级。一些地方政府过度依赖拼优惠政策，热衷于创造"政策洼地"效应，不利于形成务实创新、专注实业的社会风气。这种急功近利、急于求成的企业心态和社会心理，无疑是西部地区发展实体经济、推进自主创新面临的最大障碍。因此，应大力宣传"执着专注、精益求精、一丝不苟、追求卓越的工匠精神"，大力培育实业精神、工业精神，重塑工业发展的社会心理，真正把创新变成现实的驱动力，培养更多高技能人才和大国工匠，厚植现代工业文明的社会基础。

本章小结

资源环境约束下西部地区产业结构调整优化，要从三次产业结构质量提升、传统优势产业升级以及培育具有西部特色绿色低碳优势产业等方面寻求路

径。为此,要着力于加快关键要素与实体经济协同发展,大力实施创新驱动战略,推进产业数字化转型,促进城市群与产业集群的互动发展,构建清洁低碳安全高效能源体系。在机制保障上,要形成有利于完善市场功能、合理发挥政府作用、促进产业政策转型、发展碳金融等的体制机制,重塑有利于实体经济发展的社会文化环境。

参考文献

[1] 大卫·皮尔斯. 绿色经济的蓝图［M］. 北京：北京师范大学出版社，1997.

[2] 黄群慧，李芳芳. 中国工业化进程报告（1995—2015）［M］. 北京：社会科文献出版社，2017.

[3] 郭培章. 中国工业可持续发展研究［M］. 北京：经济科学出版社，2002.

[4] 黄勤. 循环经济概论［M］. 成都：四川人民出版社，2010.

[5] 科林·克拉克. 经济进步的条件［M］. 北京：中国人民大学出版社，2020.

[6] 刘伟，杨云龙. 中国产业经济分析［M］. 北京：中国国际广播出版社，1987.

[7] 罗斯托，从起飞进入持续增长的经济学［M］. 成都：四川人民出版社，1988.

[8] 梅多斯，于树生. 增长的极限［M］. 北京：商务印书馆，1984.

[9] 配第. 政治算术［M］. 北京：商务印书馆，1978.

[10] 钱纳里. 工业化和经济增长的比较研究［M］. 上海：上海三联书店，1989.

[11] 韦伯. 工业区位论［M］. 北京：商务印书馆，1997.

[12] 西蒙·库兹涅茨. 各国的经济增长［M］. 北京：商务印书馆，1999.

[13] 小宫隆太郎. 日本的产业政策［M］. 北京：国际文化出版公司，1988.

[14] 熊焰. 低碳转型路线图：国际经验、中国选择与地方实践［M］. 北京：中国经济出版社，2011.

[15] 中共中央文献研究室. 习近平关于社会主义生态文明建设论述摘编 [M]. 北京: 中央文献出版社, 2017.

[16] 钟水映, 简新华. 人口、资源与环境经济学 [M]. 北京: 科学出版社, 2007.

[17] 周振华. 产业结构优化论 [M]. 上海: 上海人民出版社, 2014.

[18] 白旻. 资源环境约束下中国工业化模式的转换与制度创新 [J]. 工业技术经济, 2008 (06): 31-34.

[19] 蔡昉, 都阳, 王美艳. 经济发展方式转变与节能减排内在动力 [J]. 经济研究, 2008 (06): 4-11, 36.

[20] 蔡昉. 防止产业结构"逆库兹涅茨化" [J]. 财经界, 2015 (04): 26-29.

[21] 查冬兰, 周德群. 我国工业 CO_2 排放影响因素差异性研究——基于高耗能行业与中低耗能行业 [J]. 财贸研究, 2008 (01): 13-19.

[22] 陈昌兵. 新时代我国经济高质量发展动力转换研究 [J]. 上海经济研究, 2018 (05): 16-24.

[23] 陈德湖, 张津. 中国碳排放的环境库兹涅茨曲线分析——基于空间面板模型的实证研究 [J]. 统计与信息论坛, 2012, 27 (05): 48-53.

[24] 陈佳贵, 黄群慧, 钟宏武. 中国地区工业化进程的综合评价和特征分析 [J]. 经济研究, 2006 (06): 4-15.

[25] 陈诗一, 林伯强. 中国能源环境与气候变化经济学研究现状及展望——首届中国能源环境与气候变化经济学者论坛综述 [J]. 经济研究, 2019, 54 (07): 203-208.

[26] 陈诗一, 严法善, 吴若沉. 资本深化、生产率提高与中国二氧化碳排放变化——产业、区域、能源三维结构调整视角的因素分解分析 [J]. 财贸经济, 2010 (12): 111-119, 145.

[27] 陈诗一. 能源消耗、二氧化碳排放与中国工业的可持续发展 [J]. 经济研究, 2009, 44 (04): 41-55.

[28] 陈晓东, 金碚. 供给侧结构性改革下的节能减排与我国经济转型升级 [J]. 经济纵横, 2016 (07): 18-22.

[29] 成艾华, 魏后凯. 促进区域产业有序转移与协调发展的碳减排目标设计 [J]. 中国人口·资源与环境, 2013, 23 (01): 55-62.

[30] 戴海龙. 低碳产业及我国高碳产业低碳化途径 [J]. 农业科技与信

息, 2011 (08): 62-64.

[31] 董琨, 白彬. 中国区域间产业转移的污染天堂效应检验 [J]. 中国人口·资源与环境, 2015, 25 (S2): 46-50.

[32] 杜宇玮. 高质量发展视域下的产业体系重构: 一个逻辑框架 [J]. 现代经济探讨, 2019 (12): 76-84.

[33] 范红忠, 王子悦, 陶爽. 数字化转型与企业创新——基于文本分析方法的经验证据 [J]. 技术经济, 2022, 41 (10): 34-44.

[34] 范峻恺, 徐建刚. 基于神经网络综合建模的区域城市群发展脆弱性评价——以滇中城市群为例 [J]. 自然资源学报, 2020, 35 (12): 2875-2887.

[35] 凡杰. 自然资源结构在地区产业结构演进中的宏观作用——以环渤海地区为例 [J]. 自然资源学报, 1992 (02): 97-105.

[36] 樊杰, 千庆兰. 我国东部沿海重点地区经济发展与资源环境相互作用关系的比较研究 [J]. 自然资源学报, 2004, 19 (01): 96-105.

[37] 付保宗, 盛朝迅, 徐建伟, 周劲, 任继球. 加快建设实体经济、科技创新、现代金融、人力资源协同发展的产业体系研究 [J]. 宏观经济研究, 2019 (04): 41-52, 97.

[38] 付保宗. "十四五"时期我国产业发展呈现五大趋势 [J]. 经济纵横, 2020 (05): 76-86.

[39] 付凌晖. 我国产业结构高级化与经济增长关系的实证研究 [J]. 统计研究, 2010 (08): 79-81.

[40] 高振宇, 王益. 我国生产用能源消费变动的分解分析 [J]. 统计研究, 2007 (03): 52-57.

[41] 龚健健, 沈可挺. 中国高耗能产业及其环境污染的区域分布——基于省际动态面板数据的分析 [J]. 数量经济技术经济研究, 2011, 28 (02): 20-36, 51.

[42] 龚晓菊, 申亚杰. "一带一路"背景下天山北坡城市群的产业发展研究 [J]. 当代经济管理, 2017, 39 (11): 79-84.

[43] 顾阿伦, 何崇恺, 吕志强. 基于LMDI方法分析中国产业结构变动对碳排放的影响 [J]. 资源科学, 2016, 38 (10): 1861-1870.

[44] 顾阿伦, 吕志强. 经济结构变动对中国碳排放影响——基于IO-SDA方法的分析 [J]. 中国人口·资源与环境, 2016, 26 (3): 37-45.

[45] 顾宁, 姜萍萍. 中国碳排放的环境库兹涅茨效应识别与低碳政策选

择［J］. 经济管理，2013，35（06）：153－163.

［46］郭朝先. 2060 年碳中和引致中国经济系统根本性变革［J］. 北京工业大学学报（社会科学版），2021，21（05）：64－77.

［47］郭朝先. 产业结构变动对中国碳排放的影响［J］. 中国人口·资源与环境，2012，22（07）：15－20.

［48］郭朝先. 中国工业碳减排潜力估算［J］. 中国人口·资源与环境，2014，24（09）：13－20.

［49］郭朝先. 中国碳排放因素分解：基于 LMDI 分解技术［J］. 中国人口·资源与环境，2010，20（12）：4－9.

［50］郭广涛，郭菊娥，席酉民，孟磊. 西部产业结构调整的节能降耗效应测算及其实现策略研究［J］. 中国人口·资源与环境，2008（04）：44－49.

［51］郭克莎. 中国产业结构调整升级趋势与"十四五"时期政策思路［J］. 中国工业经济，2019（07）：24－41.

［52］郭克莎. 总量问题还是结构问题？——产业结构偏差对我国经济增长的制约及调整思路［J］. 经济研究，1999（09）：15－21.

［53］韩颖，马萍，刘璐. 一种能源消耗强度影响因素分解的新方法［J］. 数量经济技术经济研究，2010，27（04）：137－147.

［54］韩智勇，魏一鸣，范英. 中国能源强度与经济结构变化特征研究［J］. 数理统计与管理，2004（01）：1－6，52.

［55］何德旭，姚战琪. 中国产业结构调整的效应、优化升级目标和政策措施［J］. 中国工业经济，2008（05）：46－56.

［56］何建坤. 碳达峰碳中和目标导向下能源和经济的低碳转型［J］. 环境经济研究，2021，6（01）：1－9.

［57］贺俊，吕铁. 从产业结构到现代产业体系：继承、批判与拓展［J］. 中国人民大学学报，2015，29（02）：39－47.

［58］胡鞍钢. 中国实现 2030 年前碳达峰目标及主要途径［J］. 北京工业大学学报（社会科学版），2021，21（03）：1－15.

［59］胡迟. 制造业转型升级："十二五"成效评估与"十三五"发展对策［J］. 经济研究参考，2016（49）：3－27.

［60］胡宗义，刘亦文，唐李伟. 低碳经济背景下碳排放的库兹涅茨曲线研究［J］. 统计研究，2013，30（02）：73－79.

［61］黄碧丹. 福建省资源性产品价格改革研究［J］. 城市学刊，2015，

36（06）：14－17.

［62］黄承梁．中国共产党领导新中国70年生态文明建设历程［J］．党的文献，2019（05）：49－56.

［63］黄汉权．聚焦四大发力点 打好产业链现代化攻坚战［J］．智慧中国，2020（Z1）：46－48.

［64］黄亮雄，王鹤，宋凌云．我国的产业结构调整是绿色的吗？［J］．南开经济研究，2012（03）：110－127.

［65］黄勤，曹汐．产业转型升级在新型城镇化进程中的作用［J］．城市问题，2016（07）：64－68，94.

［66］黄勤，曾元，江琴．中国推进生态文明建设的研究进展［J］．中国人口·资源与环境，2015，25（02）：111－120.

［67］黄勤，何晴．长江经济带碳排放驱动因素及其空间特征——基于LMDI模型［J］．财经科学，2017（05）：80－92.

［68］黄群慧，贺俊．"第三次工业革命"与中国经济发展战略调整——技术经济范式转变的视角［J］．中国工业经济，2013（01）：5－18.

［69］黄群慧．"十四五"时期深化中国工业化进程的重大挑战与战略选择［J］．中共中央党校（国家行政学院）学报，2020，24（02）：5－16.

［70］黄群慧．论新时期中国实体经济的发展［J］．中国工业经济，2017（09）：5－24.

［71］黄群慧．以产业链供应链现代化水平提升推动经济体系优化升级［J］．马克思主义与现实，2020（06）：38－42.

［72］惠宁，惠炜，白云朴．资源型产业的特征、问题及其发展机制［J］．学术月刊，2013，45（07）：100－106.

［73］简兆权，伍卓深．制造业服务化的路径选择研究——基于微笑曲线理论的观点［J］．科学学与科学技术管理，2011，32（12）：137－143.

［74］焦翠红，李秀敏．经济增长、节能减排与区域产业结构优化［J］．税务与经济，2015（02）：7－15.

［75］金碚，吕铁，邓洲．中国工业结构转型升级：进展、问题与趋势［J］．中国工业经济，2011（02）：5－15.

［76］金碚．工业的使命和价值——中国产业转型升级的理论逻辑［J］．中国工业经济，2014（09）：51－64.

［77］金碚．现阶段我国推进产业结构调整的战略方向［J］．求是，

2013, 4: 56 - 58.

[78] 金碚. 以自主可控能力保持产业链供应链安全稳定 [J]. 中国经济评论, 2021 (02): 14 - 16.

[79] 金碚. 中国工业化的资源路线与资源供求 [J]. 中国工业经济, 2008 (02): 5 - 19.

[80] 金碚. 资源环境管制与工业竞争力关系的理论研究 [J]. 中国工业经济, 2009 (03): 5 - 17.

[81] 金碚. 资源约束与中国工业化道路 [J]. 求是, 2011 (18): 36 - 38.

[82] 李斌, 张晓东. 中国产业结构升级对碳减排的影响研究 [J]. 产经评论, 2017, 8 (02): 79 - 92.

[83] 李方一, 刘卫东. "十二五"能源强度指标对我国区域经济发展的影响 [J]. 中国软科学, 2014 (02): 100 - 110.

[84] 李钢, 陈志, 金碚. "资源约束下经济增长"的经济学解释 [J]. 财贸经济, 2007 (09): 9 - 14, 128.

[85] 李国璋, 王双. 中国能源强度变动的区域因素分解分析——基于 LMDI 分解方法 [J]. 财经研究, 2008 (08): 52 - 62.

[86] 李国志, 李宗植. 中国二氧化碳排放的区域差异和影响因素研究 [J]. 中国人口·资源与环境, 2010, 20 (05): 22 - 27.

[87] 李海绒. 西部地区产业结构调整存在的问题及对策 [J]. 经济纵横, 2016 (04): 45 - 48.

[88] 李健, 周慧. 中国碳排放强度与产业结构的关联分析 [J]. 中国人口·资源与环境, 2012, 22 (1): 7 - 14.

[89] 李景华. SDA 模型的加权平均分解法及在中国第三产业经济发展分析中的应用 [J]. 系统工程, 2004 (09): 69 - 73.

[90] 李珊珊, 罗良文. "十二五"时期中国碳生产率的因素分解与增长动力——基于 LMDI - PDA 分解法 [J]. 技术经济, 2018, 37 (08): 77 - 86.

[91] 李晓华. 产业转型升级中落后产能淘汰问题研究 [J]. 江西社会科学, 2012, 32 (05): 12 - 18.

[92] 李艳梅, 张雷. 中国能源消费增长原因分析与节能途径探讨 [J]. 中国人口·资源与环境, 2008 (03): 83 - 87.

[93] 李影. "福音"还是"诅咒"——自然资源与经济增长关系研究综述 [J]. 经济论坛, 2009 (06): 19 - 22.

[94] 李治国, 朱永梅, 吴茜. 山东省制造业碳排放驱动因素研究——基于 GDIM 方法 [J]. 华东经济管理, 2019, 33 (04): 30-36.

[95] 梁进社, 郑蔚, 蔡建明. 中国能源消费增长的分解——基于投入产出方法 [J]. 自然资源学报, 2007 (06): 853-864.

[96] 林伯强, 杜克锐. 理解中国能源强度的变化——一个综合的分解框架 [J]. 世界经济, 2014 (04): 69-87.

[97] 林伯强, 蒋竺均. 中国二氧化碳的环境库兹涅茨曲线预测及影响因素分析 [J]. 管理世界, 2009 (04): 27-36.

[98] 林伯强, 李江龙. 环境治理约束下的中国能源结构转变——基于煤炭和二氧化碳峰值的分析 [J]. 中国社会科学, 2015 (09): 84-107, 205.

[99] 林伯强, 吴微. 全球能源效率的演变与启示——基于全球投入产出数据的 SDA 分解与实证研究 [J]. 经济学 (季刊), 2020, 19 (02): 663-684.

[100] 林伯强. 电力消费与中国经济增长: 基于生产函数的研究 [J]. 管理世界, 2003 (11): 18-27.

[101] 刘戈非, 任保平. 新时代中国省域地方经济现代化产业体系的构建 [J]. 经济问题探索, 2020 (07): 81-91.

[102] 刘合, 梁坤, 张国生, 李志欣, 丁麟, 苏健, 朱世佳, 葛苏, 刘婧瑶. 碳达峰、碳中和约束下我国天然气发展策略研究 [J]. 中国工程科学, 2021, 23 (06): 33-42.

[103] 刘楷. 1999—2005 年中国地区工业结构调整和增长活力实证分析 [J]. 中国工业经济, 2007 (09): 40-47.

[104] 刘思华. 创建五次产业分类法, 推动 21 世纪中国产业结构的战略性调整 [J]. 生态经济, 2000 (06): 5-13.

[105] 刘卫东, 张雷, 王礼茂, 赵建安, 马丽, 唐志鹏, 高菠阳, 余金艳. 我国低碳经济发展框架初步研究 [J]. 地理研究, 2010, 29 (05): 778-788.

[106] 刘云枫, 冯姝婷, 葛志远. 基于结构分解分析的 1980—2013 年中国二氧化碳排放分析 [J]. 软科学, 2018, 32 (06): 53-57.

[107] 刘再起, 陈春. 低碳经济与产业结构调整研究 [J]. 国外社会科学, 2010 (03): 21-27.

[108] 刘志彪. 产业基础高级化: 动态比较优势运用与产业政策 [J]. 江海学刊, 2019a (06): 25-32, 254.

[109] 刘志彪. 产业链现代化的产业经济学分析 [J]. 经济学家, 2019b

(12): 5-13.

[110] 刘志彪. 建设实体经济与要素投入协同发展的产业体系 [J]. 天津社会科学, 2018a (02): 109-114.

[111] 刘志彪. 经济发展新常态下产业政策功能的转型 [J]. 南京社会科学, 2015 (03): 33-41.

[112] 刘志彪. 强化实体经济 推动高质量发展 [J]. 产业经济评论, 2018b (02): 5-9.

[113] 卢宁. 从"两山理论"到绿色发展: 马克思主义生产力理论的创新成果 [J]. 浙江社会科学, 2016 (01): 22-24.

[114] 路正南. 产业结构调整对我国能源消费影响的实证分析 [J]. 数量经济技术经济研究, 1999 (12): 53-55.

[115] 马冰, 贾凌霄, 于洋, 王欢, 陈静, 钟帅, 朱吉昌. 地球科学与碳中和: 现状与发展方向 [J]. 中国地质, 2021, 48 (02): 347-358.

[116] 马晓君, 陈瑞敏, 董碧滢, 牛雪琪. 中国工业碳排放的因素分解与脱钩效应 [J]. 中国环境科学, 2019, 39 (08): 3549-3557.

[117] 毛琦梁, 王菲, 李俊. 新经济地理、比较优势与中国制造业空间格局演变——基于空间面板数据模型的分析 [J]. 产业经济研究, 2014 (02): 21-31.

[118] 欧育辉, 刘铁芳, 满讲义. 基于 LMDI 的我国能耗增长总量分解 [J]. 经济管理, 2007 (07): 91-95.

[119] 潘晨, 李善同, 刘强. 消费视角下中国各省份碳排放驱动因素探究 [J]. 经济与管理, 2022, 36 (03): 58-66.

[120] 潘文卿, 刘婷, 王丰国. 中国区域产业 CO_2 排放影响因素研究: 不同经济增长阶段的视角 [J]. 统计研究, 2017, 34 (03): 30-44.

[121] 潘毅凡. 中国产业二氧化碳排放的因素分解: 2002—2017 [J]. 经济学报, 2020, 7 (02): 139-161.

[122] 彭水军, 包群. 经济增长与环境污染——环境库兹涅茨曲线假说的中国检验 [J]. 财经问题研究, 2006 (08): 3-17.

[123] 齐志新, 陈文颖, 吴宗鑫. 工业轻重结构变化对能源消费的影响 [J]. 中国工业经济, 2007 (02): 35-42.

[124] 齐志新, 陈文颖. 结构调整还是技术进步? ——改革开放后我国能源效率提高的因素分析 [J]. 上海经济研究, 2006 (06): 8-16.

[125] 秦昌波,苏洁琼,王倩,万军,王金南."绿水青山就是金山银山"理论实践政策机制研究[J].环境科学研究,2018,31(06):985-990.

[126] 邱新国,谭靖磊.产业结构调整对节能减排的影响研究——基于中国247个地级及以上城市数据的实证分析[J].科技管理研究,2015,35(10):239-243,254.

[127] 邵汉华,刘克冲,齐荣.中国现代产业体系四位协同的地区差异及动态演进[J].地理科学,2019,39(07):1139-1146.

[128] 邵帅,张曦,赵兴荣.中国制造业碳排放的经验分解与达峰路径——广义迪氏指数分解和动态情景分析[J].中国工业经济,2017(03):44-63.

[129] 盛业旭,欧名豪,刘琼.资源环境脱钩测度方法:"速度脱钩"还是"数量脱钩"?[J].中国人口·资源与环境,2015,25(03):99-103.

[130] 施凤丹.中国工业能耗变动原因分析[J].系统工程,2008(04):55-60.

[131] 石建勋.加快推动数字产业化和产业数字化[J].党员干部之友,2022(08):2,1.

[132] 石敏俊,逄瑞,郑丹,杨晶.中国制造业产业结构演进的区域分异与环境效应[J].经济地理,2017,37(10):108-115.

[133] 史丹,李鹏."双碳"目标下工业碳排放结构模拟与政策冲击[J].改革,2021(12):30-44.

[134] 史丹,张成.中国制造业产业结构的系统性优化——从产出结构优化和要素结构配套视角的分析[J].经济研究,2017,52(10):158-172.

[135] 史丹,张金隆.产业结构变动对能源消费的影响[J].经济理论与经济管理,2003(08):30-32.

[136] 史丹.结构变动是影响我国能源消费的主要因素[J].中国工业经济,1999(11):38-43.

[137] 宋德勇,卢忠宝.中国碳排放影响因素分解及其周期性波动研究[J].中国人口·资源与环境,2009,19(03):18-24.

[138] 宋辉,黄波,袁征.基于LMDI的中国行业节能机制研究[J].软科学,2019,33(07):106-110.

[139] 宋鹏,张慧敏,毛显强.面向碳达峰目标的重庆市碳减排路径[J].中国环境科学,2022,42(03):1446-1455.

［140］宋周莺，刘卫东．西部地区产业结构优化路径分析［J］．中国人口·资源与环境，2013，23（10）：31－37．

［141］苏方林，黎文勇．产业结构合理化、高级化对碳排放影响的实证研究——基于西南地区面板数据［J］．西南民族大学学报（人文社科版），2015，36（11）：114－119．

［142］孙耀华，李忠民．中国各省区经济发展与碳排放脱钩关系研究［J］．中国人口·资源与环境，2011，21（05）：87－92．

［143］汤维祺，钱浩祺，吴力波．内生增长下排放权分配及增长效应［J］．中国社会科学，2016（01）：60－81，204－205．

［144］唐晓华，刘相锋．能源强度与中国制造业产业结构优化实证［J］．中国人口·资源与环境，2016，26（10）：78－85．

［145］涂正革，陈立．技术进步的方向与经济高质量发展——基于全要素生产率和产业结构升级的视角［J］．中国地质大学学报（社会科学版），2019，19（03）：119－135．

［146］涂正革．环境、资源与工业增长的协调性［J］．经济研究，2008（02）：93－105．

［147］汪刚，冯霄．基于能量集成的CO_2减排量的确定［J］．化工进展，2006，25（12）：1467－1470．

［148］汪涛，叶元煦．可持续发展的产业分类理论——立体产业分类理论［J］．学术交流，2000（06）：74－79．

［149］王灿，张雅欣．碳中和愿景的实现路径与政策体系［J］．中国环境管理，2020，12（06）：58－64．

［150］王开，傅利平．京津冀产业碳排放强度变化及驱动因素研究［J］．中国人口·资源与环境，2017，27（10）：115－121．

［151］王鲁娜．生态生产力：一种先进的生产力形态［J］．学术论坛，2008（09）：114－117．

［152］王奇，叶文虎．可持续发展与产业结构创新［J］．中国人口·资源与环境，2002（01）：11－14．

［153］王群伟，周德群，张柳婷．影响我国能源强度变动的因素探析［J］．统计与决策，2008（08）：72－74．

［154］王士红，何平，张锐．资源约束与经济增长关系研究新进展［J］．经济学动态，2015（11）：139－146．

[155] 王维国, 孟军. 中国经济持续增长下的碳减排对策研究——基于 LSTR 模型的二氧化碳环境库兹涅茨曲线 [J]. 统计与信息论坛, 2013, 28 (04): 31-37.

[156] 王文举, 向其凤. 中国产业结构调整及其节能减排潜力评估 [J]. 中国工业经济, 2014 (01): 44-56.

[157] 王霞, 张丽君, 秦耀辰, 张晶飞. 中国高碳制造业碳排放时空演变及其驱动因素 [J]. 资源科学, 2020, 42 (02): 323-333.

[158] 王玉潜. 能源消耗强度变动的因素分析方法及其应用 [J]. 数量经济技术经济研究, 2003 (08): 151-154.

[159] 王玉燕. 产业结构、城市化与能源效率的动态关系——基于 VAR 模型的实证研究 [J]. 中南财经政法大学学报, 2011 (05): 27-33.

[160] 王岳平. "十二五"时期我国产业结构调整战略与政策研究 [J]. 宏观经济研究, 2009 (11): 3-8.

[161] 魏楚, 沈满洪. 结构调整能否改善能源效率: 基于中国省级数据的研究 [J]. 世界经济, 2008 (11): 77-85.

[162] 文冬妮. 城市群文旅产业高质量发展的驱动机制及优化路径——以广西北部湾城市群为例 [J]. 社会科学家, 2022 (05): 53-60.

[163] 吴常艳, 黄贤金, 揣小伟, 徐国良, 於冉, 李丽. 基于 EIO - LCA 的江苏省产业结构调整与碳减排潜力分析 [J]. 中国人口·资源与环境, 2015, 25 (04): 43-51.

[164] 吴国华. 我国节能减排的理性思考——基于"十一五"头两年节能减排目标完成情况的分析 [J]. 山东财政学院学报, 2009, 101 (03): 7-11.

[165] 吴巧生, 成金华, 王华. 中国工业化进程中的能源消费变动——基于计量模型的实证分析 [J]. 中国工业经济, 2005 (04): 30-37.

[166] 吴巧生, 成金华. 中国工业化中的能源消耗强度变动及因素分析——基于分解模型的实证分析 [J]. 财经研究, 2006b (06): 75-85.

[167] 吴巧生, 成金华. 中国能源消耗强度变动及因素分解: 1980—2004 [J]. 经济理论与经济管理, 2006a (10): 34-40.

[168] 吴振信, 谢晓晶, 王书平. 基于中国东、中、西部面板数据的碳排放和产值结构关系研究 [J]. 中国人口·资源与环境, 2012, 22 (S2): 31-36.

[169] 伍华佳. 中国高碳产业低碳化转型产业政策路径探索 [J]. 社会科学, 2010 (10): 27-34, 187-188.

［170］习近平. 推动我国生态文明建设迈上新台阶［J］. 求是, 2019 (03): 4-19.

［171］夏杰长. 中国式现代化视域下实体经济的高质量发展［J］. 改革, 2022 (10): 1-11.

［172］熊英, 别智. 绿色产业与绿色产品、绿色商标［J］. 中华商标, 2010 (11): 21-24.

［173］徐平华. 资源和环境约束下我国产业结构的调整方向［J］. 桂海论丛, 2007 (01): 40-42.

［174］许宪春, 唐雅, 胡亚茹. "十四五"规划纲要经济社会发展主要指标研究［J］. 中共中央党校（国家行政学院）学报, 2021, 25 (04): 90-99.

［175］闫庆友, 尹洁婷. 基于广义迪氏指数分解法的京津冀地区碳排放因素分解［J］. 科技管理研究, 2017, 37 (19): 239-245.

［176］杨嵘, 常烜钰. 西部地区碳排放与经济增长关系的脱钩及驱动因素［J］. 经济地理, 2012, 32 (12): 34-39.

［177］杨晓华, 胡怡文. 制造业碳排放和经济增长脱钩关系研究——基于速度和数量双重视角［J］. 生态经济, 2021, 37 (04): 13-18.

［178］杨子晖, 田磊. "污染天堂"假说与影响因素的中国省际研究［J］. 世界经济, 2017, 40 (05): 148-172.

［179］叶彬, 杨敏, 李方一, 王宝. 能源约束下安徽省产业结构优化目标与对策研究［J］. 华东经济管理, 2017, 31 (03): 21-27.

［180］叶冬娜. 习近平"两山理论"对马克思主义生产力理论的丰富和发展［J］. 广西社会科学, 2020 (12): 7-11.

［181］易宇, 周观平. 全球产业链重构背景下中国制造业竞争优势分析［J］. 宏观经济研究, 2021 (06): 34-49.

［182］于斌斌. 产业结构调整如何提高地区能源效率？——基于幅度与质量双维度的实证考察［J］. 财经研究, 2017, 43 (01): 86-96.

［183］于立, 张杰. 中国产能过剩的根本成因与出路：非市场因素及其三步走战略［J］. 改革, 2014 (02): 40-51.

［184］于左, 孔宪丽. 产业结构、经济增长与中国煤炭资源可持续利用问题［J］. 财贸经济, 2011 (06): 129-135.

［185］虞义华, 郑新业, 张莉. 经济发展水平、产业结构与碳排放强度——中国省级面板数据分析［J］. 经济理论与经济管理, 2011 (03):

72-81.

[186] 苑清敏,李想. 基于产业梯度的京津冀合作减排分析 [J]. 科技管理研究, 2015, 35 (16): 225-229, 235.

[187] 袁伟彦,方柳莉,罗明. 中国工业碳排放驱动因素及其脱钩效应——基于时变参数 C-D 生产函数的分解和测算 [J]. 资源科学, 2022, 44 (07): 1422-1434.

[188] 詹懿. 再工业化背景下的西部传统产业升级研究 [J]. 现代经济探讨, 2012 (02): 51-55.

[189] 张晨露,张凡. 生态保护、产业结构升级对碳排放的影响——基于长江经济带数据的实证 [J]. 统计与决策, 2022, 38 (03): 77-80.

[190] 张宏艳,江悦明,冯婷婷. 产业结构调整对北京市碳减排目标的影响 [J]. 中国人口·资源与环境, 2016, 26 (02): 58-67.

[191] 张捷,赵秀娟. 碳减排目标下的广东省产业结构优化研究——基于投入产出模型和多目标规划模型的模拟分析 [J]. 中国工业经济, 2015 (06): 68-80.

[192] 张恪渝,廖明球,杨军. 绿色低碳背景下中国产业结构调整分析 [J]. 中国人口·资源与环境, 2017, 27 (03): 116-122.

[193] 张雷,黄园淅. 中国产业结构节能潜力分析 [J]. 中国软科学, 2008 (05): 27-29, 31-34, 51.

[194] 张雷,李艳梅,黄园淅,吴映梅. 中国结构节能减排的潜力分析 [J]. 中国软科学, 2011 (02): 42-51.

[195] 张丽峰. 产业能源消费与产业发展的协整与误差修正模型分析 [J]. 经济经纬, 2005 (06): 34-36.

[196] 张孝德. 资源环境约束下大国工业化的困境与文明模式的创新——"成本外化工业文明"的反思与生态文明建设思考 [J]. 甘肃社会科学, 2008 (06): 38-41.

[197] 张翼,卢现祥. 技术交易与产业集聚互动视角的区域二氧化碳减排研究——来自中国省域层面的经验证据 [J]. 财贸研究, 2015, 26 (05): 33-40.

[198] 张永恒,郝寿义. 高质量发展阶段新旧动力转换的产业优化升级路径 [J]. 改革, 2018 (11): 30-39.

[199] 张月梅. 当代"两山理论"与生态经济发展关系研究 [J]. 西部

林业科学, 2020, 49 (02): 165 - 168.

[200] 张臻烨, 胡山鹰, 金涌. 2060 中国碳中和——化石能源转向化石资源时代 [J]. 现代化工, 2021, 41 (06): 1 - 5.

[201] 郑季良, 陈志芳. 高耗能产业循环经济的指标体系构建 [J]. 经济管理, 2008 (05): 74 - 78.

[202] 郑蕊, 刁书琪. 基于 LMDI - PDA - MMI 分解法的我国产业体系碳排放驱动因素研究 [J]. 生态经济, 2022, 38 (05): 33 - 39.

[203] 中国社会科学院工业经济研究所课题组, 李平. "十二五"时期工业结构调整和优化升级研究 [J]. 中国工业经济, 2010 (01): 5 - 23.

[204] 中国社会科学院工业经济研究所课题组, 张其仔. 提升产业链供应链现代化水平路径研究 [J]. 中国工业经济, 2021 (02): 80 - 97.

[205] 中国社会科学院工业经济研究所课题组. 中国工业绿色转型研究 [J]. 中国工业经济, 2011, (04): 5 - 14.

[206] 钟茂初, 赵天爽. 双碳目标视角下的碳生产率与产业结构调整 [J]. 南开学报 (哲学社会科学版), 2021 (05): 97 - 109.

[207] 周宏春, 霍黎明, 李长征, 周春. 开拓创新 努力实现我国碳达峰与碳中和目标 [J]. 城市与环境研究, 2021 (01): 35 - 51.

[208] 周鸿, 林凌. 中国工业能耗变动因素分析: 1993—2002 [J]. 产业经济研究, 2005 (05): 13 - 18.

[209] 周少甫, 赵明玲, 苏龙. 中国碳排放库兹涅茨曲线实证研究——基于 Gregory - Hansen 协整分析 [J]. 长江流域资源与环境, 2015, 24 (09): 1471 - 1476.

[210] 周塔尔才让. 中国二氧化碳排放环境库兹涅茨曲线的验证 [J]. 经济论坛, 2014 (11): 137 - 139, 160.

[211] 朱金鹤, 王雅莉. 创新补偿抑或遵循成本? 污染光环抑或污染天堂? ——绿色全要素生产率视角下双假说的门槛效应与空间溢出效应检验 [J]. 科技进步与对策, 2018, 35 (20): 46 - 54.

[212] 朱佩誉, 凌文. 不同碳排放达峰情景对产业结构的影响——基于动态 CGE 模型的分析 [J]. 财经理论与实践, 2020, 41 (05): 110 - 118.

[213] 朱永彬, 刘昌新, 王铮, 史雅娟. 我国产业结构演变趋势及其减排潜力分析 [J]. 中国软科学, 2013 (02): 35 - 42.

[214] 庄贵阳, 窦晓铭, 魏鸣昕. 碳达峰碳中和的学理阐释与路径分析

[J]. 兰州大学学报（社会科学版），2022，50（01）：57-68.

[215] 庄贵阳，窦晓铭. 新发展格局下碳排放达峰的政策内涵与实现路径 [J]. 新疆师范大学学报（哲学社会科学版），2021，42（06）：124-133.

[216] 邹秀萍，宋敦江. 中国碳排放的区域差异及驱动因素分解分析 [J]. 生态经济，2013（01）：52-55.

[217] 李媛媛，李丽平，姜欢欢，等. 碳达峰国家特征及对我国的启示 [N]. 中国环境报，2021-04-13.

[218] 刘小丽，王永利. 基于LMDI分解的中国制造业碳排放驱动因素分析 [J]. 统计与决策，2022，38（12）：60-63.

[219] 刘志彪. 理清六大关系，建立四位协同的现代产业体系 [N]. 新华日报，2018-01-03.

[220] 王金南，严刚. 加快实现碳排放达峰 推动经济高质量发展 [N]. 经济日报，2021-01-04.

[221] 陈健. 我国绿色产业发展研究 [D]. 武汉. 华中农业大学，2009.

[222] 陈吉宁. 以改善环境质量为核心全力打好补齐环保短板攻坚战——在2016年全国环境保护工作会议上的讲话 [EB/OL]. http://www.gov.cn/guowuyuan/vom/2016-01/15/content_5033089.htm，2016-01-15/2022-03-13.

[223] 国家发展和改革委员会能源研究所. 中国可持续发展能源暨碳排放情景分析综合报告 [R]. 2003：37.

[224] 潘家华. 从诺德豪斯获诺奖看经济学人的气候变化研究之道 [EB/OL]. http://www.tanpaifang.com/tanguwen/2018/1104/62424.html，2018-11-04/2022-04-25.

[225] 习近平谈绿色：保护生态环境就是保护生产力 [EB/OL]. https://www.chinanews.com.cn/gn/2016/03-03/7782010.shtml，2016-03-03/2022-03-13.

[226] 中华人民共和国国务院新闻办公室. 中国应对气候变化的政策与行动 [R/OL]. (2021-10-27)[2022-02-09]. http://www.gov.cn/zhengce/2021-10/27/content_5646697.htm.

[227] Alcontara V, Duarte R. Comparison of energy intensities in European Union countries. Results of a structural decomposition analysis [J]. Energy policy, 2004, 32: 177-189.

[228] Ang, B. W., Choi, K. H.. Decomposition of aggregate energy and gas emission intensities for industry: a refined Divisia index method. Energy Journal, 1997, 18 (3): 59 -73.

[229] Ang, B. W., Liu, F. L. A new energy decomposition method : perfect in decomposition and consistent in aggregation [J]. Energy, 2001, 26 (6): 537 -548.

[230] Ang B W, Pandiyan G. Decomposition of energy-induced CO_2 emissions in manufacturing [J]. Energy Economics, 1997, 19 (3): 363 -374.

[231] Ang B W, Zhang F Q, Choi K H. Factorizing changes in energy and environmental indicators through decomposition [J]. 1998, 23 (6): 489 -495.

[232] Ang B W. Decomposition analysis for policymaking in energy:: which is the preferred method? [J]. Energy Policy, 2004, 32 (9): 1131 -1139.

[233] ANG B W, S Y LEE. Decomposition of industrial energy consumption: some methodological and application issues [J]. Energy Economics, 1994, 16 (2): 83 -92.

[234] Atkinson G, Hamilton K. Savings, Growth and the Resource Curse Hypothesis [J]. World Development, 2003, 31 (11): 1793 -1807.

[235] Auty, R. M., Sustaining Development in Mineral Economies: The Resource Curse Thesis [M]. London: Routledge, 1993.

[236] Ayres R U, Turton H, CASTEN. Energy efficiency, sustainability and economic growth [J]. Energy, 2007, 32 (5): 634 -648.

[237] Azar C. Emerging scarcities-Bioenergy-food competition in a carbon constrained world [M]. 2005.

[238] Azar, C. emerging scarcities: bioenergy-food competition in a carbon constrained world, in: D. Simpson et al. (eds), Scarcity and Growth Revisited: Natural Resources and the Environment in the New Millenium, john Hopkins university press, 2005.

[239] B. W. Ang, Lee. Decomposition of Industrial Energy Consumption : The Energy Coefficient Approach [J]. Energy Economics, 1996, (18).

[240] Blanchard O J, Riggi M. Why are the 2000s so different from the 1970s? A structural interpretation of changes in the macroeconomic effects of oil prices [J]. NBER Working Papers, 2009.

[241] Brender A, Drazen A. Do Leaders Affect Government Spending Priorities? [J]. Nber Working Papers, 2009.

[242] Bringezu S et al. On the mechanism and effects of innovation: Search for safety and independence of resource constraints expands the safe operating range [J]. Ecological Economics, 2015, 116 (6): 387 - 400.

[243] Chatterjee Lata, Han Xiaoli. Impacts of Growth and Structural Change on CO_2, Emissions of Developing Countries [J]. World Development, 1997, 25 (3): 395 - 407.

[244] Chenery H, Syrquin M. Patterns of development, 1950—1970 [M]. London: Oxford University Press, 1975.

[245] Chenery H, Shishido S, Watanabe T. The pattern of Japanese growth, 1914 - 1954 [J]. Ecomometra, 1962, 30 (1): 98 - 139.

[246] Chenery, H. B., H. Elkington H, Simsc. A Uniform Analysis of Development Pattern [C] Harvard University Centerfor International Affairs. Economic Development Reports. Cambridge Mass, 1970.

[247] Chua S. Economic Growth, Liberalization, And The Environment: A Review Of The Economic Evidence [J]. Annual Review of Energy & the Environment, 1999, 24 (1): 391 - 430.

[248] Common M, Perrings C. Towards an ecological economics of sustainability [J]. Ecological Economics, 1992, 6: 7 - 34.

[249] Copeland, B. R. and M. S. Taylor. Trade, Growth and the Environment [J]. Journal of Economic Literature, 2004, 42 (1): 7 - 71.

[250] Dasgupta, Susmita, Laplante, et al. Confronting the Environmental Kuznets Curve. [J]. Journal of Economic Perspectives, 2002, 16: 147 - 168.

[251] Davis G A, Tilton J E. The resource curse [C]. Natural Resources Forum, 2005, 29: 233 - 242.

[252] Denison, E. F. Why Growth Rates Differ: Postwar Experience in Nine Western Countries [M]. Washington: Brookings Institution Publishing, 1967.

[253] Dietzenbacher E, Los B. Structural Decomposition Analyses with Dependent Determinants [J]. Economic Systems Research, 2000, 12 (4): 497 - 514.

[254] Dietzenbacher E, Los B. Structural Decomposition Techniques: Sense and Sensitivity [J]. Economic Systems Research, 1998, 10 (4): 307 - 324.

[255] EB Barbier. Endogenous Growth and Natural Resource Scarcity [J]. Environmental and Resource Economics, 1999, 14 (1): 51-74.

[256] Ehrlich P R, Holdren J P. Impact of Population Growth [J]. Science, 1971, 171 (3977): 1212-1217.

[257] Fan Y, Liu L C, Wu G, et al. Changes in carbon intensity in China: Empirical findings from 1980—2003 [J]. Ecological Economics, 2007, 62 (3-4): 683-691.

[258] Fisher-Vanden K, Jefferson G H, Ma J, et al. Technology development and energy productivity in China [J]. Energy Economics, 2006, 28 (5-6): 690-705.

[259] Fredriksson P G, Neumayer E. Democracy and climate change policies: Is history important? [J]. Ecological Economics, 2013, 95 (4): 11-19.

[260] Friedl, B., Getzner, M. Determinants of CO_2 Emissions in a Small Open Economy [J]. Ecological Economics, 2003, 45: 133-148.

[261] Galeotti M, Lanza A, Pauli F. Reassessing the Environmental Kuznets Curve for CO_2 Emissions: A Robustness Exercise [J]. Ecological Economics, 2006, 57: 152-163.

[262] Galeottia M, Lanza A. Desperately Seeking Environmental Kuznets [J]. Environmental Modelling & Software, 2005, 20 (11): 1782-1796.

[263] Gereffi G.. International Trade and Industrial Upgrading in the Apparel Commodity Chain [J]. Journal of International Economics, 1999, 48: 37-70.

[264] GmbH H C, Herry M, Sedlacek N. Decoupling Economic Growth and Transport Demand: Case Study of Australia [R]. Prais: OECD, 2003.

[265] Gray, David, et al. Decoupling the Link between Economic Growth, Transport Growth and Carbon Emissions in Scotland [R]. Aberdeen: Robert gordon University, 2006.

[266] Greening L A, Davis W B, Schipper L, et al. Comparison of six decomposition methods: application to aggregate energy intensity for manufacturing in 10 OECD countries [J]. Energy Economics, 1997, 19 (3): 375-390.

[267] Greening L A. Effects of human behavior on aggregate carbon intensity of personal transportation: Comparison of 10 OECD countries for the period 1970—1993 [J]. Energy Economics, 2004, 26 (1): 1-30.

[268] Grossman G M, Krueger A B. Environmental Impacts of a North American Free Trade Agreement [J]. CEPR Discussion Papers, 1992, 8 (2): 223 –250.

[269] Grossman, G. M. and Krueger, A. B. Environmental Impacts of a North American Free Trade Agreement. The U. S. Mexico Free Trade National Agreement, MA, The MTT Press, 1993.

[270] Gylfason T. Nature, Power, and Growth [J]. CESifo Working Paper Series, 2001, 48 (5): 558 –588.

[271] Gylfason T. Resources, Agriculture, and Economic Growth in Economies in Transition [J]. Kyklos, 2000, 53: 545 –580.

[272] Heal D G. The Optimal Depletion of Exhaustible Resources [J]. Review of Economic Studies, 1974, 41: 3 –28.

[273] Holtz – Eakin D, Selden T M. Stoking the Fires? CO_2 Emissions and Economic Growth [J]. Journal of Public Economics, 1995, 57: 85 – 101.

[274] Humphrey J. and Schmitz H. . How Does Insertion in Global Value Chains Affect Upgrading in Industrial Cluster [J]. Regional Studies, 2002, 9 (36): 1017 – 1027.

[275] IPCC. 2006 IPCC Guidelines for National Greenhouse Gas Inventory [R]. 2006.

[276] IPCC. IPCC Fifth Assessment Report Synthesis Report [R]. 2014.

[277] Jalil D, Mahmud S F. Environment Kuznets Curve for CO_2 Emissions: A Cointegration Analysis for China [J]. Energy Policy, 2009, 37: 5167 –5172.

[278] Jeremy R. Third Industrial Revolution [M]. Zhang Tiwei, Sun Yuning, Translation. Beijing: CITIC Publishing House, 2009.

[279] Jorgenson Dale W. and Kevin J. Stiroh. U. S. Economic Growth at the Industry Level, American Economic Review (Papers and Proceedings), 2000, 90 (2): 161 – 167.

[280] Juknys R. Transition Period in Lithuania—do We Move to Sustainability? [J]. Journal of Environmental Research, Engineering and Management, 2003, 4 (26): 4 –9.

[281] Kambara T. The Energy Situation in China [J]. China Quarterly, 1992, 131 (131): 608 –636.

[282] Kaya Yoichi. Impact of carbon dioxide emission on GNP growth: Inter-

pretation of proposed scenarios [R]. Paris: Presentation to the Energy and Industry Subgroup, Response Strategies Working Group, IPCC, 1989.

[283] Kuznets S. economic growth and income inequality [J]. American Economic Review, 1955, (445): 1-28.

[284] Lantz V., Feng Q. Assessing Income, Popula? tion, and Technology Impacts on CO_2 Emissions in Canada, Where's the EKC? [J]. Ecological Economics, 2006, 57: 229-238.

[285] Leontief W, et al. Studies in the structure of the American economy [M]. New York: Oxford University Press, 1953.

[286] Leontief W. Air pollution and the economic structure: Empirical results of input-output comparisons [J]. Input-Output Economics Second Edition, 1972.

[287] Leontief W. Structure of the American economy [M]. New York: Oxford University Press, 1941.

[288] Lewis A. Economic Development with Unlimited Supplies of Labour [J]. The Manchester school of economic and social studies, 1954, 22 (2): 139-191.

[289] Liaskas, K., Mavrotas, G., Mandaraka, M., et al. Decomposition of Industrial CO_2 Emissions: The Case of European Union [J]. Energy Economics, 2000, 22 (99): 383-394.

[290] Libo Wu, Shinji Kaneko, Matsuoka, et al. Driving Forces Behind the Stagnancy of China's Energy Related CO_2 Emissions from 1996 to 1999: the Relative Importance of Structural Change, Intensity Change and Scale Change [J]. Energy Policy, 2005, 33 (3): 319-335.

[291] Liu C, Duan M, Zhang X, et al. Empirical Research on the Contributions of Industrial Restructuring to Low-Carbon Development [J]. Energy Procedia, 2011, 5 (1): 834-838.

[292] Liu L C, Fan Y, Wu G, et al. Using LMDI method to analyze the change of China's industrial CO_2 emissions from final fuel use: An empirical analysis [J]. Energy Policy, 2007, 35 (11): 5892-5900.

[293] Lu Xuedu, Jiahua Pan and Ying Chen. Sustaining Economic Growth in China under Energy and Climate Security Constraints [J]. China & World Economy, 2006, 14 (6): 85—97.

[294] Maddison, A. Growth and Slowdown in Advanced Capitalist Economies:

Techniques of Quantitative Assessment [J]. Journal of Economic Literature, 1987, 2: 649 – 698.

[295] Maloney W F, Manzano O, Warner A. Missed Opportunities: Innovation and Resource-Based Growth in Latin America [with comments] [J]. Economía, 2002, 3 (1): 111 – 167.

[296] Martin Wagner. The Carbon Kuznets Curve: A Cloudy Picture Emitted by Bad Econometrics? [J]. Resource and Energy Economics, 2008, 30: 388 – 408.

[297] Martinez-Zarzoso, I., Bengochea-Morancho, A. Pooled Mean Group Estimation for an Environmental Kuznets Curve for CO_2 [J]. Economics Letters, 2004, 82: 121 – 126.

[298] Matthew A. cole, Robert J. R. ELLIOTT, Wu Shanshan. Industrial activity and the environment in China: An industry-level analysis [J]. China Economic Review, 2008, 19 (3): 393 – 408.

[299] Miller R E, Blair P D. Imput-output Analysis: Foundations and Extensions [M]. Englewood Cliffs, N. J; Prentice-Hall, 1985: 200 – 227.

[300] Minihan E S, Wu Ziping. Economic Structure and Strategies for Greenhouse Gas Mitigation [J]. Energy Economics, 2011, 5 (11): 1016 – 1026.

[301] Mohtadi H. Environment, Growth and Optimal Policy Design [J]. Journal of Public Economics, 1996, 63: 119 – 140.

[302] Moomaw W. R and Unruh G. C. Are Environmental Kuznets Curve Misleading US? The Case of CO_2 Emissions, Special Issue on Environmental Kuznets Curves [J]. Environmental and Development Economics, 1997, 2: 451 – 463.

[303] Moshe S, Hollis C. Three decades of industrialization [J]. The World Bank Economic Review, 1989 (2): 145 – 181.

[304] Neumayer E. Scarce or Abundant? The Economics of Natural Resource Availability [J]. Journal of Economic Surveys, 2000, 14 (3): 185 – 192.

[305] Org Z. Inclusive Green Growth: The Pathway to Sustainable Development [M]. World Bank, 2012.

[306] Organization for Economic Cooperation and Development (OECD). Indicators to Measure Decoupling of Environmental Pressure fromEconomic Growth [R]. Paris: OECD, 2002.

[307] Panayotou T. Empirical Tests and Policy Analysis of Environmental Deg-

radation at Different Stages of Economic Development [J]. Pacific and Asian Journal of Energy, 1993, 4 (1).

[308] Panayotou T, Sachs J D, Zwane A P. Compensation for "Meaningful Participation" in Climate Change Control: A Modest Proposal and Empirical Analysis [J]. Journal of Environmental Economics and Management, 2002, 43: 437 -454.

[309] Papyrakis E, Gerlagh R. Resource abundance and economic growth in the United States [J]. European Economic Review, 2006 (4): 253 -282.

[310] Peretto P F, Valente S. Growth on a Finite Planet: Resources, Technology and Population in the Long Run [J]. CER-ETH Economics working paper series, 2011, 20 (3): 305 -331.

[311] Porter M. E.. Competitive Advantage [M]. New York: Free Press, 1985.

[312] Programme U. Green Economy In Action: Articles and Excerpts that Illustrate Green Economy and Sustainable Development Efforts [J]. Environmental Policy Collection, 2012.

[313] Ramanathan R. An analysis of energy consumption and carbon dioxide emissions in countries of the Middle East and North Africa [J]. Energy, 2005, 30 (15): 2831 -2842.

[314] Richard, G. N. , Adam, B. J. andRobert, N. S. The Induced Innovation Hypothesis and Energy-saving Technological Change [J]. The Quarterly Journal of Economics, 1999, 3: 941 -975.

[315] Richmond A K, Kaufmann R K. Is There a Turning Point in the Relationship between Income and Energy Use and/or Carbon Emissions [J]. Ecological Economics, 2006, 56 (2): 176 -189.

[316] Roca J, Hntara V A. Energy Intensity, CO_2 Emissions and the Environmental Kuznets Curve: The Spanish Case [J]. Energy Policy, 2001, 29 (7): 553 -556.

[317] Sachs J D, Warner A M. Natural Resource Abundance and Economic Growth [J]. Papers, 1995.

[318] Sachs, J. D. , Warner, A. M. , Fundamental resources of Long-run Growth [J]. American Economic Review, 1997, 87: 184 -188.

[319] Sachs, J. D. , Warner, A. M. , Natural Resources and Economic Development: The Curse of Natural Resources, in: Mayer, J. , Chambers, Ayisha,

F. (Eds.), Development Policies in Natural Resource Economics, Edward Elgar, Cheltenham, UK, 1999.

[320] Sachs, J. D., Warner, A. M., Natural Resources and Economic Development: The Curse of Natural Resources [J]. European Economic Review, 2001, 45: 827-838.

[321] Salai-Martin X, Subramanian A. Addressing the Natural Resource Curse: An Illustration from Nigeria [J]. IMF Working Paper, 2003.

[322] Schou, P., A Growth Model with Technological Progress and Non-renewable [M]. Resources, Mimeo, University of Copenhagen, 1996.

[323] Selden T M, D Song. Environmental Quality and Development: Is There a Kuznets Curve for Air Pollution Emissions? [J]. Journal of Environmental Economics and Management, 1994, 27 (2): 147-162.

[324] Shafik N, Bandyopadhyay S. Economic growth and environmental quality: time series and cross-country evidence [J]. Policy Research Working Paper Series, 1992.

[325] Smulders, Sjak. Entropy, environment, and endogenous economic growth [J]. International Tax & Public Finance, 1995, 2 (2): 319-340.

[326] Solow R M. Intergenerational Equity and Exhaustible Resources [J]. The Review of Economic Studies, 1974.

[327] STERN, N. The Economics of Climate Change [J]. American Economic Review (S0002-8282), 2008, 98 (2): 1-37.

[328] Stiglitz, J., Growth with exhaustible natural resources: efficient and optimal growth paths [J]. Review of economic studies, 1974.

[329] Stuermer M, Schwerhoff G. Non-Renewable But Inexhaustible - Resources in an Endogenous Growth Model [J]. Social Science Electronic Publishing, 2012.

[330] Sun J W. Changes in energy consumption and energy intensity: A complete decomposition model [J]. Energy Economics, 1998, 20: 85-100.

[331] Talukdar D, Meisner C M. Does the Private Sector Help or Hurt the Environment? Evidence from Carbon Dioxide Pollution in Developing Countries [J]. World Development, 2001, 29 (5): 827-840.

[332] Tapio P. Towards a theory of decoupling: Degrees of decoupling in the

EU and the case of road traffic in Finland between 1970 and 2001 [J]. Journal of Transport Policy, 2005, 12 (2): 137 –151.

[333] Thorvaldur, Gylfason, Herbertsson, T T., Zoega, G. A MIXED BLESSING-Natural Resources and Economic Growth [J]. Macroeconomic Dynamics, 1999.

[334] UNIDO. Industrial Development Report 2002 /2003: Competing through Innovation and Learning [R]. New York: United Nations Industrial Development Organization, 2003.

[335] Vaninsky, A. Factorial Decomposition of CO_2 Emissions: A Generalized Divisia Index Approach [J]. Energy Economics, 2014, (45): 389 –400.

[336] Vousden N. Basic theoretical issues of resource depletion [J]. Journal of Economic Theory, 1973, 6 (2): 126 –143.

[337] Wang C, Chen J, Zou J. Decomposition of Energy-related CO_2 Emissions in China: 1957 –2000 [J]. Energy, 2005, 30 (1): 73 –83.

[338] Webber D J, Allen D O. Environmental Kuznets Curves: Mess or Meaning? [J]. Working Papers, 2004, 17 (3): 198 –207.

[339] William D. Nordhaus, 1992. "Lethal Model 2: The Limits to Growth Revisited," Brookings Papers on Economic Activity, Economic Studies Program, The Brookings Institution, vol. 23 (2), pages 1 –60.

[340] Y. H, Chung, and, et al. Productivity and Undesirable Outputs: A Directional Distance Function Approach [J]. Journal of Environmental Management, 1997, 51: 229 –240.

[341] Yih F Chang, Charles Lewis, Sue J Lin. Comprehensive Evaluation of Industrial CO_2 Emission (1989—2004) in Taiwan by Input-output Structural Decomposition [J]. Energy Policy, 2008, 36 (7): 2471 –2480.

[342] Yin F Chang, Sue J Lin. Structural decomposition of industrial CO_2 emission in Taiwan: an input-output approach [J]. Energy Policy. 1998, 26 (1): 5 –12.

[343] Zhang Z X. Why did the energy intensity fall in China's industrial sector in the 1990s? The relative importance of structural change and intensity change [J]. MPRA Paper, 2003, 25 (6): 625 –638.

[344] Zhang Z X. Decoupling China's carbon emissions increase from economic

growth: An economic analysis and policy implications [J]. World Development, 2000, 28 (4): 739-752.

[345] Zhang Z. Why did the energy intensity fall in China's industrial sector in the 1990s? The relative importance of structural change and intensity change [J]. Energy Economics, 2003, (25): 625-638.

[346] Zhang, Zhixin, and, et al. Low-carbon economy, industrial structure and changes in China's development mode based on the data of 1996—2009 in empirical analysis [J]. Energy Procedia, 2011, 5 (1): 2025-2029.